6

LE CORBUSIER & PIERRE JEANNERET

RESTAURATION DE L'IMMEUBLE CLARTÉ GENÈVE

BIRKHÄUSER BASEL

OFFICE DU PATRIMOINE ET DES SITES, GENÈVE

pp. 1 à 4 et 8 à 11

Galerie de photos couleurs après restauration de l'immeuble Clarté.

p. 5

Appartement 5 pièces traversant, côté sud au 8e étage du n° 4, de Robert (frère de Pierre) et Paulette Jeanneret, parents de Jacqueline. Derrière la table ronde du balcon, Pierre et Jacqueline Jeanneret. Au premier plan, Francis Quétant et siège de Werner Max Moser de 1931. Photo livrée par Boissonnas le 12 juin 1933.

p. 6

Vue de la toiture-terrasse. A droite, Madame Quétant, à gauche, sa sœur. Photo livrée par Boissonnas le 19 octobre 1932.

p. 7

Vue de l'appartement de Francis Quétant, dans le «wagon». Photo livrée par Boissonnas le 19 octobre 1932. – Légende tirée de «La maison de Verre», in *L'Art en Suisse*, Genève, n° 45, avril-mai 1933: «G.A. Hufschmid, arch. déc. [architecte décorateur] Studio de M. Quétant, Meubles métal exécutés par Wanner & Cie. Garniture et tissus: G.u.R. Desponds, tapissiers. Murs: papiers peints Le Corbusier (Salubra) bleu pâle et rouge foncé.»

Préface

Jean-Pierre Duport

Président de la Fondation Le Corbusier de janvier 2003 à décembre 2012

Après la longue campagne de travaux achevée en 2010, la « Maison de verre » a recouvré sa transparence, sa légèreté et ses couleurs. L'unique réalisation à Genève de Le Corbusier et Pierre Jeanneret (en collaboration avec Edmond Wanner) a retrouvé sa place dans la cité. Elle reprend tout son sens dans l'historiographie de l'œuvre construit de l'architecte.

La restauration de l'immeuble Clarté témoigne par son ampleur du nouveau regard qui est porté aujourd'hui par les pouvoirs publics, les experts et les propriétaires sur le patrimoine moderne. C'est particulièrement vrai pour Le Corbusier, pour lequel nous avons eu la chance d'assister au cours de la dernière décennie au sauvetage d'œuvres délaissées – à l'instar de la reconquête de la Maison Jeanneret-Perret à La Chaux-de-Fonds – qui ont permis une véritable redécouverte de bâtiments souvent ignorés du public et de la critique. Simultanément, d'autres chantiers se sont ouverts, notamment en Allemagne et en France, souvent justifiés par les indispensables campagnes d'entretien de constructions fragiles en raison notamment de leur caractère expérimental.

Il faut également se féliciter que tous ces chantiers aient été engagés dans le plus grand respect des œuvres. Ils ont bénéficié des méthodes qui permettent aujourd'hui d'en comprendre l'histoire et d'en mieux connaître la substance. L'ampleur du travail entrepris lors d'une restauration comme celle de Clarté constitue l'occasion unique de radiographier tous les éléments d'un bâtiment, d'en analyser les matériaux et d'en documenter toutes les strates. Ces études viennent enrichir la documentation originale et apportent leur contribution à la connaissance de la production théorique et esthétique de Le Corbusier. Leur diffusion bénéficie ensuite à l'ensemble du réseau des propriétaires et des maîtres d'œuvres confrontés aux mêmes questions, dans des contextes différents.

La renaissance de Clarté a mobilisé de très importants moyens scientifiques, techniques et financiers, qui contribuent à la préservation de l'œuvre sur le long terme. Je voudrais remercier ici tous ceux qui, au cours de ces dernières années, se sont battus pour que cette œuvre ne tombe pas dans l'oubli et qui ont milité pour que sa restauration soit exemplaire. L'Etat de Genève et l'Office fédéral de la culture ont mis toutes leurs compétences à la disposition du projet afin d'en assurer l'accompagnement scientifique. Ils ont soutenu financièrement l'effort de la communauté des copropriétaires, favorisant ainsi la réalisation de travaux particulièrement complexes et onéreux. Je voudrais également saluer la motivation du maître d'œuvre, Jacques-Louis de Chambrier, et de ses collaborateurs qui ont courageusement choisi de planter leur atelier au cœur du chantier, partageant ainsi le quotidien trépidant des habitants.

Ce mouvement de fond dont bénéficient aujourd'hui nombre de bâtiments réalisés par Le Corbusier va permettre de relire et de revisiter dans les prochaines années d'autres œuvres connues ou moins connues et, pour ceux qui y résident, d'y vivre sans doute différemment. Il nous faut souhaiter, qu'encouragés par ces exemples, de nouveaux chantiers s'ouvriront, consolidant les témoignages matériels et faisant prospérer la compréhension de ce legs. C'est aussi le sens de la démarche entreprise par les sept pays qui se sont engagés dans le dossier de la candidature de l'œuvre architecturale de Le Corbusier à l'inscription sur la Liste du patrimoine mondial de l'UNESCO. Au-delà de la reconnaissance de l'universalité de cette œuvre, il s'agit d'obtenir un engagement sur le long terme des Etats, des collectivités et des divers partenaires concernés pour qu'ils préservent ce patrimoine exceptionnel. La renaissance de Clarté contribuera sans aucun doute à les en convaincre.

Introduction

Sabine Nemec-Piguet

Directrice générale, conservatrice cantonale des monuments, Etat de Genève, Office du patrimoine et des sites

Dans le volume 2 de son œuvre complète publiée en 1935, Le Corbusier s'interrogeait: « Qu'avons-nous fait pendant ces années 1929-1934? Quelques bâtiments d'abord, puis beaucoup de grandes études d'urbanisme. Ces bâtiments ont joué le rôle de laboratoires. Nous avons voulu que chaque élément construit pendant ces années-là fût la preuve expérimentale qui permettrait de prendre en toute sécurité les initiatives indispensables en urbanisme. »[1]

L'immeuble Clarté n'a pas été conçu comme une simple « maison locative à nombreuses cellules »[2]. Il incarnait, à l'échelle architecturale, un projet nouveau de construction de la ville, où la réalisation de logements en grand nombre n'était possible qu'en révolutionnant l'art de bâtir et les modes d'habiter. Le modèle de mise en œuvre devait être recherché dans la production de la « grande industrie » avec ses procédés de standardisation, de préfabrication et sa logique économique rationnelle.

L'histoire de Clarté démontre à quel point matérialiser des idées totalement novatrices est difficile, tout comme l'est leur reconnaissance. La construction de cet immeuble est restée une opération isolée malgré un plan d'aménagement qui fixait le développement du futur quartier en lieu et place des maisonnettes, ateliers et entrepôts qui s'y trouvaient. Aujourd'hui, quatre-vingts ans plus tard, l'environnement demeure chaotique: les quelques immeubles à haut gabarit, élevés dans les années 1960-1980, forment le front ouest de la rue Adrien-Lachenal et dominent les vestiges de l'ancien tissu faubourien de la Terrassière. En 1965, année de la mort de Le Corbusier, la section genevoise de la Fédération des Architectes Suisses (FAS) adressait au gouvernement cantonal une demande de classement de Clarté au titre de monument historique, sans succès. Quatre ans plus tard, alors que la société propriétaire voulait la démolition de l'immeuble, une pétition relançait la demande de classement, tandis que la FAS organisait une souscription de rachat des parts de la société immobilière Clarté SA, pour sauver de la démolition l'unique bâtiment construit à Genève par le célèbre architecte. En 1985, une nouvelle pétition, visant cette fois à contrecarrer le développement du triangle de Villereuse, en amont de Clarté, aboutit enfin à la protection de ce monument historique[3].

La restauration de Clarté fut, elle aussi, un long parcours. L'immeuble subit une première rénovation d'envergure en 1975-1977, après avoir échappé à la démolition. Au cours des trente années qui suivirent, aucun fonds de rénovation n'ayant été constitué, en gros déficit d'entretien, il se dégrada lourdement. En 1975, près de la moitié des appartements fut vendue à des particuliers en propriété par étage (44%) pour financer la rénovation, tandis que la majorité de l'immeuble (56%) restait en main de la société Clarté SA. Celle-ci ayant fait faillite à l'aube des années 2000, sa part, hypothéquée auprès de la Banque cantonale genevoise (BCG), fut récupérée par la Fondation de valorisation des actifs de la BCG. En 2003, le Conseil d'Etat, s'appuyant sur l'obligation légale d'entretien des immeubles classés, intervint auprès des propriétaires, tout particulièrement auprès de la Fondation de valorisation, propriétaire majoritaire, brandissant la menace des travaux d'office institués par la loi[4]. Consciente que la récupération de ses fonds devait passer par une mise en valeur de l'immeuble, la fondation décida d'entreprendre la remise en état de l'enveloppe du bâtiment et des parties communes avant la vente des lots en sa possession. Elle obtint l'adhésion de l'ensemble de la copropriété en septembre 2003. Le projet de restauration pouvait être lancé.

La protection du patrimoine du XXe siècle doit, selon les recommandations du Conseil de l'Europe, répondre à des règles précises[5], qui viennent compléter celles de la Charte de Venise. La Commission fédérale des monuments historiques visita l'immeuble le 21 octobre 2003 et insista sur la nécessité d'entreprendre une restauration exemplaire[6]. Par ailleurs, l'immeuble Clarté, reconnu comme monument architectural significatif de la culture européenne, fut proposé, en décembre 2004, pour figurer sur la liste du patrimoine mondial de l'UNESCO. Compte tenu de la valeur nationale et internationale de l'édifice, l'Office fédéral de la culture délégua un expert fédéral pour suivre la préparation des travaux. La Fondation Le Corbusier fut également associée à l'élaboration du projet. Un bureau d'architectes fut mandaté par la Fondation de valorisation, propriétaire majoritaire, et développa un projet de restauration sous la supervision du collège d'experts et avec le soutien scientifique de l'Office du patrimoine et des sites. L'autorisation de construire fut délivrée le 24 juin 2005. Le 15 mars 2007, l'assemblée générale des copropriétaires accepta, à l'unanimité, l'enveloppe budgétaire qui lui était soumise. Le projet pouvait alors entrer dans sa phase d'exécution et le chantier s'ouvrit le 11 juin.

Quelques mois plus tard, la section suisse d'ICOMOS organisa un important colloque qui se déroula sur le site même du chantier de Clarté, où chaque corps de métier présenta les interventions prévues[7].

Les travaux préparatoires mirent en évidence que la substance originale du bâtiment subsistait de manière remarquable, le manque de moyens financiers ayant eu au moins l'avantage d'éviter des opérations destructrices. L'objectif initial de la restauration de l'enveloppe et des parties communes visait idéalement à la conservation maximale des éléments de construction d'origine encore en place et à leur réparation. Toutefois, après trois quarts de siècle, l'usure des matériaux, accélérée par une absence d'entretien chronique, dicta des règles d'intervention différentes. L'état de dégradation avancé des façades et de la toiture imposa une stratégie favorisant le remplacement à l'identique des éléments de construction extérieurs. Pour vérifier les hypothèses de restauration, un prototype de panneau de façade fut réalisé fin 2005/début 2006 sur un petit duplex sud, et validé. Un prototype de balcon fut exécuté en janvier 2007. Par ailleurs, une partie de la façade du studio sud au 1er étage du n° 4 (trois travées) ainsi qu'un pan en briques de verre et sa serrurerie au rez-de-chaussée furent conservés dans leur état d'origine à titre de témoins.

Monument habité, l'immeuble Clarté ne peut être traité comme une œuvre d'art, dont la valeur muséale prévaudrait. Par le maintien de son usage de logement collectif, condition nécessaire à sa conservation, il se distingue d'autres monuments de l'architecture du XXe siècle devenus des musées ouverts aux visiteurs, comme c'est le cas de plusieurs villas « iconiques » des grands architectes du Mouvement moderne : Le Corbusier, Adolf Loos, Frank Lloyd Wright, Gerrit Rietveld, Mies van der Rohe.

Les fonctionnalités essentielles du bâtiment, celles de la « machine à habiter », doivent être garanties et répondre aux exigences actuelles : stabilité, étanchéité, sécurité, chauffage, ventilation, alimentation en eau et électricité. La modernisation indispensable des installations techniques et la mise en place des dispositifs de prévention contre les incendies furent effectuées avec le plus grand soin, en respectant l'architecture du bâtiment, mais en introduisant néanmoins des matériaux et des éléments de construction nouveaux : portes, plafonds et parois coupe-feu, joints en silicone, verres isolants, peintures à composants multiples...

A l'occasion de la campagne de travaux, un relevé complet de chaque appartement fut dressé, consignant toutes les transformations intervenues depuis la construction de l'immeuble[8].

L'état de conservation de la substance intérieure se révéla, lui aussi, remarquable, hormis la disparition des papiers peints Salubra arrachés entre 1975 et 1977[9]. Seules quelques rares modifications avaient altéré le plan d'origine de certains logements. Dès lors, il apparut essentiel de préserver rigoureusement les typologies des appartements, en excluant toute démolition des cloisons intérieures, à une exception près, l'agrandissement possible de la cuisine, en lui intégrant la chambre de bonne contiguë (6,40 m^2). Des principes de conservation et d'intervention, élaborés par l'Office du patrimoine et des sites, furent intégrés par la communauté des propriétaires dans son règlement de copropriété[10].

Les investigations conduites avant et pendant le chantier ont fait progresser la connaissance du bâtiment. Certaines modifications antérieures, telles que l'aménagement du restaurant ou la privatisation de la toiture n'ont malheureusement pas pu être corrigées. En matière de polychromie[11], en revanche, la restitution des couleurs d'origine, identifiées lors d'une campagne de stratigraphie conduite de manière scientifique et méthodique, a mis en lumière l'extraordinaire cohérence architecturale qui avait été altérée au fil des ans et dont on avait perdu la mémoire. Clarté a toujours incarné l'œuvre fonctionnaliste, rationaliste, le modèle qui devait engendrer la « ville radieuse », l'architecture idéale pour la ville idéale. La présente restauration a révélé sa dimension poétique, expression d'une maîtrise formelle géniale, démonstration d'architecture magistrale, véritable « événement plastique ». On rêve de pouvoir retrouver un jour l'effet jubilatoire produit en façade par les vives couleurs intérieures de chaque appartement et le jeu des voilages transparents derrière la lisse paroi de verre, l'un et l'autre voulus par Le Corbusier et imposés à l'origine aux locataires.

Avec le concept des « immeubles-villas », imparfaitement réalisé à ses yeux à Clarté, Le Corbusier recherchait une typologie architecturale et urbanistique d'habitat individuel en ville, ouvrant d'autres perspectives que celles de la zone villas, issue d'un découpage simpliste d'occupation monofonctionnelle du territoire, dépourvue de qualités urbaines et grande consommatrice de sol. Un thème toujours d'actualité.

Grâce à cette restauration remarquable, Clarté, qui n'a rien perdu de son caractère novateur quatre-vingts ans après sa construction, devrait, par son attrait retrouvé, séduire et inspirer les investisseurs immobiliers et leurs architectes dans la recherche d'un habitat urbain exemplaire, à l'instar d'Edmond Wanner et de Le Corbusier.

1 Le Corbusier et Pierre Jeanneret, *Œuvre complète de 1929-1934*, éd. Girsberger, Zurich, 1935 et 1964, p. 11.

2 S. Giedion, « Préface », in *Œuvre complète, ibid.*

3 Arrêté de classement adopté par le Conseil d'Etat le 12 novembre 1986 (MS-c 219).

4 Loi sur la protection des monuments, de la nature et des sites (LPMNS) du 4 juin 1976, article 19, Obligations du propriétaire : « Les immeubles classés doivent être entretenus par leur propriétaire. Si besoin est, l'autorité compétente fixe un délai convenable au propriétaire pour exécuter les travaux d'entretien nécessaires. S'il ne s'exécute pas, l'autorité compétente effectue les travaux aux frais du propriétaire. »

5 Recommandation N° R (91) 13 relative à la protection du patrimoine architectural du vingtième siècle, adoptée par le Comité des ministres du Conseil de l'Europe le 9 septembre 1991.

6 Commission fédérale des monuments historiques, Genève, Immeuble Clarté, prise de position du 16 décembre 2003.

7 Manifestation intitulée *Mise en valeur du patrimoine bâti*, colloque des 2 et 3 novembre 2007, organisé par ICOMOS Suisse (Conseil international des monuments et des sites) avec la participation de DOCOMOMO Suisse (Fondation pour la documentation et la conservation des bâtiments du mouvement moderne).

8 *Cahier d'inventaire et relevé des appartements*, réalisé entre 2003 et 2006. Echelle : 1:100. Architecte : Laurent Chenu. Mandat de l'Office du patrimoine et des sites du canton de Genève.

9 Voir p.139, ill. 2, fragments de papiers peints Salubra.

10 *Principes de conservation des espaces intérieurs, règles d'intervention à l'attention des propriétaires*, Office du patrimoine et des sites, 18 janvier 2008. Voir les extraits tirés du *Règlement d'administration et d'utilisation*, en annexe.

11 Voir tableaux pp. 144 ss.

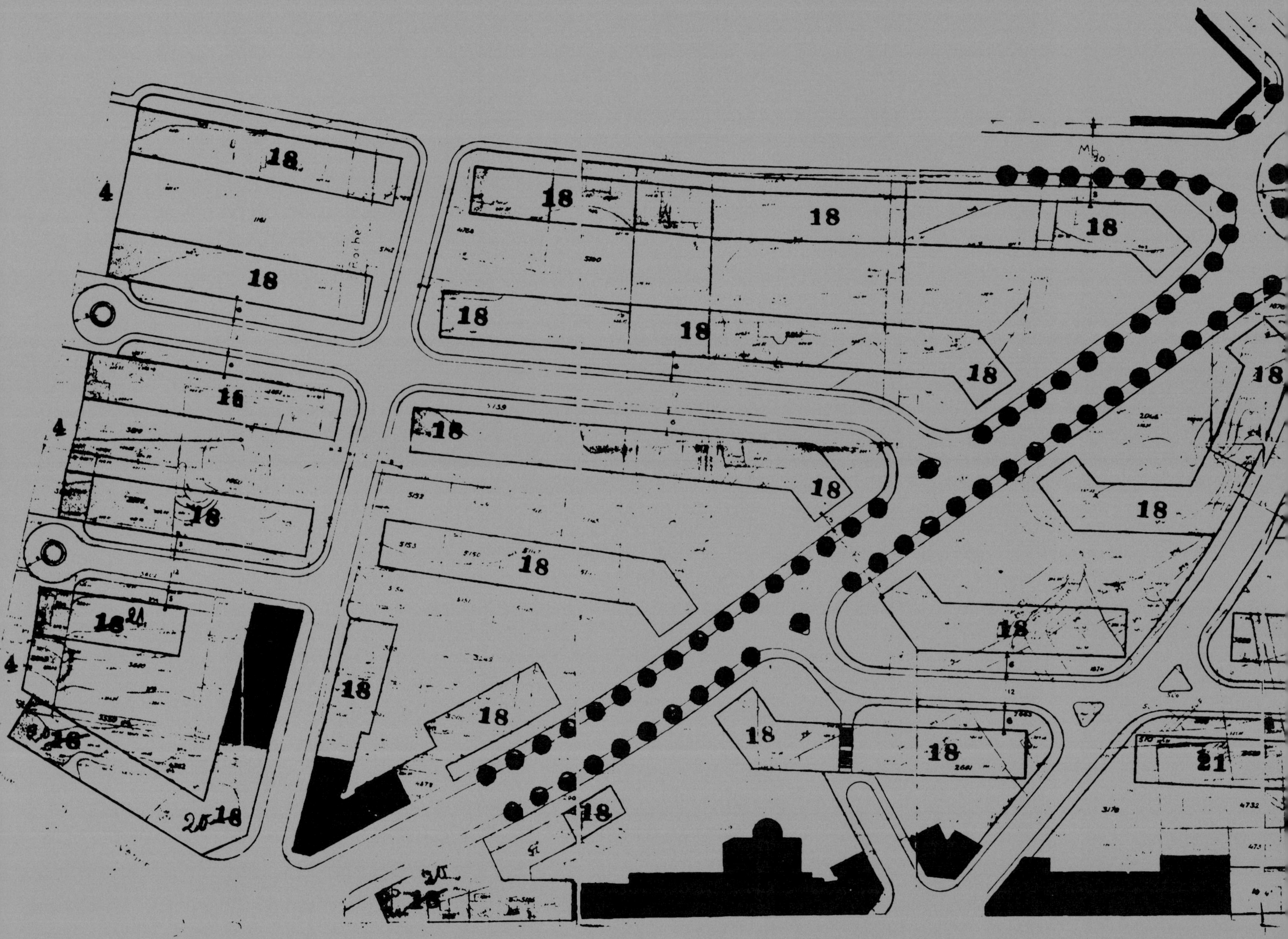
4
18
18
4
18
18
18
18
18
18
18
18
18
18
4
18
18
18
18
18
18
18
18
18
18
18
18
18
18
18
21

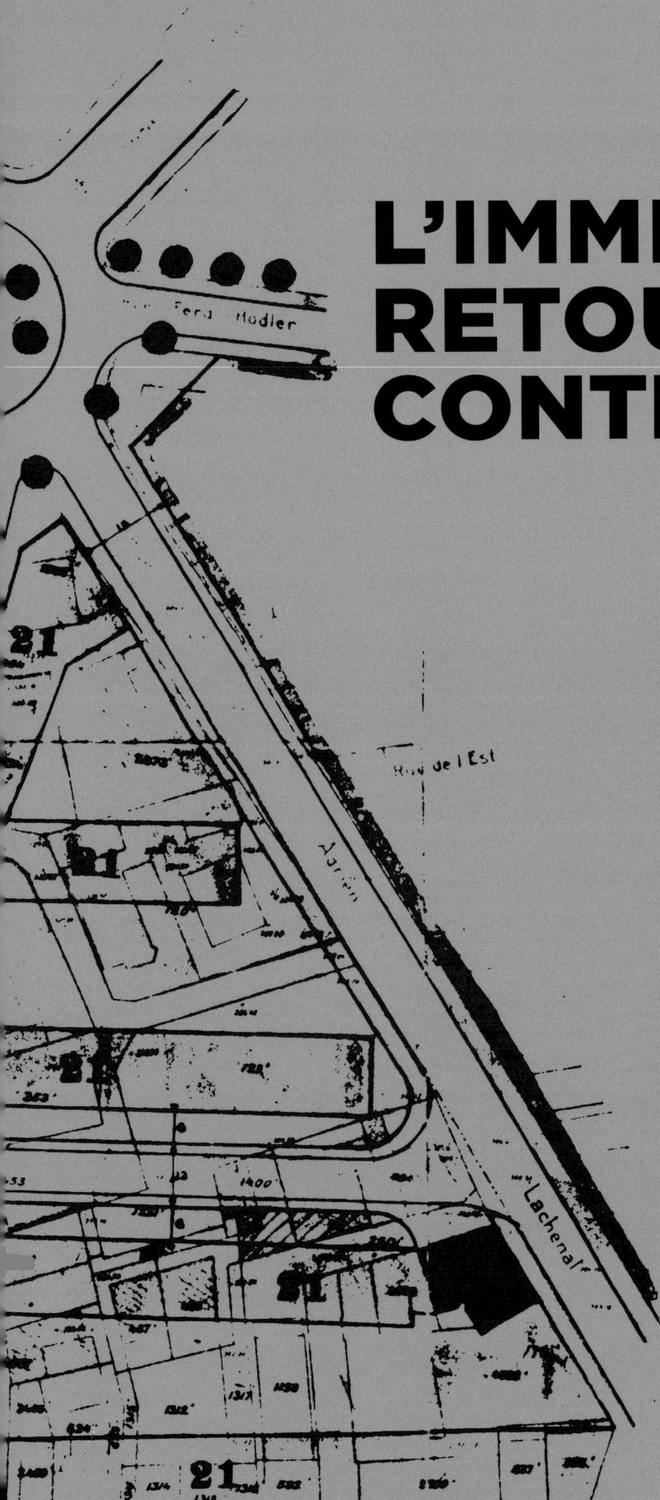

L'IMMEUBLE CLARTÉ RETOUR SUR SON CONTEXTE HISTORIQUE

Le contexte historique du chantier de Clarté
Le Corbusier et Pierre Jeanneret

Catherine Courtiau

Genève en pleine expansion

La Genève de l'entre-deux-guerres était en grande effervescence, déployant toutes ses forces et imaginations pour répondre à son nouveau statut de ville internationale, ainsi désignée lors du Traité de Versailles de 1919. Elle s'empressa d'établir le premier champ d'aviation à Cointrin, reconnu en 1920 par l'Office fédéral de l'air, et de planifier l'édification du Palais des Nations, réalisée entre 1929 et 1936.

La loi du 9 mars 1929 sur l'extension des voies de communication et l'aménagement des quartiers, initiée par Camille Martin, directeur du Plan d'extension, engendra de nombreux projets d'urbanisme.

Malgré la crise consécutive au krach boursier de 1929, Genève reconstruisit entre 1927 et 1932 la gare de chemin de fer de 1858, devenue vétuste, implanta des ensembles d'habitations, érigea en 1931/32 l'hôtel Cornavin, l'hôtel Richemond ainsi que le pavillon du Désarmement adossé au Palais Wilson, chantier alors en concurrence avec celui de l'immeuble Clarté quant aux procédés de construction et à la rapidité d'exécution [1].

Promu par l'entrepreneur et propriétaire foncier Edmond Wanner, le double immeuble Clarté reste le seul témoin réalisé d'un vaste plan d'aménagement du quartier de la Terrassière, programmé par Le Corbusier et Pierre Jeanneret pour recevoir initialement un lotissement d'immeubles-villas. Dans un premier temps, il avait été prévu de l'implanter à l'Athénée, en bordure du parc Bertrand, puis parallèlement à la rue de la Terrassière, artère parcourue depuis 1864 par la légendaire ligne du tram 12. Cet ancien faubourg de Villereuse faisait partie de la commune suburbaine des Eaux-Vives qui fusionna avec la Ville de Genève en 1931, date à laquelle débuta le chantier de Clarté.

Le double immeuble Clarté constitue la seule réalisation de Le Corbusier et Pierre Jeanneret à Genève. D'autres projets genevois portant leur signature n'avaient pourtant pas manqué : la transmutation des idéaux universalistes de Paul Otlet en un vaste programme architectural dénommé Mundaneum ou Musée mondial (1928), puis la Cité mondiale (1929), les projets Wanner à la rue de l'Athénée (1928/29), l'épopée du Palais des Nations (depuis le concours de 1926 jusqu'à la deuxième *Requête* contre le plagiat en 1931), l'aménagement de la rive droite à Saint-Gervais (1933) [2]. Sans oublier la villa Ruf, construite en 1929 au Grand-Saconnex, pour laquelle les architectes avaient dessiné croquis et plans, et qui fut réalisée par Francis Quétant,

p. 23
Plan d'aménagement n° 1137/68 du quartier de la Terrassière, adopté par le Conseil d'Etat le 2 juin 1931.

1

architecte membre du GANG (Groupe pour l'architecture nouvelle à Genève), employé d'Edmond Wanner et responsable des études et devis pour l'immeuble Clarté.

Ce groupe, créé en 1931, réunissait Frédéric Gampert, Alberto Sartoris, Marc-Joseph Saugey, Jean-Henri Schürch, René Schwertz, mais aussi deux des protagonistes de l'édification de Clarté, Boris Nazarieff et Francis Quétant. Le GANG, qui avait été impressionné par le Congrès international d'architecture moderne (CIAM)[3] de 1929 à Francfort, organisa en avril 1931, à l'Ecole des arts industriels de Genève, une exposition intitulée «La nouvelle Francfort», portant sur «l'habitation minimum», et invita Ernst May, architecte et concepteur de ces logements sociaux.

1
Pavillon du Désarmement de l'architecte Adolphe Guyonnet et de l'ingénieur Louis Perrin, à la fin des travaux en 1932. Au fond, l'hôtel National (Palais Wilson).

2
Genève, rue Saint-Laurent, immeuble Clarté (ossature métallique), côté sud, 1932. Principe de montage de la charpente métallique soudée sur place, Solomite, etc., en commençant l'intérieur par le haut vers le bas, principe dicté par Edmond Wanner, puis interrompu après un accident de chantier. Grue sur rail de l'entreprise Wanner&Cie.

3
Villa Ruf en chantier au 12, chemin des Manons au Grand-Saconnex (Genève), en mai 1929; construite par Francis Quétant, d'après des plans de Le Corbusier, à l'instigation d'Edmond Wanner. Structure métallique des ateliers Sécheron et cloisons en Solomite.

4
Genève, immeuble Clarté. Vue de la façade nord avec l'annonce d'une exposition de mobiliers modernes, 4 juin 1932.

2

3

4

5

Les activités prolifiques de Le Corbusier et de Pierre Jeanneret dans les années 1920 et 1930

Peinture et mobilier

Durant les années d'études préliminaires, mais en particulier pendant le chantier de Clarté, soit de 1928 à 1932, Le Corbusier s'adonna intensivement à la peinture ainsi qu'à la création de meubles et d'aménagements intérieurs. La jeune architecte d'intérieur Charlotte Perriand[4], associée de Le Corbusier et de Pierre Jeanneret peu après le Salon d'automne de 1927, présenta plusieurs meubles (notamment le fauteuil « grand confort ») à Paris lors de l'exposition du Salon d'automne de 1929, alors que Le Corbusier était en voyage de conférences en Amérique du Sud.

En 1930, lors de la première exposition de l'Union des artistes modernes (UAM) au pavillon de Marsan, au Louvre à Paris, Charlotte Perriand, membre de l'UAM, présenta, entre autres, la fameuse chaise longue basculante signée des trois concepteurs[5].

Concepts – publications et expositions

Par ailleurs, Le Corbusier publia, dans la collection de « L'Esprit nouveau » qu'il avait créée à Paris en 1920 avec son ami, le peintre Amédée Ozenfant, plusieurs ouvrages dans lesquels il exposa et développa, parfois conjointement avec Pierre Jeanneret, ses concepts et prises de position (standardisation, rationalisation et industrialisation du bâtiment, maisons en série, maisons à sec, Dom-Ino, Monol, Citrohan, etc.) : *Vers une architecture* (1923), *Urbanisme* (1925), *Almanach d'architecture moderne* (1926), *Une maison – un palais* (1928), *Précisions sur un état présent de l'architecture et de l'urbanisme* (1930), *La Ville radieuse* (1935).

Le concept de « lotissements fermés à alvéoles » ou immeubles-villas – concept non réalisé, des premiers projets pour la rue de l'Athénée, puis pour la rue de la Terrassière – fut développé par Le Corbusier au Salon d'automne de 1922 déjà et publié l'année suivante dans *Vers une architecture*, repris dans *Urbanisme* et décrit ainsi dans l'*Almanach*[6] en 1926 : « *L'IMMEUBLE-VILLAS n'est plus l'appartement de maison locative. Il apporte l'indépendance complète de chaque propriétaire. Il apporte cet élément capital nouveau : un jardin de 70 m² sur lequel ouvrent les pièces principales de chaque villa. L'IMMEUBLE-VILLAS est une nouvelle formule de l'habitation de grande ville.* »

5
Genève : Immeubles Wanner. Premiers projets de l'Athénée. Perspectives des immeubles-villas à implanter à l'Athénée.

En 1925, le carton d'invitation de l'Exposition internationale des Arts décoratifs et industriels modernes à Paris présentait le pavillon de l'Esprit Nouveau de Le Corbusier et Pierre Jeanneret comme un pavillon « *consacré à la réforme de l'habitation (transformation du plan, standardisation et industrialisation). Il comporte une cellule entière de ‹l'immeuble-villas› avec jardin suspendu.* » C'est sans doute à cette occasion que les deux architectes rencontrèrent pour la première fois Edmond Wanner, dont l'entreprise en ferronnerie d'art remporta le 1er prix du jury avec un luminaire.

A l'occasion de l'exposition de la Weissenhofsiedlung organisée en 1927 par le Deutscher Werkbund à Stuttgart, Le Corbusier et Pierre Jeanneret construisirent deux maisons d'habitation et énoncèrent les « cinq points d'une architecture nouvelle » (pilotis, toit-terrasse, plan libre, fenêtres en longueur, façade libre) dans un ouvrage publié par l'architecte zurichois Alfred Roth qui était responsable du chantier de Stuttgart[7]. Quatre de ces cinq points (toit-terrasse, plan libre, fenêtres en longueur, façade libre) furent appliqués à l'immeuble Clarté.

Enfin, en 1931, Le Corbusier créa son premier « clavier de couleurs »[8], à la demande de la société bâloise de fabrication de papiers peints Salubra, dont la grande gamme fut utilisée dans l'immeuble Clarté.

6
Deux maisons d'habitation de Le Corbusier et de Pierre Jeanneret à la Weissenhofsiedlung, Stuttgart, 1927. Photo Dr Lossen & Co.

7
Genève, immeuble Clarté. Vue de la toiture-terrasse, avec antenne radio au-dessus de la verrière. Photo livrée par Boissonnas le 19 octobre 1932.

7

8

9

10

8
Genève, rue Saint-Laurent, immeuble Clarté. Façade arrière sur la ruelle du Couchant. Vue plongeante depuis la rue Adrien-Lachenal, le 4 juin 1932.

9
Immeuble Clarté, vue des façades sud et ouest. Photo livrée par Boissonnas le 12 juin 1933.

10
Immeuble Clarté, vue depuis le porche d'entrée n° 4. Photo livrée par Boissonnas le 19 octobre 1932.

Urbanisme et architecture

Durant cette période particulièrement prolifique, Le Corbusier élabora avec Pierre Jeanneret de grands projets d'urbanisme et d'architecture[9]: les esquisses sud-américaines de 1929, le projet de « Ville radieuse » dès 1930, le « Plan Obus » pour l'urbanisation de la ville d'Alger en 1931, l'aménagement de la porte Maillot à Paris, les « maisons Loucheur », le Palais des Soviets à Moscou ou Centrosoyus, dont les nombreuses ébauches et la difficile édification s'échelonnèrent de 1928 à 1934.

Le Corbusier et Pierre Jeanneret réalisèrent à cette époque plusieurs constructions marquantes: la villa à Carthage en Tunisie (1929), la villa Savoye à Poissy (1928-1931), la villa d'Hélène de Mandrot au Pradet près de Toulon (1930/31), la Cité de Refuge de l'Armée du Salut à Paris (1929-1933), l'installation d'un appartement triplex en attique d'un ancien bâtiment aux Champs-Elysées pour Charles de Beistegui (1930/31), le Pavillon suisse de la Cité universitaire à Paris (1931-1933), dont Charlotte Perriand équipa les chambres d'étudiants et le foyer-bibliothèque. Enfin, Le Corbusier aménagea son propre appartement duplex dans l'immeuble qu'il avait construit rue Nungesser-et-Coli, à Paris, entre 1931 et 1934.

Voyages et congrès

Tous ces engagements étaient ponctués de grands et lointains voyages de Le Corbusier: Prague en 1928, Moscou en 1928, 1929 et 1930, Amérique du Sud en 1929, Espagne en 1930, Suède, Norvège, Angleterre, Maroc et Algérie en 1931, Hollande en 1932, conférences à Zurich en 1932, à Stockholm, Oslo, Göteborg et Anvers en 1933.

A cela s'ajoutaient les voyages liés aux expositions et congrès, notamment les CIAM[10], créés à l'initiative de Le Corbusier, de Gabriel Guevrekian, de Sigfried Giedion et de membres du Werkbund suisse. Le 1er CIAM se tint en 1928, au château de La Sarraz, chez Hélène de Mandrot, mécène et fervente admiratrice de Le Corbusier, qui l'avait soutenu tout au long de ses déboires liés au concours du Palais des Nations à Genève.

Ce premier congrès fut suivi du 2e CIAM à Francfort en 1929, du 3e CIAM à Bruxelles en 1930, du congrès du CIRPAC (Comité international pour la réalisation des problèmes d'architecture contemporaine) à Barcelone en 1931 et du 4e CIAM à Athènes en 1933. Les travaux de ce dernier congrès servirent de base à *La Charte d'Athènes* publiée par Le Corbusier en 1942 seulement.

11

11
CIAM, juin 1928 à La Sarraz (canton de Vaud, Suisse). De gauche à droite, debout: Mart Stam, Pierre Chareau, Victor Bourgeois, Max Haefeli, Pierre Jeanneret, Gerrit Rietveld, Rudolf Steiger, Ernst May (visage à moitié caché), Alberto Sartoris, Gabriel Guevrekian, Hans Schmidt, Hugo Häring, Juan Zavala, Lucienne Florentin, Le Corbusier, Paul Artaria, Hélène de Mandrot, Friedrich T. Gubler, Charles Rochat, André Lurçat, Henri-Robert Von der Mühll, Gino Maggioni, Huib Hoste, Sigfried Giedion, Werner Max Moser, Josef Frank. De gauche à droite, assis: Fernando Garcia Mercadal, Molly Weber, Christophore Tadevossian.

Le Corbusier n'eut donc guère le temps de se déplacer souvent à Genève pour suivre le chantier de Clarté. Pierre Jeanneret devait cependant s'y rendre plus fréquemment en tant que Genevois et chef d'atelier de l'agence parisienne. Le chantier était, au demeurant, sous contrôle de l'initiateur du projet et maître de l'ouvrage, Edmond Wanner, de John Torcapel [11], architecte mandataire, responsable du suivi des travaux, de Francis Quétant [12], architecte chargé des études et devis, employé de Wanner, et du contremaître Boris Nazarieff [13], beau-frère de Quétant.

1 Construction du pavillon du Désarmement par l'architecte Adolphe Guyonnet et l'ingénieur Louis Perrin. Contrairement à l'immeuble Clarté, sa structure métallique fut boulonnée. Le pavillon fut détruit par un incendie le 1er août 1987.

2 Coll., *Le Corbusier à Genève 1922-1932. Projets et réalisations*, Lausanne, 1987.

3 Vingt-huit grands architectes européens décidèrent en 1929 de fonder les Congrès internationaux d'architecture moderne (CIAM), dont Le Corbusier et Pierre Jeanneret, pour se concentrer sur une architecture et un urbanisme fonctionnels. Ces congrès furent interrompus à la suite du dixième congrès, lors d'une dernière réunion en 1959, à Otterlo (Pays-Bas). Certains membres poursuivirent les réunions sous la dénomination de Team 10. Cf. aussi, « Voyages et congrès » ci-dessous.

4 Charlotte Perriand (1903-1999), architecte d'intérieur, associée à l'atelier de Le Corbusier et de Pierre Jeanneret de 1927 à 1937. Cf. Arthur Rüegg, *Charlotte Perriand. Livre de bord 1928-1933*, Infolio Editions/Birkhäuser-Verlag, Gollion/Bâle, 2004.

5 *UAM*, premier bulletin de l'association paru aux éditions Charles Moreau, Paris, 1930, planche 19.

6 Ouvrages de Le Corbusier parus à Paris dans la collection de « L'Esprit nouveau » : *Vers une architecture*, 1923, pp. 206-222 ; *Urbanisme*, 1925, pp. 205-219 ; *Almanach d'architecture moderne*, 1926, pp. 121-128 et, en fin de volume, pages non numérotées.

7 Alfred Roth, *Zwei Wohnhäuser von Le Corbusier und Pierre Jeanneret. Fünf Punkte zu einer neuen Architektur*, Akad. Verlag Dr. Fr. Wedekind & Co., Stuttgart, 1927.

8 Arthur Rüegg (éd.), *Polychromie architecturale. Les Claviers de couleurs de Le Corbusier de 1931 et de 1959*, (3 vol. dont 2 claviers de couleurs Salubra), Birkhäuser-Verlag, Bâle, 1997.

9 « Le Corbusier & P. Jeanneret », *L'Architecture d'Aujourd'hui*, octobre, Paris, 1933. – *Das Werk*, 21/9, septembre 1934, numéro essentiellement consacré à Le Corbusier et à Pierre Jeanneret, notamment à l'immeuble Clarté et au Pavillon suisse de la Cité universitaire à Paris. – *aujourd'hui, art et architecture* (numéro spécial consacré à l'œuvre de Le Corbusier et de Pierre Jeanneret publié par *L'Architecture d'Aujourd'hui*), 9/51, novembre 1965.

10 Congrès International d'Architecture Moderne.

11 John Torcapel (1881-1965).

12 Francis Quétant (1905-1953).

13 Boris Nazarieff (1908-1979).

« Un jalon d'architecture moderne… »
L'immeuble Clarté dans l'œuvre de Le Corbusier et Pierre Jeanneret

Arthur Rüegg Traduit de l'allemand par Jean-Pierre Lewerer

Le Corbusier n'a jamais réussi à transposer à grande échelle la Ville contemporaine (1922) ou la Ville radieuse (1930) dans des métropoles telles que Paris ou Moscou. Seuls quelques bâtiments isolés lui ont permis d'illustrer avec pertinence l'impact de ses idées en matière d'urbanisme. Réalisé en 1931/32 à Genève, l'immeuble d'habitation Clarté constitue l'une des étapes qui jalonnent le parcours menant à la Ville radieuse.

A travers ce bâtiment réalisé en collaboration avec Pierre Jeanneret, Le Corbusier parvint à concevoir un fragment urbain qui, inséré dans une ville historique, concrétisait de manière exemplaire les divers aspects d'une « nouvelle conception du logement ». Selon les propres termes des deux architectes, l'immeuble Clarté constituait un « jalon d'architecture moderne dans un milieu passéiste » dont ils ne manquèrent pas de souligner les qualités : « Clarté porte en soi : a) la réforme de l'appartement ; b) la transformation des méthodes constructives ; c) les éléments d'une nouvelle esthétique. » [1]

Habiter la Ville radieuse

Dès 1925, le serrurier genevois Edmond Wanner fit parvenir des objets de sa création destinés à être présentés à l'Exposition internationale des Arts décoratifs et industriels modernes de Paris. C'est sans doute à cette occasion qu'il découvrit le pavillon de l'Esprit Nouveau [2], dans lequel Le Corbusier présenta sa conception d'une cellule d'habitation dans son projet de Ville contemporaine. La moitié du pavillon était occupée par une unité d'habitation en équerre organisée en duplex. Toutes les pièces donnaient sur une grande terrasse couverte, également intégrée dans le volume cubique. Cette cellule d'habitation en forme de caisse, confectionnée selon les besoins d'une bourgeoisie éclairée, était conçue comme un élément librement juxtaposable et empilable des immeuble-villas, grâce auxquels Le Corbusier se proposa vers 1925 de révolutionner l'habitat de la grande ville [3]. A la suite de sa visite à l'exposition de la cité de Weissenhof (Weissenhofsiedlung) à Stuttgart en 1927, Wanner

1
Le Corbusier & Pierre Jeanneret, « Une partie de résidence de Ville Radieuse », 1935, tiré de : Max Bill (éd.), *Le Corbusier & Pierre Jeanneret, Œuvre complète 1934-1938*, Girsberger, Zurich, 1939, p. 35.

1

chargea Le Corbusier et Pierre Jeanneret, sans doute la même année déjà, du grand projet d'aménagement dans le quartier de l'Athénée à Genève. Ce projet était composé de quatre unités d'habitation adossées orthogonalement l'une à l'autre qui, selon le modèle des immeubles-villas, comportaient également des duplex[4]. Contrairement à ce projet dénommé « projet Wanner », l'immeuble Clarté réalisé également pour Wanner, mais sur une autre parcelle – à savoir dans la commune suburbaine des Eaux-Vives –, n'est pas composé d'unités d'habitation standardisées.

Vers 1929/30, Le Corbusier s'intéressa à l'habitation minimum. Cette étude le mena à une subdivision des cellules habitables basée sur le principe du « plan libre ». Dans les « lotissements fermés à alvéoles » en redents de la Ville radieuse, les dalles devaient être occupées par des logements de tailles variables répondant de manière précise aux besoins des occupants. Charlotte Perriand fut chargée d'étudier les plans limités à une surface de 14 mètres carrés par personne. Afin d'économiser l'espace et de satisfaire les différentes fonctions diurnes et nocturnes, elle les conçut de manière flexible[5]. Grâce à de telles « machines à habiter », Le Corbusier souhaitait transposer le modèle industriel tayloriste dans le domaine du logement minimal.

2

Le Corbusier, Pierre Jeanneret et Pierre Scheidegger, « La Maison de verre. Immeubles Clarté », *L'Art en Suisse*, Genève, 1933. Couverture de l'édition française.

3

Le Corbusier et Pierre Jeanneret, « Une façade type d'immeuble-villas », 1922. Organisation verticale des appartements, tiré de : Le Corbusier, *Almanach d'architecture moderne*, Crès, Paris, 1926, p. 128.

4

Charlotte Perriand, étude d'un appartement de neuf à seize personnes pour la Ville radieuse, 1930. Organisation horizontale d'appartements transformables, tiré de : Arthur Rüegg, *Charlotte Perriand. Livre de bord 1928-1933*, Infolio, Gollion, 2004, p. 56.

2

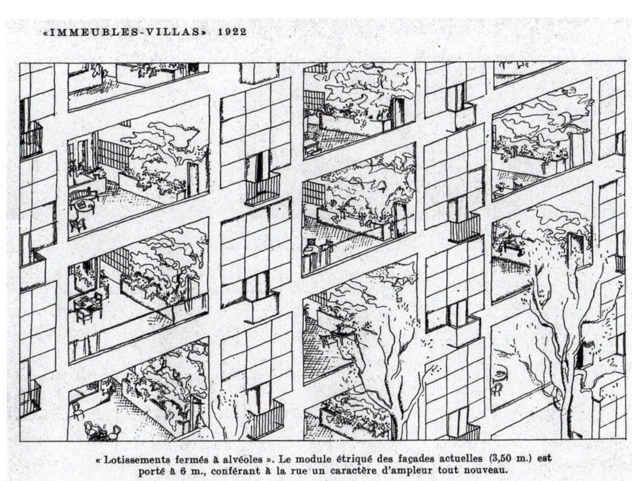

3

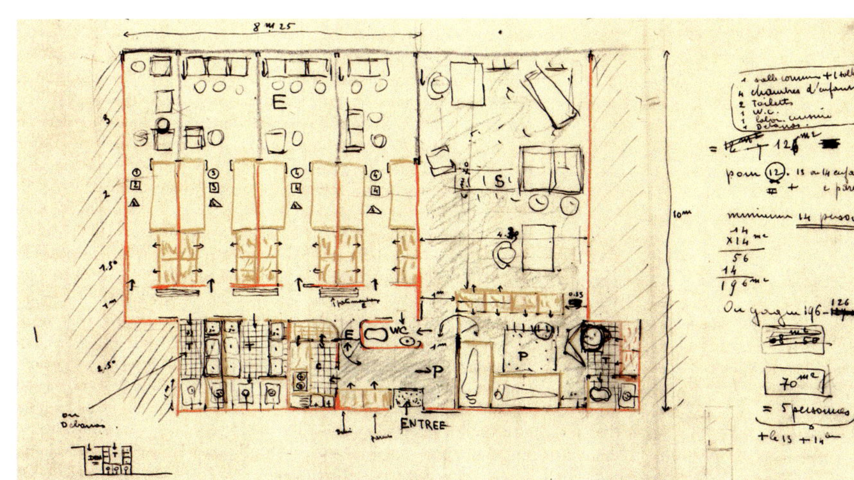

4

5

Si l'immeuble Clarté est également composé de logements de tailles et de formes variables, il n'est pourtant ni réduit au minimum vital, ni subdivisé librement à l'horizontale sur le principe du « plan libre » [6]. Par ailleurs, la distribution ne se fait pas, comme ce fut le cas dans d'autres projets de Le Corbusier, par des coursives ouvertes ou « rues corridors », mais par l'intermédiaire de deux cages d'escalier généreuses. Véritables puits de lumière colorés, ces dernières permettent de percevoir d'un seul coup d'œil le bâtiment sur toute sa hauteur. La plupart des 45 unités, étroitement imbriquées, sont organisées en duplex et constituent « en quelque sorte des villas privées » [7]. Juxtaposées et superposées selon des règles précises, ces habitations forment une palette de dix appartements de tailles variables: le studio et le duplex 4 pièces mono-orientés, le 5 pièces d'un niveau et le duplex 9 pièces traversants. Le Corbusier et Pierre Jeanneret ont ainsi testé, dans ce premier immeuble d'habitation, la diversité de leurs idées théoriques sur le logement, telles qu'elles ont été formulées dans le cadre de la Ville contemporaine et de la Ville radieuse. D'une part, ils abandonnèrent la typologie homogène au profit d'une habile solution adaptée aux données concrètes et aux exigences du maître de l'ouvrage. A l'instar des immeubles du Doldertal à Zurich ou du Parkhaus Zossen à Bâle, ils réussirent à démontrer, avec une précision inimitable, les avantages des « appartements duplex modernes présentant les caractéristiques d'une villa » [8].

De manière surprenante, les architectes ont renoncé à une mise en œuvre de leur propre « équipement de l'habitation », dont la version la plus récente, développée en collaboration avec Charlotte Perriand, avait été présentée dans une installation qui suscita un grand intérêt au Salon d'automne de 1929. Parmi les nouveaux meubles en tubes d'acier, seule la fameuse chaise longue basculante fut présentée à l'immeuble Clarté à l'occasion d'une exposition restreinte réalisée par la firme Wohnbedarf SA de Zurich. Le programme de cette entreprise, établi en grande partie par Sigfried Giedion – le secrétaire général des Congrès internationaux d'architecture moderne (CIAM) –, reflétait de manière significative la situation internationale en matière de concepts modernes de mobilier. Le désintérêt du public genevois, davantage attiré par les ensembles raffinés – conçus notamment par Gustave-Adolphe Hufschmid ou Else Hamann – dans le style « Art déco », entraîna la fermeture, en 1933, de la filiale Wohnbedarf installée au rez-de-chaussée de l'immeuble Clarté [9].

5
Clarté, appartement modèle 5 pièces aménagé par Wohnbedarf Zurich, avec une chaise longue basculante de Le Corbusier, Pierre Jeanneret, Charlotte Perriand, juin 1932, tiré de: Friederike Mehlau, Arthur Rüegg, Ruggero Tropeano, *Schweizer Typenmöbel 1925-1935. Sigfried Giedion und die Wohnbedarf AG*, gta Verlag, Zurich, 1989, p. 45.

Construire à sec

Dans le cadre du processus d'affinement, il s'agissait aussi de tenir compte des techniques de construction modernes, de la matérialisation et de la précision des détails, d'une infrastructure contemporaine et d'un aménagement intérieur adéquat. Le Corbusier et Pierre Jeanneret avaient réuni de nombreuses expériences à ce sujet et apportèrent un éventail parfaitement mis au point. Ils furent néanmoins séduits lorsque Wanner, ce serrurier genevois avide d'expérimentations nouvelles, leur ouvrit de nouvelles voies pour le développement de leurs idées.

La subdivision libre des différents niveaux, pratiquée dans les « lotissements à alvéoles » et partiellement dans l'immeuble Clarté, dépend de la distinction entre les éléments porteurs et les cloisons. Dès ses débuts, Le Corbusier avait jeté les bases de cette distinction fondamentale dans l'architecture moderne. Peu après l'éclatement de la Première Guerre mondiale, en vue d'accélérer la reconstruction, il renonça aux traditionnels sommiers et éléments voûtés de l'époque et élabora un système élémentaire constitué de piliers et de dalles en béton – le système « Dom-Ino ». Pour compartimenter ce squelette, Le Corbusier eut d'abord recours à des murs en maçonnerie, puis il expérimenta des membranes en ciment giclé sur des coffrages. Ce n'est qu'à l'aide de l'univers des formes élaboré dans la peinture puriste qu'il réussit à séparer et à libérer les cloisons de la structure porteuse. Il sut ainsi exploiter à fond le potentiel du simple squelette en béton sur le plan esthétique[10].

La mise en œuvre du Solomite, un matériau mis sur le marché en 1923 et présenté sous forme de panneaux composés de paille compressée liée par des fils de fer, devait permettre une amélioration du système constructif. Ces panneaux, qui pouvaient atteindre quatre mètres de longueur pour une épaisseur de cinq centimètres, servaient également d'isolant thermique et acoustique. Ils pouvaient être montés en tant que coffrage

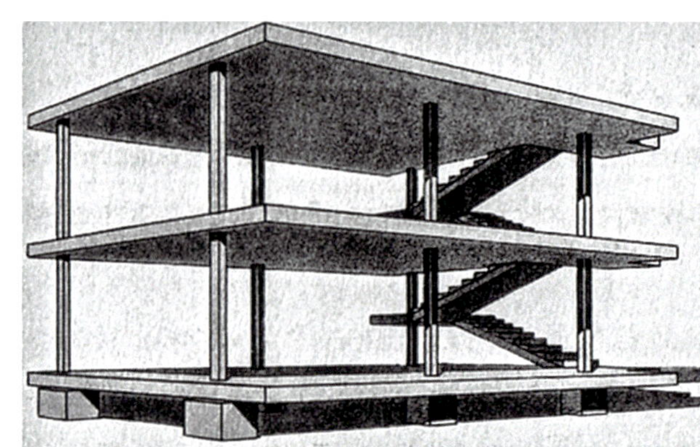

6

perdu dans le squelette en béton et enduits au canon à ciment. En 1925, Le Corbusier et Pierre Jeanneret réalisèrent le remplissage du squelette en béton du pavillon de l'Esprit Nouveau au moyen de panneaux de Solomite. Ils se limitèrent cependant à une seule couche au lieu des deux prévues (laissant ainsi la structure en béton visible sur l'une des faces de la paroi). Ils eurent recours à la pose de l'enduit à la main et non au canon à ciment.

Edmond Wanner, qui était friand de nouveautés, acquit les droits de fabrication des panneaux de Solomite et créa sa propre entreprise de production[11]. Ce matériau, isolant et léger, semblait adéquat pour remplir les structures en acier que Wanner espérait développer à l'avenir. Ceci explique pourquoi le «projet Wanner», étudié en 1928 par Le Corbusier et Pierre Jeanneret, fut prévu pour être réalisé entièrement sur la base d'une structure en acier et en Solomite. Il s'agit d'une expérience décisive qui influença la réalisation de la majorité des bâtiments importants de Le Corbusier dans les années 1930: «Les ‹immeubles-villas› de 1922/25 trouvent leur application à Genève, grâce à l'initiative intelligente d'un industriel constructeur de charpente métallique. Le problème envisagé jusqu'ici pour être réalisé en ciment armé passe à la construction métallique et s'exprime par une conception de la plus haute actualité, celle de la ‹maison à sec›.»[12]

En dehors des grands immeubles d'habitation, Wanner s'intéressa également aux villas et aux maisons individuelles. Il choisit à cet effet le type Citrohan, organisé sur deux niveaux, qu'il avait découvert à Stuttgart et se risqua à réaliser une telle construction – la villa Ruf – sur la base d'un squelette en acier soudé et de panneaux en paille enduite. En cours d'étude, Le Corbusier et Pierre Jeanneret abandonnèrent le projet. Ce fut alors l'architecte Francis Quétant, engagé chez Wanner, qui conçut et construisit la villa Ruf au Grand-Saconnex[13]. Etant donné que le pavillon du Désarmement, réalisé avec les mêmes techniques en 1932 à proximité du Palais Wilson, fut détruit dans un incendie en 1987, il s'agit du seul témoin de cette importante contribution à la problématique de la «construction à sec».

7

8

6-8
Le Corbusier, le système Dom-Ino. Application à la cité ouvrière de Liège; «Le *cement gun* prépare, monte et applique un mortier adhérent, étanche et peu coûteux», tiré de: Brian Brace Taylor, *Le Corbusier et Pessac, 1914-1928*, Fondation Le Corbusier / Harvard University, 1972. Photo Hans Finsler.

9
Francis Quétant, villa Ruf, Le Grand-Saconnex, 1928/29. Remplissage de la structure métalllique avec du «Solomite», photographe inconnu (Jean Ruf?).
10
Adolphe Guyonnet, pavillon de la conférence du Désarmement, Genève 1932. Application du système d'ossature métallique Solomite. Le *cement-gun* en pleine action, tiré de: *Schweizerische Bauzeitung,* 1931, vol. 38, p. 297.
11
Première collection Salubra «Le Corbusier», automne 1931. Sont contenus dans le corps du volume: 43 feuilles de couleurs unies, 1 feuille de motifs de losanges, 18 feuilles de motifs pointillés. Le livre contient un dépliant avec les 12 «claviers de couleurs». Dans une pochette se trouvent deux lunettes en carton bristol pour l'utilisation des «claviers de couleurs».

9

10

Par comparaison avec une approche aussi élémentaire, la réalisation de l'immeuble Clarté est à la fois plus raffinée et plus pragmatique. Les panneaux en Solomite ont été utilisés uniquement comme matériau isolant dans les plafonds, les toitures et les éléments de façade pleins. Les parois sont de construction légère et enduites de plâtre. Quant aux murs pignons porteurs, ils sont habillés de maçonnerie sur les deux faces. Le squelette en acier entièrement standardisé, soudé sur le chantier par les Ateliers de Sécheron – une première à Genève –, ainsi que les nombreux éléments préfabriqués (notamment les escaliers en colimaçon en fonte de Wanner ou les façades de verre dotées de fenêtres en longueur coulissantes brevetées ou encore les balcons suspendus) [14] font de cet édifice un point charnière dans l'évolution de l'architecture industrialisée et un apogée de l'art de la construction genevoise de l'époque.

11

L'esthétique de la préfabrication

A l'instar des constructions puristes des villas de Le Corbusier, entièrement construites en dur, la villa Ruf, réalisée en profilés métalliques et en panneaux de paille, est crépie sur les deux faces, supprimant ainsi toute trace de fabrication et aboutissant à un effet de monolithe. Il s'agissait là de la clé pour une « architecture future » qui devait se distinguer fondamentalement de la construction à rajouts, caractéristique du XIXe siècle. Le choix d'une construction monolithique s'inscrivait dans le contexte du développement d'une architecture sculpturale affirmée, dont les formes abstraites devaient redéfinir l'essence même de la maison. C'est pour cette raison qu'à partir de 1924, Le Corbusier introduisit dans ses premiers bâtiments puristes la couleur en tant que correctif. Il eut recours à une palette traditionnelle dont l'effet avait été depuis longtemps testé dans le domaine de la peinture. A l'aide de ses teintes, il réussit non seulement à souligner, à modifier, mais aussi à corriger les données spatiales et plastiques des pièces largement ouvertes. Il sut également, par des ambiances colorées, redonner à l'architecture puriste dématérialisée l'esprit des matériaux manquants. Ainsi, outre un effet physiologique, un effet psychologique était créé par des associations induites par les tonalités. Prenons à titre d'exemple une paroi peinte en terre de Sienne claire rappelant la couleur de la brique.

Lors de la conception de l'immeuble Clarté, Le Corbusier développa pour la société Salubra un legs spirituel de cette polychromie puriste sous la forme d'une collection de papiers peints présentant 43 teintes unies et des « claviers de couleurs » correspondants. Il s'agit, en l'occurrence, de douze cartes d'échantillons, sur lesquelles trois larges bandes présentent des teintes plus claires destinées aux parois principales. Sur deux bandes plus étroites figure une succession de couleurs traitées dans des teintes contrastées, destinées aux menuiseries, aux portes

12
Le Corbusier et Pierre Jeanneret, pavillon suisse de la Cité universitaire, Paris, 1929-1939. Vue nocturne de la façade principale avec la symphonie des intérieurs colorés des chambres d'étudiants (version de la polychromie de 1957), carte postale.

13
Immeuble Clarté, appartement 4 pièces duplex, côté sud, aménagé par Gustave-Adolphe Hufschmid. Meubles en bois noir, voilage en coton blanc (imposé aux locataires), tissus en soie et laine rouge corail. Table de travail amovible. Reconstitution de la polychromie par Barbara Thommen/Arthur Rüegg, 1999, photographie Boissonnas, octobre 1932.

13

et aux autres éléments de ce type, de manière à ce que l'utilisateur puisse, grâce à une réglette en carton, isoler à volonté une combinaison équilibrée de trois à cinq teintes. Chacune des cartes d'échantillons reflète une ambiance colorée précise: «Espace» combine par exemple des surfaces de parois bleu clair et gris clair destinées à créer un agrandissement aérien de la pièce[15].

Dans le contexte de la construction à sec – qui reposait sur l'assemblage d'éléments – la perception d'un bâtiment monolithique était dépassée. Dans le cas de l'immeuble Clarté, Le Corbusier et Pierre Jeanneret tirèrent pour la première fois, de manière encore lacunaire, des conclusions d'ordre esthétique. Les éléments caractéristiques d'une nouvelle esthétique se réfèrent notamment à l'habillage des frises et des socles à l'aide de plaques de travertin à joints fins et d'éléments en plots de verre, la structure métallique des façades traitées dans un ton vert particulièrement foncé rythmant les vastes pans de verre et les stores à lames de bois de teinte naturelle – le matériau demeurant visible dans la plupart de ces éléments constructifs. Toutefois, le visiteur qui s'attend à voir une architecture structurée et expressive ne peut être que déçu. Le Corbusier n'a pas renoncé au volume plastique dépourvu de tout joint sans livrer combat. Il affirmait au contraire: «L'industrialisation n'a jamais contrecarré la création architecturale.»[16] La technique de la soudure à l'arc permit notamment l'exécution de profilés – caissons de section carrée qui ne révèlent pratiquement aucune trace du processus de fabrication – par exemple sous forme de rivets ou de boulons. A l'intérieur, les papiers peints Salubra masquent les joints ainsi que les changements de matériaux. Il fut par conséquent imposé aux locataires de recourir à la collection de Le Corbusier. S'ils pouvaient déterminer leurs propres ambiances chromatiques à l'aide des claviers de couleurs, ils devaient en revanche se résoudre à la pose de rideaux uniformes. Par ce dispositif, Le Corbusier réussit non seulement à conserver un espace intérieur puriste, mais également à mettre en œuvre à grande échelle le concept des claviers de couleurs. Il est aisé d'imaginer l'effet grandiose qui en résultait de nuit, lorsque le bâtiment, tel un paquebot géant, dominait le quartier environnant constitué de maisons de taille réduite, avec ses longues façades transparentes et translucides derrière lesquelles les logements, chacun avec ses propres gammes de couleurs, contribuaient à créer une vaste symphonie polychrome. Le rythme des teintes exprimait ainsi l'individualité des habitants, tandis que le squelette de la façade incarnait la structure collective[17].

De la villa à l'immeuble urbain, de la forme coulée à l'élément préfabriqué, de la sculpture abstraite à la structure expressive, l'immeuble Clarté préfigure de nouveaux thèmes dans l'œuvre de Le Corbusier et Pierre Jeanneret et constitue également une tentative exceptionnelle de réunir les éléments les plus importants de leurs recherches au sein d'un bâtiment de grande taille en une synthèse exemplaire.

1 Toutes les citations sont tirées de Le Corbusier et Pierre Jeanneret, « L'immeuble Clarté à Genève, 1930/32 », *Œuvre complète de 1929-1934*; Le Corbusier, Pierre Jeanneret et Pierre Scheidegger, « La Maison de verre: l'Immeuble Clarté », *L'Art en Suisse*, numéro spécial sans pagination, Genève, avril-mai 1933. – La première monographie n'a été publiée que cinquante ans plus tard: Catherine Courtiau, *L'immeuble Clarté*, SHAS, Berne, 1982. – Voir également les analyses de Christian Sumi, *Immeuble Clarté Genf 1932 von Le Corbusier & Pierre Jeanneret*, gta / Ammann, Zurich, 1989, ainsi que la présentation complète in Luca Bellinelli (éd.), *La construction de l'immeuble Clarté*, Accademia di architettura, Mendrisio, 1999.

2 Entretien du 22.8.1978 avec Georgette Wanner, en présence de Jacqueline Jeanneret, Arthur Rüegg, Christian Sumi. – Voir également Christian Sumi, « Il progetto Wanner », *Rassegna 3*, juillet 1980, pp. 39-46.

3 « Tout d'abord les « Immeubles-villas » sont nés d'un souvenir après un déjeuner, d'une Chartreuse d'Italie (bonheur par la sérénité) et crayonnés sur le dos d'un menu de restaurant »: Le Corbusier & Pierre Jeanneret, *Œuvre complète de 1910-1929*, publiée par W. Boesiger et O. Stonorov, nouvelle édition, Girsberger, Zurich, 1937, pp. 40-41. Dans ses immeubles de logements, Le Corbusier a tiré certaines de ses idées fondamentales des origines lointaines de l'architecture anonyme.

4 *Œuvre complète de 1910-1929, op. cit.*, pp. 180-185. Le schéma de cellules habitables juxtaposées le long de « rues intérieures » – expérimenté pour la première fois dans le cadre du projet Wanner – est à la base des Unités d'habitation des années d'après-guerre. En ce qui concerne le projet Wanner, voir également Armand Brulhart, « Villereuse et Rive droite. Le Corbusier urbaniste », in Isabelle Charollais, André Ducret (éd.), *Le Corbusier à Genève 1922-1932*, Payot, Lausanne, 1987, pp. 79-92.

5 Le Corbusier, « La Ville radieuse », *L'Architecture d'Aujourd'hui*, Boulogne-sur-Seine, 1935, pp. 143-146 (fac-similé Paris: Vincent et Fréal, 1964).

6 En ce qui concerne l'évolution des types de logements, voir Christian Sumi, *Immeuble Clarté Genf 1932, op. cit.*, pp. 87-119.

7 *Ibid.* note 1.

8 L'auteur de la citation est Alfred Roth, cf. Arthur Rüegg, *Die Doldertalhäuser. Ein Hauptwerk des Neuen Bauens in Zürich*, gta, Zurich, 1996, p. 46.

9 Pour une analyse exhaustive, voir Arthur Rüegg, « Couleur, meubles et photographie: ‹J'ai deux amours›... », in Luca Bellinelli (éd.), *La construction de l'immeuble Clarté, op. cit.*, pp. 50-71.

10 Cf. les cinq points d'une architecture nouvelle illustrés de manière exemplaire dans la Villa Savoye (Poissy, 1929-1931).

11 Société anonyme des produits « Le Solomite » / Matériau pour la construction et l'isolation / Bureau: Terrassière 27 / Usine: Sécheron / Genève (selon la carte de visite de la firme). Dans le cas de la villa Ruf, l'entreprise Wanner mit également à disposition l'architecte Francis Quétant.

12 *Œuvre complète de 1910-1929, op. cit.*, p. 180. Cf. également Christian Sumi, *Immeuble Clarté, op. cit.*, pp. 44-70.

13 Cf. Arthur Rüegg, *Le Corbusier, Edmond Wanner, Francis Quétant und die Villa Ruf*, EPFZ, Zurich, 1987; version française dans *Faces* n° 17, 1990, pp. 46-54.

14 Voir à ce sujet: « Technische Angaben » dans les annexes de *L'Art en Suisse* 4 / 5 1933 (op. cit.)

15 En ce qui concerne la polychromie en général et plus particulièrement les claviers de couleurs de 1931, voir: Arthur Rüegg, *Polychromie architecturale. Les claviers de couleurs de Le Corbusier de 1931 et de 1959*, Birkhäuser, Bâle-Boston-Berlin, 1997; 2e édition, révisée, 2006; 3e édition, avec une nouvelle postface de l'auteur, 2015.

16 Le Corbusier, « Un nouvel ordre de grandeur des éléments urbains, une nouvelle unité d'habitation », *L'Ossature métallique*, mai 1934, p. 235.

17 Depuis, Le Corbusier n'a utilisé qu'à une seule occasion la collection Salubra de 1931 à grande échelle. Dans le pavillon suisse (Paris, 1929-1933), il a néanmoins déterminé personnellement le rythme des teintes des chambres d'étudiants. Voir à ce sujet Jan de Heer, *The Architectonic Colour*, 010 Publishers, Rotterdam, 2009, pp.157-161.

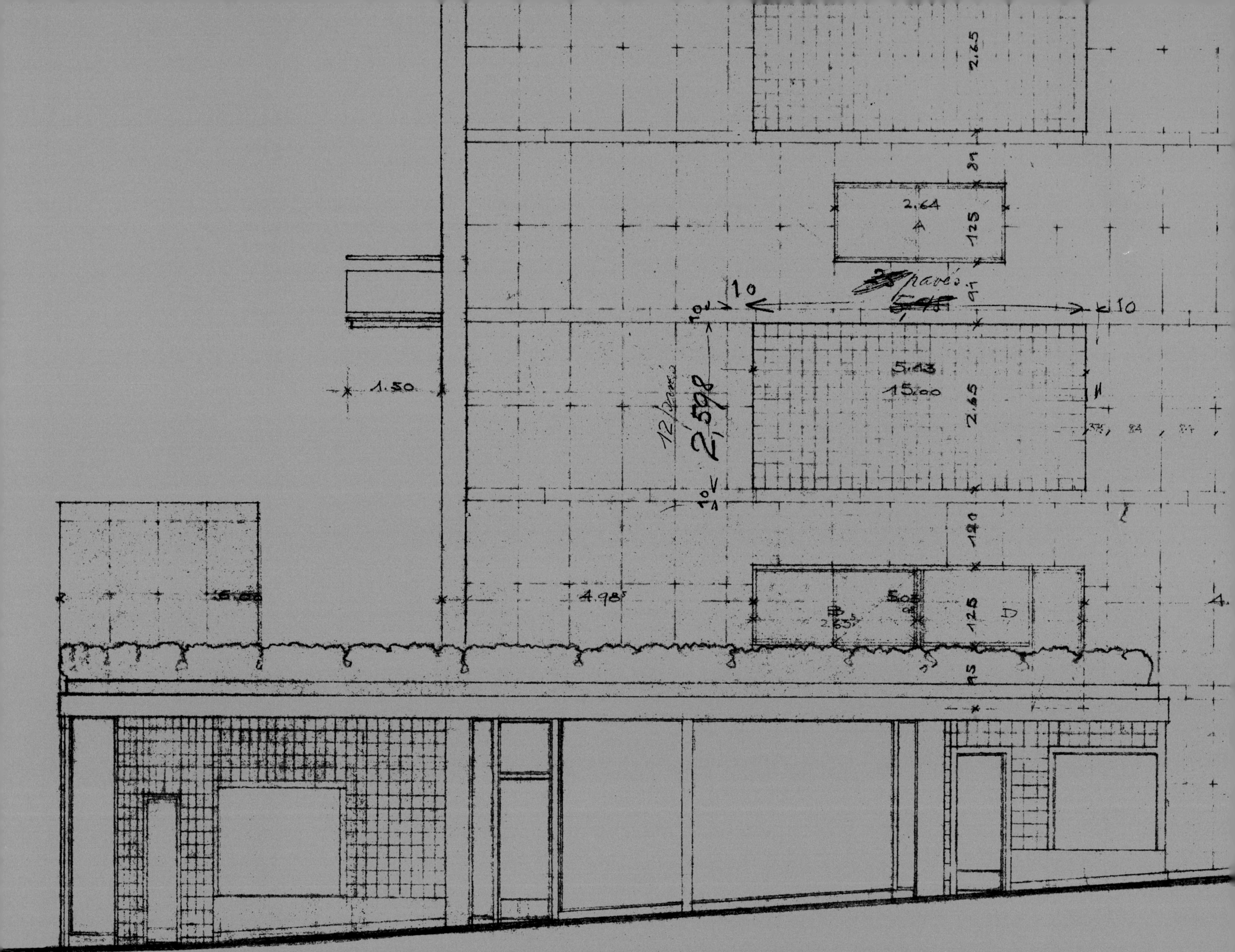
1.50
2.64
125
15.00
2.65
120
10
paves

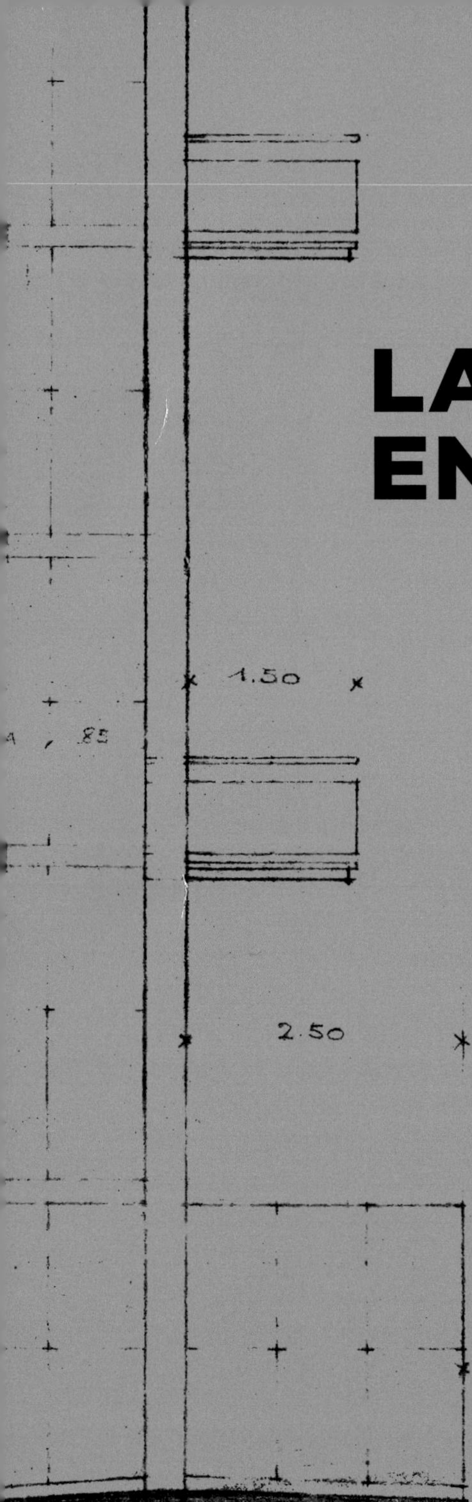

LA RESTAURATION EN QUESTION

Clarté, quelques leçons d'une restauration

Bernard Zumthor

« Architecture is to be regarded by us with the most serious thought. We may live without her. And worship without her, but we cannot remember without her. » [1]

L'architecture née des décombres de la Première Guerre mondiale assume aujourd'hui pleinement cette fonction mémorielle si essentielle, selon Ruskin, à notre conscience de l'histoire. Les témoins de cette période fondatrice de notre contemporanéité ne sont plus, dans l'opinion publique, œuvres de « fadas ». Ils méritent désormais d'être considérés sérieusement, comme tout objet de notre environnement familier auquel le passage du temps a conféré les attributs nécessaires à sa reconnaissance, et le travail d'inventorisation et de sensibilisation [2], ses lettres de créance patrimoniales.

En revanche, sa sauvegarde, tant sur le plan déontologique que sur celui de ses modes opératoires, se présente encore largement comme un territoire neuf à baliser, un faisceau de problèmes éthiques et techniques dont la complexité est à la mesure de l'hétérogénéité de leur objet.

Le XXe siècle a en effet fait coexister des traditions et des savoir-faire plus différents les uns des autres qu'aucune autre période. Caractérisée par le non-monumental et la série, sa production architecturale a révolutionné matériaux et modes de construction. Face à ces bouleversements, les concepts de conservation et de restauration hérités des premiers théoriciens de la discipline au tournant du siècle, Camillo Boito ou Aloïs Riegl, ne sont restés véritablement opérants que tant que l'héritage du Mouvement moderne n'était pas reconnu comme patrimonial. Depuis, le fossé s'est creusé et, aujourd'hui, si les principes généraux de la sauvegarde, consacrés par la Charte de Venise (1964), restent valides précisément parce qu'ils sont généraux, leur mise en œuvre pratique, dans la réalité concrète du chantier, apparaît souvent inadaptée aux spécificités constructives des bâtiments de cette époque.

Tel fut le cas de la réhabilitation de l'immeuble Clarté entre 2007 et 2011. Le paradoxe était que cet objet, dont la valeur patrimoniale ne faisait désormais plus de doute pour personne, au point d'être proposé à l'inscription sur la Liste du patrimoine mondial de l'UNESCO, n'avait à sa disposition qu'une méthodologie de restauration anachronique, imprécise et générant davantage d'interrogations que de certitudes quant aux décisions à prendre.

Dès lors, l'opération offrit malgré elle une occasion de réflexion et d'expérimentation, voire, selon la complexité des problèmes, de reformulation des cadres théoriques et empiriques de la conservation et de la mise en valeur de ce patrimoine architectural hors norme, inventeur de la modernité. Les notes qui suivent en esquissent quelques traits théoriques.

La première évidence qui s'imposa fut en effet que si la construction de l'immeuble Clarté s'était située historiquement à la charnière de deux conceptions de l'habitat urbain, *grosso modo* le particulier et l'ensemble, sa réhabilitation, trois générations plus tard, devait logiquement se trouver au point de fracture entre deux pratiques de sauvegarde, différentes selon qu'elles s'appliquaient aux types architecturaux résultant de la singularité constructive d'une part ou de la standardisation de l'autre.

Ce constat qui résume toute la problématique du traitement du patrimoine post-1920, en dépit du caractère unique de l'immeuble Clarté [3], entraîna de la part des responsables du projet la nécessité de *qualifier* leur démarche dans la perspective des ruptures intervenues au sein des champs de signification historique pour ce type d'architecture: rupture sociologique entre l'individuel et le collectif; philosophique entre l'ornemental et l'utilitaire; méthodologique entre l'artisanal et l'industriel, et enfin, matérielle entre la maçonnerie (pierre et mortier) et la technicité de l'assemblage de composantes préfabriquées (verre et acier, notamment).

Les acteurs de cette aventure ont donc été contraints d'aborder dans un « esprit nouveau », comme eût dit Le Corbusier, le périlleux exercice d'équilibrisme, commun à toutes les opérations de revalorisation patrimoniale, entre les trois principes :

— d'une part, de *conservation*, c'est-à-dire la préservation de l'« authenticité »[4] matérielle et formelle, telle que trouvée en place, dans sa dimension archéologique en quelque sorte, dans le but de maintenir l'objet patrimonial dans un état aussi proche que possible de son origine ;

— d'autre part, de *restauration*, soit la réparation ou la révélation des composantes fragilisées ou cachées de l'état dit « authentique » de façon à le rendre plus visible et/ou intelligible afin de le pérenniser tout en répondant à des exigences de présentation ou de réutilisation ;

— enfin, de *rénovation*, à savoir la restitution, la réfection ou l'adaptation du bâtiment visant à le « remettre à neuf » dans des formes reproduisant autant que possible son état originel, mais en le rendant plus apte à répondre aux exigences actuelles en matière de qualité de vie.

Compte tenu de la spécificité architectonique de l'immeuble Clarté et de la particularité de son histoire constructive, la traduction de cette triple option en stratégie d'intervention architecturale intégrée ne manqua pas de mobiliser tout le savoir, la créativité, la capacité de jugement et d'imagination de l'architecte en charge du projet.

Il fallut tout d'abord développer, avec l'aide des experts, historiens, conservateurs, restaurateurs, ingénieurs, une *connaissance* fine de la *substance* de l'édifice. C'est-à-dire identifier la signification et la matière de son authenticité, ce qui fonde et légitime sa valeur patrimoniale, définit ses qualités intrinsèques et constitue ses caractéristiques propres par rapport à l'environnement construit de son époque: histoire architecturale, contexte socioculturel de sa conception et de sa réalisation, techniques de construction, détails de mise en œuvre.

Cette compréhension empathique de l'édifice permit ensuite de mettre au point une *méthode* et d'élaborer un *programme modulé* de réhabilitation de tous les éléments de substance originelle identifiés comme tels, en faisant appel, selon les pathologies particulières de leurs différentes composantes, tantôt aux techniques de restauration, tantôt à celles de rénovation, et cela sans jamais perdre de vue la conception d'ensemble de l'édifice. C'est ainsi qu'il s'est agi, par exemple, de trouver des moyens d'intervention réutilisant des logiques constructives telles qu'elles furent mises en œuvre en 1930, par exemple la soudure de la carcasse métallique.

Enfin, il fallut rechercher et incorporer au programme des solutions permettant d'améliorer les *performances techniques* du bâti, singulièrement en matière de développement durable, d'isolation, de chauffage, d'étanchéité, de sécurité, de durabilité, etc., sans dénaturer l'identité du bâtiment ni trahir sa vérité conservée mais, finalement, rénovée.

La convergence de ces actions fit de ce chantier exceptionnel une sorte de laboratoire expérimental, dont nous n'avons pas fini d'épuiser les questionnements et les surprises.

Une des nombreuses observations, évidente mais particulièrement intéressante du fait de ses implications méthodologiques, fut celle de la différence de *modus operandi* sur le chantier entre un édifice du Mouvement moderne et un bâtiment plus ancien. Au-delà des règles théoriques de base fixées par la Charte de Venise, qui s'appliquent à toutes les situations, quels que soient les objets ou les époques historiques, la différence d'approche entre architecture « traditionnelle » et architecture « moderne » reste bien réelle lorsqu'on est confronté à leurs techniques constructives propres, et nécessite, de la part de l'architecte, l'utilisation d'une instrumentation analytique et empirique *ad hoc*, au besoin à inventer.

Car dans cette ambivalence, on n'est pas confronté à la dichotomie simplement entre deux savoir-faire mais, beaucoup plus fondamentalement, entre *deux mesures du temps*. D'un côté, une architecture construite dans et pour la durée; de l'autre, une architecture obéissant à une logique fonctionnaliste de production et d'usage, la fameuse « machine à habiter », comme Le Corbusier définissait le logement, c'est-à-dire une réalisation qui, dans la volonté créatrice de son auteur, est considérée comme un outil, une mécanique que l'on remplace sans état d'âme lorsqu'elle ne remplit plus sa fonction, un objet dont la conception même contient la ruine.

Dès lors, les différences entre les dispositions spécifiques, concrètes, de sauvegarde prises selon qu'on a affaire à une structure traditionnelle ou à une construction moderne dépendront étroitement du sens donné au *vieillissement* des matériaux.

Si, dans le monument historique classique maçonné, une patine, un degré d'usure, voire, si l'on se réfère à Ruskin, un état de franche dégradation, constituent les signes extérieurs de l'écoulement du temps *à sauvegarder*, bien plus, à mettre en évidence en tant qu'attestation de sa dignité patrimoniale; dans le bâtiment du Mouvement moderne, en béton, verre ou acier, c'est « le bon état de marche » du dispositif qui fait sens. C'est lui qui *doit se voir* explicitement, dans l'esthétique de sa fonctionnalité. Cela entraîne, pour le conservateur-retaurateur, la nécessité de se placer dans la perspective *diamétralement opposée* à sa pratique traditionnelle: celle de la restitution d'un *état neuf*, de la recherche d'un résultat qui abolisse rides, bosses et cicatrices, efface les griffures des années, rende le temps invisible, le dématérialise en quelque sorte.

On se trouve dès lors confronté à cet apparent contresens qu'une restauration correcte, c'est-à-dire qui ne trahisse ni l'esprit, ni la lettre des valeurs patrimoniales de l'édifice du Mouvement moderne, ne pourra se matérialiser que sous la forme d'une *rénovation* aboutissant à la *reproduction* de l'état d'origine.

Un effet pervers de cette esthétique de la jeunesse intemporelle se discerne fréquemment dans le degré d'*obsolescence* élevé atteint beaucoup plus rapidement par l'architecture moderne des années 1920-1940, que par le bâti traditionnel en raison même du principe mécanique d'adéquation exacte entre forme et fonction. Pour les raisons idéologiques que l'on sait, la conception fonctionnaliste fut significativement plus rigide dans la production avant-gardiste de l'entre-deux-guerres que dans la construction antérieure, plus attentive à l'expression formelle. Cet *a priori* réduisit considérablement le potentiel d'adaptation de l'architecture moderne, tant à de nouvelles utilisations qu'aux normes de confort et de sécurité actuelles.

On constate en effet que les « modernisations » répondant à l'évolution des besoins et des usages ont plus fréquemment entraîné des défigurations irréversibles dans ce type de bâtiment que dans les édifices réalisés avant la Grande Guerre. Nombre de réalisations de valeur du XXe siècle ont, à l'instar de l'immeuble Clarté, subi des altérations graves dans un laps de temps relativement court: il n'existe pratiquement plus aucun édifice de cette époque intégralement préservé dans son état premier (mais quand, par chance, c'est le cas, dans quel état de conservation!) alors qu'il n'est pas rare de rencontrer des structures plus anciennes, encore « dans leur jus », ayant simplement vieilli et offrant un large potentiel de réutilisation sans perte de substance patrimoniale.

Pour Clarté, le problème du changement de fonction ne s'est heureusement pas posé. En revanche, l'application de certaines normes a dû faire l'objet de dérogations exceptionnelles de la part de l'administration sous peine de devoir porter lourdement atteinte à l'intégrité formelle de l'édifice.

On retrouve le rapport singulier à la durée de cette architecture dans le caractère expérimental de sa construction originelle. Cette problématique, passionnante sur le plan de la *doxa* de la restauration, fut exemplaire dans le cas de l'immeuble Clarté. L'utilisation, lors de l'édification, de matériaux et de techniques d'assemblage nouveaux pour l'époque, sans la sanction de l'expérience, a pu se révéler, avec le temps, carrément fautive. L'histoire de l'architecture du XXe siècle est parcourue d'innombrables récits de verrières qui fuient, de fenêtres qui ferment mal, de ferrements qui rouillent, de climats intérieurs insupportables et de maîtres d'ouvrages furieux dès l'inauguration du bâtiment !

Dans de telles conditions, rencontrées sur ce chantier de restauration, la règle de « reconstitution à l'identique », que justifierait la nécessité de rétablir l'état neuf, devient pour le moins discutable. Doit-on aller jusqu'à rétablir les « défauts de fabrique » au seul motif qu'ils appartiennent à la substance d'origine? La description des travaux, dans les pages qui suivent, donnent le détail des corrections apportées aux structures d'origine, notamment en matière d'étanchéité, d'isolation, de traitement des fers ou, plus généralement, de durabilité matérielle.

Ces réflexions pourraient être développées à l'infini. Je n'effleure ici que quelques aspects paradoxaux, rencontrés dans le concret du projet, du rapport à l'historicité d'une architecture qui se voulait hors du temps dans la mesure où l'horizon de ses finalités était le présent, cette fameuse *fin de l'histoire* annoncée par les idéologies du XXe siècle.

Toutefois, la conscience qui se fait jour à travers ces constats est celle d'une interrogation plus complexe et plus fondamentale. Lorsque, sur l'échafaudage, on est confronté à des questions apparemment simples telles que « De quoi est réellement faite la substance du bâtiment ? » ou « Quels sont les attributs invariants sur la base desquels assurer sa pérennité sans trahir son authenticité ? », on se rend compte que ce que l'on demande en réalité au bâtiment c'est : « Quelle est la véritable *signification patrimoniale* de cette architecture dont tu es un modèle exemplaire ? »

D'évidence, celle de l'architecture du Mouvement moderne ne se mesure pas à l'aune de ses seules dimensions historiques, technologiques, esthétiques ou de son statut légal de monument classé. L'économie, le développement durable, la continuité sociale d'usage, la symbolique urbaine sont tout aussi importants que l'ancienneté, l'élégance des structures, la signature prestigieuse de l'architecte, etc.

En d'autres termes, la qualité patrimoniale de cet héritage architectural particulier, sa signification et donc la valeur que la collectivité lui accorde, résident moins dans sa matérialité – qu'il faut, bien entendu, sauvegarder et réhabiliter à tout prix – que dans la *force symbolique* de cette matérialité, dans ce que ces édifices *représentent* dans l'histoire de la société et pour l'indispensable exercice de cette faculté de mémoire que nous rappelait Ruskin en préambule[5].

Ainsi, l'élaboration attentive du projet et la conduite pragmatique de la réhabilitation ont-elles permis de toucher du doigt, à travers la confrontation d'une multitude de problèmes techniques et d'hésitations théoriques, quelque chose de la nature apparemment contradictoire de l'architecture du Mouvement moderne. Car celle-ci, à l'instar de ce qu'a signifié, à la même époque, la révolution de l'abstraction pour l'histoire des arts plastiques[6], a puisé sa définition conceptuelle davantage dans les catégories philosophiques de l'essence que dans celles de la *substance*, ce qui, dès lors, la rattache de façon quelque peu inattendue, à ... la tradition classique[7].

L'immeuble de Genève fait donc concrètement et élégamment la démonstration de ses fausses ruptures paradoxales: objet dont la modernité s'affirme comme étrangère aux traditions dans sa matérialité mais qui clame néanmoins sa fidélité à celles-ci dans son rapport idéaliste à l'histoire.

Comment gérer cette ambivalence, où placer le curseur des critères de choix, quelles méthodologies légitimer lorsqu'il faut décider des mesures à prendre pour transmettre ce patrimoine aux générations futures? Une des leçons de la régénération de l'immeuble Clarté, et non des moindres, aura été de réitérer l'impérieuse nécessité, pour l'avenir du patrimoine architectural du XXe siècle, de mettre au service de sa conservation une éthique de la sauvegarde, une déontologie de l'intervention et des concepts *rénovés* de restauration[8].

1 John Ruskin, *The Seven Lamps of Architecture; The Lamp of Memory*, George Allen, Londres, 1880.

2 Il faut rappeler le rôle important joué dans ce domaine par les agences internationales, telles que ICOMOS, DOCOMOMO ou, en l'occurrence, la Fondation Le Corbusier, la Société d'histoire de l'art en Suisse et son Inventaire suisse d'architecture INSA; les associations de sauvegarde, notamment Patrimoine suisse Genève, ainsi que les services publics concernés, tel l'Office cantonal du patrimoine et des sites de Genève qui a réalisé un inventaire systématique du patrimoine du XXe siècle du canton et en publie régulièrement des exemples dans sa revue *Patrimoine et architecture*. Observons toutefois que si l'architecture de la première moitié du XXe siècle ne fait généralement plus débat, la reconnaissance par la collectivité et les autorités politiques et culturelles de la valeur patrimoniale des réalisations postérieures à la Seconde Guerre mondiale, redevables de l'héritage de la génération des pionniers des années 1920-1930, est encore loin d'être acquise.

3 N'oublions pas que l'immeuble Clarté fut à l'origine conçu comme la première pièce d'un ensemble qui devait redessiner tout le quartier de Villereuse. Les moyens firent hélas défaut pour cette réalisation.

4 A ce sujet, il convient de souligner la nature ambivalente de la notion d'authenticité. Elle est souvent confondue avec celle d'origine, d'état premier au moment de la construction. Or, il est extrêmement rare qu'un bâtiment surgisse intact de l'histoire. Lorsque l'on classe un monument historique, c'est son état abouti que l'on sauvegarde, c'est-à-dire, le plus souvent, un état originel modifié par le temps. Cf. la Conférence de Nara sur l'authenticité de 1994, notamment Françoise Choay, « Sept propositions sur le concept d'authenticité ». Egalement le document de Nara sur l'authenticité, ICOMOS 1999.

5 La pitoyable agonie de l'immeuble de Frédéric Mezger à Vieusseux, contemporain de Clarté, est à ce titre exemplaire: ce que les avocats de sa conservation se sont efforcés de préserver, c'est autant, sinon davantage, le concept d'« Existenzminimum », qui fut déterminant dans les processus de progrès social dans toute l'Europe de l'entre-deux-guerres, que ses modestes structures volontairement vandalisées par la sottise de son propriétaire.

6 Il suffit de penser à l'étroite collaboration intellectuelle et formelle entre artistes et architectes chez les constructivistes russes ou au sein du mouvement De Stijl ou, inversement, aux rapports intimes entre pratique picturale et création architecturale chez Le Corbusier.

7 John Allan, « Points of Balance », *Architectural Review*, 1321, March 2007, p. 84. Voir aussi: John Summerson, *The Classical Language of Architecture*, Thames and Hudson, Londres, 1963, éd. rév. 1980; Susan Macdonald, Kyle Normandin, Bob Kindred (eds), *Conservation of Modern Architecture*, Donhead, Shaftesbury, GB, 2007; Susan Macdonald (ed.), *Modern Matters, English Heritage*, Donhead, Shaftesbury, GB.

8 La multiplication d'expériences récentes à l'instar de celle de Clarté commence à dessiner ce nouveau cadre opératoire, théorique et technique, indispensable à la sauvegarde de l'héritage architectural du XXe siècle. Mentionnons par exemple le Centre administratif Nestlé à Vevey, la fabrique Van Nelle et l'immeuble Bergpolder à Rotterdam, le gratte-ciel Pirelli à Milan ou encore la remarquable étude de l'ensemble du Lignon à Genève, conduite par Franz Graf et Giulia Marino, afin d'établir un corpus de procédures permettant de caler toutes les interventions futures dans des opérations respectueuses de la substance patrimoniale des bâtiments.

La restauration de l'immeuble Clarté, une introduction

Jacques-Louis de Chambrier

Le projet a commencé concrètement le jour où la Fondation de valorisation des actifs de la Banque cantonale de Genève[1] nous a confié le mandat pour l'étude de la restauration de l'enveloppe de l'immeuble, en automne 2003. La Fondation de valorisation, qui était à ce moment-là copropriétaire majoritaire à plus de 50%, était prête à avancer les fonds nécessaires à la mise en route de l'indispensable plan de restauration de l'immeuble Clarté.

L'immeuble était assez délabré dans son aspect général, n'ayant été entretenu que de manière très irrégulière, et ce malgré une rénovation générale de l'extérieur et de l'intérieur datant de 1976. De plus, la création d'un restaurant au rez-de-chaussée du numéro 5 de la rue Adrien-Lachenal avait altéré de manière radicale cette partie du bâtiment en supprimant plusieurs garages et de précieux locaux communs, ce qui posait un problème fonctionnel et esthétique au niveau des façades notamment.

Un premier inventaire des dégâts a fait ressortir de nombreuses infiltrations en toiture et en façade; des éléments de façade déformés, de très nombreux vitrages cassés ou opaques; une attaque généralisée de la rouille sur toutes les parties métalliques extérieures des façades, balcons et caissons de stores; des stores cassés et des toiles de tentes en lambeaux; des planchers de balcons pourris n'assurant plus la sécurité nécessaire; des revêtements de façade en travertin fendus et prêts à tomber; des panneaux de briques de verre éclatés de part en part; en somme, l'enveloppe du bâtiment montrait une obsolescence avancée dans presque toutes ses parties.

A la suite de l'avant-projet, qui se fondait sur l'hypothèse d'une restauration simple de l'enveloppe, la copropriété dans son ensemble reprit à la Fondation de valorisation la responsabilité du projet définitif. Celui-ci devait inclure désormais, en plus de l'enveloppe extérieure, la restauration des locaux communs intérieurs et des installations techniques. Le démarrage de cette étape reçut également une impulsion décisive venant des autorités de l'Etat de Genève. Celles-ci avaient ordonné, d'une part, des travaux d'office, au cas où la copropriété serait dans l'incapacité de réaliser les travaux de sauvetage nécessaires et, d'autre part, elles promettaient des subventions de la Confédération et du Canton de Genève proportionnelles à l'importance architecturale reconnue du bâtiment.

Le projet de restauration s'est donc développé parallèlement sur plusieurs axes principaux. Il s'agissait notamment des points suivants:

— inventaire documentaire et technique (plans); inventaire historique et culturel (publications, études spécifiques); relevés de l'état existant;

— état des lieux matériel du bâtiment, relevés et sondages; évaluation constructive avec le conseil spécialisé des ingénieurs et des entreprises;

— projet général de restauration et de mise à niveau des installations établi de concert avec l'administrateur et le comité de copropriété, détaillé dans ses divers aspects pratiques et financiers ainsi que dans ceux qui avaient trait au futur chantier;

— établissement du projet sous sa forme de demande d'autorisation de construire tenant compte des différentes dispositions légales et notamment du concept de restauration proprement dit établi de concert avec l'expert de la Confédération et la Direction du patrimoine de l'Etat de Genève;

— établissement des documents de projet, soit: le dossier de plans général, les descriptifs, les documents pour la demande d'autorisation, les soumissions, les plans financiers et les programmes de chantier.

Ces différents chapitres de notre activité méritent quelques remarques qui sont détaillées ci-après.

Inventaire et recherche de documents, relevés, plans [2]

La première source de documentation concernant l'immeuble était versée au fonds Torcapel, conservé à l'Ecole polytechnique fédérale de Zurich (EPFZ). Ce dossier, qui tire son nom du constructeur responsable du chantier de l'immeuble Clarté en 1931/32, contient des plans et des détails de construction dont seule une partie – accessible sous forme de copie – correspond à ce qui a réellement été exécuté.

En complément de ce qui précède, la coupe de construction générale de l'immeuble à l'échelle 1:20, réalisée par le bureau Devanthéry & Lamunière en 1990 sur la base de l'examen approfondi du dossier Torcapel, résume de manière synthétique les données sur l'état d'origine probable du bâtiment[3]. Ce document remarquable a notamment servi d'hypothèse constructive et formelle avec laquelle nous avons pu confronter les résultats des relevés et des sondages effectués sur la façade et dans le bâtiment au fur et à mesure du développement du projet, et ceci jusqu'en cours de chantier.

La deuxième source de documentation est le dossier Clarté de la Fondation Le Corbusier à Paris. Ce dossier d'archives est constitué de scans, d'esquisses et de plans retraçant l'évolution du projet dès son origine, de détails de construction, de correspondances et de divers autres documents.

En troisième lieu, le dossier (partiel) qui nous a été le plus immédiatement utile est celui du géomètre Buffet qui avait servi à l'établissement de la propriété par étages en 1986, et dont les minutes comprennent des copies de plans d'origine de certains niveaux à l'échelle 1:50.

Enfin, s'est avéré essentiel le document d'inventaire intérieur visant à faire un état des lieux complet de tous les appartements du 1er au 9e étage, établi par l'architecte Laurent Chenu sur mandat de la Direction du patrimoine de l'Etat de Genève. Cette étude, terminée en 2007, comprend l'ensemble des plans intérieurs des niveaux – hors rez-de-chaussée –, le relevé des différents aménagements, un inventaire des éléments intérieurs caractéristiques et une analyse typologique retraçant les modifications intérieures depuis l'origine. Ces fichiers ont pu être repris, moyennant certaines mises à jour (quelques appartements étaient restés inaccessibles au travail d'inventaire), et intégrés dans le dossier de plans général.

Ouvrages publiés, études spécifiques

Les ouvrages fondamentaux permettant de situer le projet dans son contexte historique et culturel sont l'étude de Christian Sumi[4] (1989), la brochure historique de Catherine Courtiau[5] (1982) et les catalogues accompagnant les deux expositions sur Clarté à Genève[6] (1987) et à Mendrisio[7] (1999).

Concernant l'étude détaillée et technique du projet, les informations qui ont été utiles pour mieux comprendre la restauration des matériaux, des couleurs et des modes de construction d'origine de l'immeuble relèvent du dépouillement des archives disponibles à Paris, Genève et Zurich. Ce travail minutieux et de longue haleine fut réalisé par Catherine Courtiau, mandatée par l'Etat de Genève pour faire quelques recherches complémentaires spécifiques (balcons, couleurs de toiles de tentes, briques de verre, devis d'entreprises). En outre, elle a établi un résumé documentaire extrêmement complet comprenant notamment un corpus important d'anciennes photographies, indispensables références à l'établissement du projet de restauration et à sa réalisation, jusqu'à la fin du chantier.

On voit donc l'aspect essentiel de la question documentaire et la somme de travail importante que représentent ces recherches, l'interprétation des documents, le tri entre ce qui est resté à l'état de projet et ce qui a été réellement exécuté, et la mise en relation avec les réalités du bâtiment découvertes lors du chantier. Souvent, ces deux sources d'information (la documentation à disposition et le bâtiment lui-même) se complètent de manière indispensable pour une meilleure compréhension d'un détail d'assemblage ou d'un élément de construction.

Relevés

Au début des études, nous avons été surpris de découvrir que, pour un bâtiment aussi connu et publié, aucun relevé systématique n'avait jamais été réalisé et qu'il n'existait aucun dossier de plans complet. Si les plans d'étages d'origine étaient fiables et faciles à vérifier et à confronter avec le relevé Chenu, en revanche, l'ensemble des coupes et façades au 1:50 était erroné. Notre campagne de relevés débuta par le plan d'ensemble du rez-de-chaussée (caves, garages, locaux techniques, restaurant), soit la partie la plus modifiée du bâtiment – selon la terminologie d'origine, ce niveau s'appelait « plain-pied » et le « rez-de-chaussée » désignait ce que nous appelons aujourd'hui le 1er étage. Vint ensuite le tour des façades, travail de longue haleine qui fut complété en cours de chantier par le relevé réalisé par le géomètre-façadier du pignon ouest, composé de multiples éléments de travertin. Cette phase s'acheva par les relevés des façades du rez-de-chaussée et des détails des superstructures aux 8e et 9e étages, en plan et en coupe.

Notons ici que la question du relevé (mesuré et dessiné), qui peut aussi être associée aux notions de sondage, de fouille, ou encore d'analyse de laboratoire, est d'une importance capitale pour tout archéologue, architecte-restaurateur ou constructeur. Cet outil de connaissance nécessite que l'on s'approche de la matière, des constructions dans leur réalité composée complexe.

1 Celui qui était l'un des propriétaires majoritaires de l'immeuble au début des années 2000 avait contracté un prêt auprès de la Banque cantonale de Genève en 1988, à l'occasion duquel il avait placé la part de l'immeuble Clarté qu'il détenait en garantie hypothécaire. Un prêt que ce dernier ne pouvait plus rembourser en 2004, le montant des intérêts de la dette ayant doublé lors de la flambée des taux d'intérêt dans les années 1990. La Fondation de valorisation des actifs de la Banque cantonale de Genève, à qui la banque avait cédé sa créance, est ainsi devenue propriétaire majoritaire de l'immeuble Clarté et a vendu aux enchères le lot possédé par ce propriétaire majoritaire. Dans un premier temps, c'est la Fondation qui a mandaté le bureau d'architectes de Jacques-Louis de Chambrier pour la restauration de l'immeuble, puis, dans un deuxième temps, la copropriété – dont la Fondation faisait partie – a reconduit le mandat de Jacques-Louis de Chambrier. Voir la *Tribune de Genève* du 27 février 2004.

2 Nous ne citons ici que les principaux documents.

3 Ce document résulte d'un mandat attribué au bureau Devanthéry & Lamunière par la Direction du patrimoine et des sites de l'Etat de Genève.

4 Christian Sumi, *Immeuble Clarté Genf 1932, von Le Corbusier & Pierre Jeanneret*, gta/Ammann, Zurich 1989.

5 Catherine Courtiau, *L'Immeuble Clarté Genève. Le Corbusier – 1931/1932*, Guides de Monuments suisses SHAS, série 32, n° 319, Berne 1982.

6 *Le Corbusier à Genève, 1922-1932, projets et réalisations*, catalogue de l'exposition tenue dans l'immeuble Clarté, Payot, Lausanne, 1987.

7 Catherine Courtiau, Inès Lamunière, Arthur Rüegg, in Luca Bellinelli (dir.), *La costruzione dell'Immeuble Clarté/La construction de l'immeuble Clarté*, Cataloghi dell'Accademia di architettura, Mendrisio 1999.

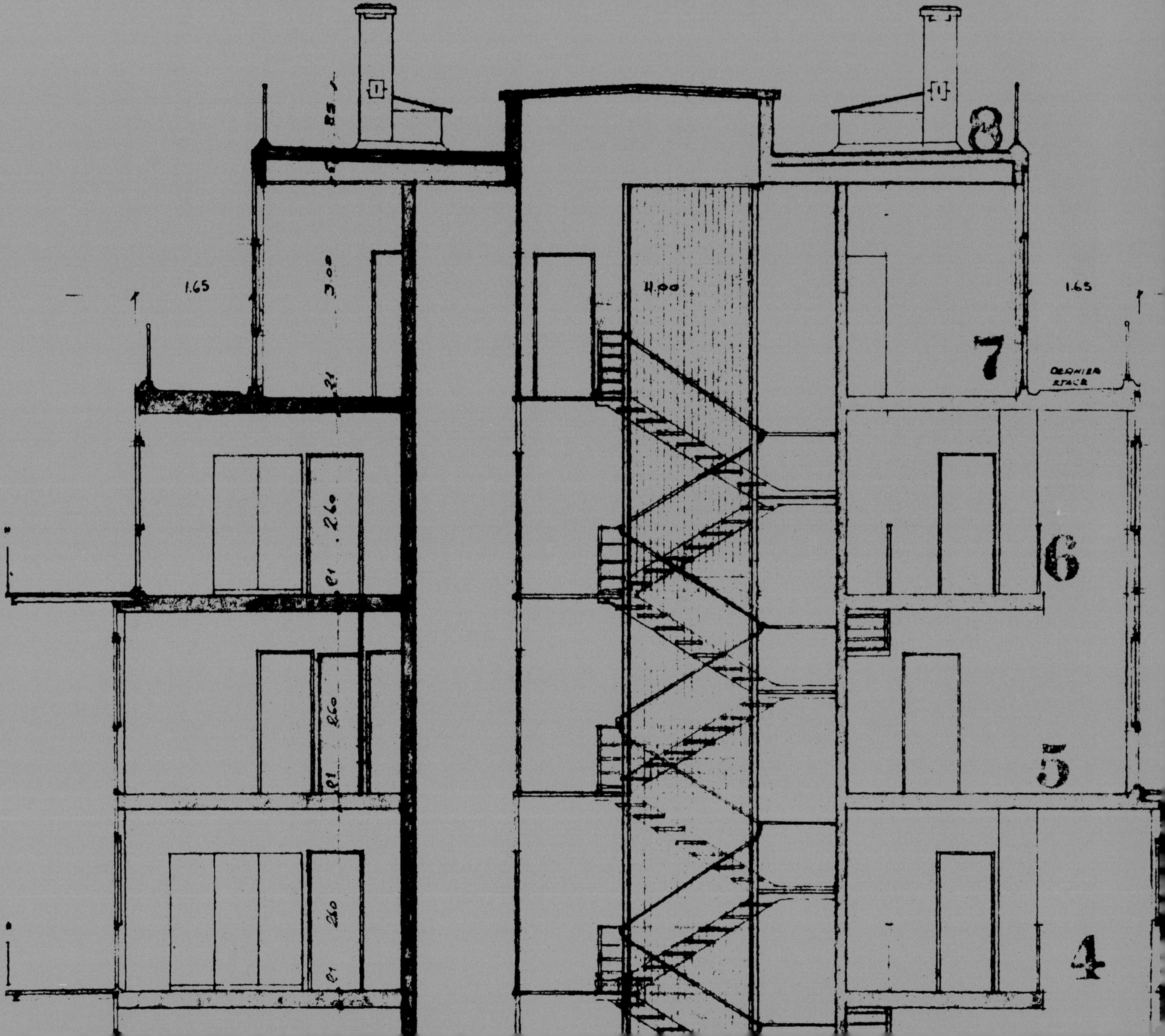
1.65
3.00
4.00
1.65
8
7
DERNIER ETAGE
2.60
6
2.60
5
2.60
4

PLANS DE L'IMMEUBLE
PLANS HISTORIQUES
ET DE RESTAURATION

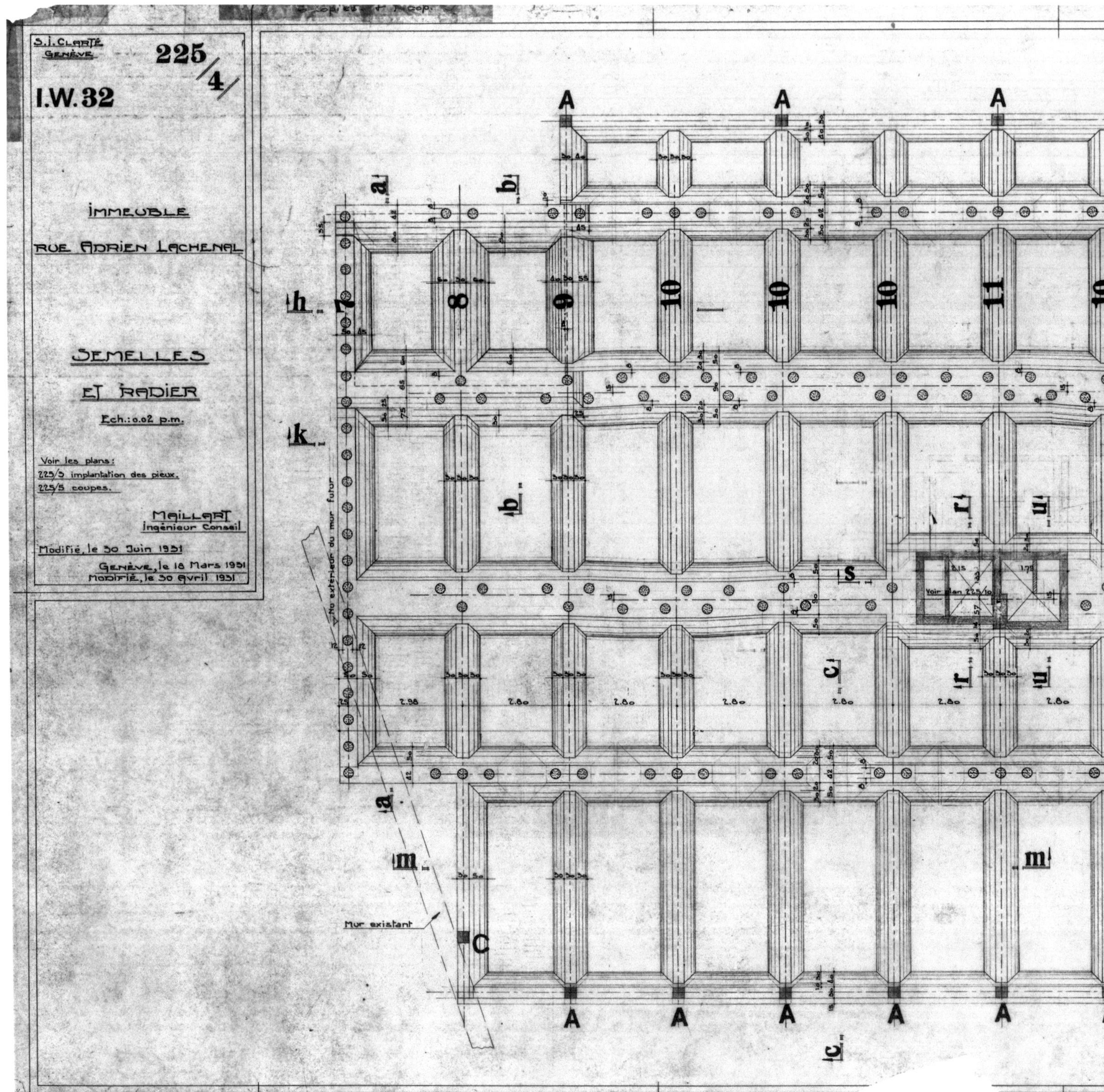

Plan des semelles et du radier, par l'ingénieur Robert Maillart, 18 mars 1931, modifié le 30 avril, puis le 30 juin 1931.

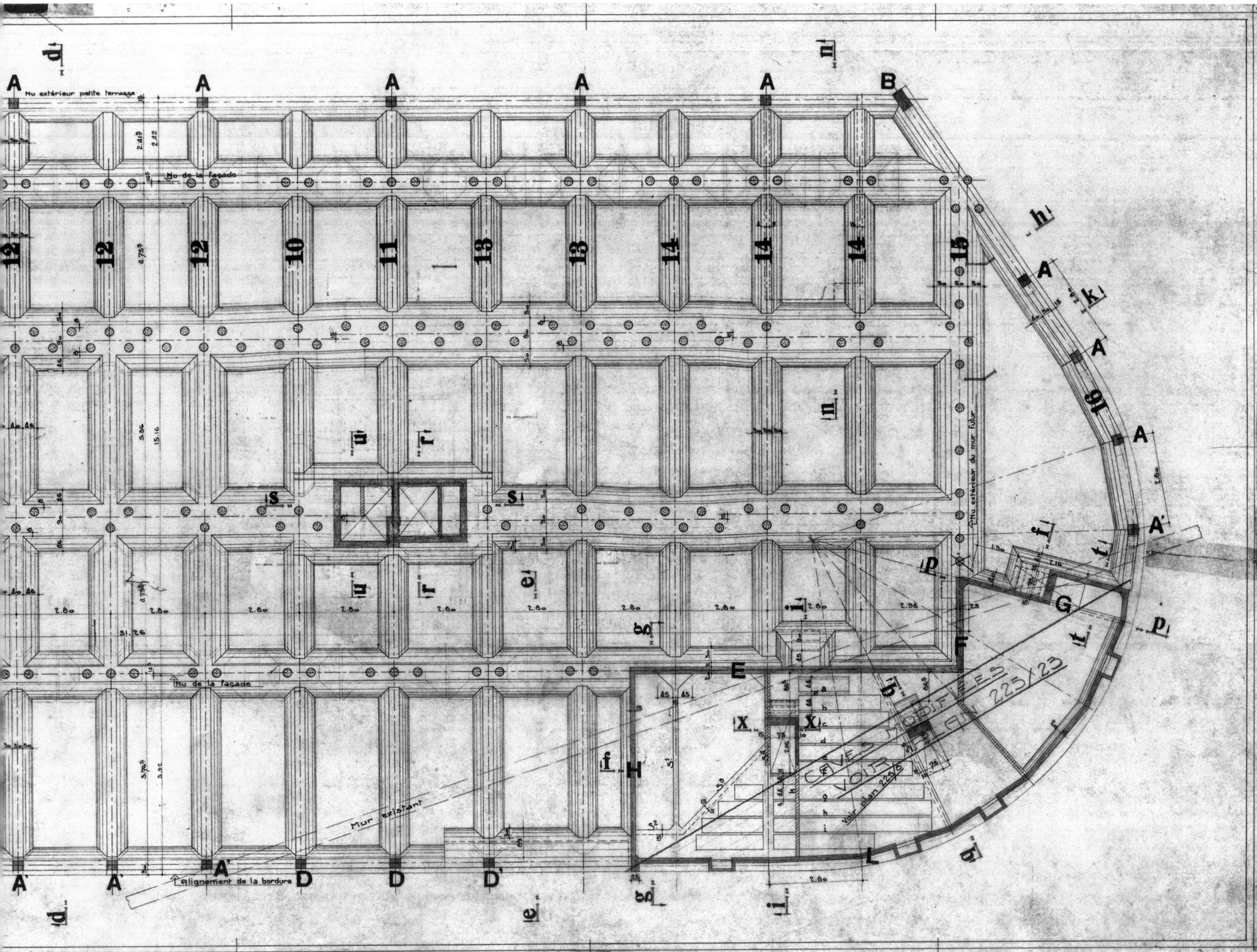
Nu extérieur petite terrasse
Nu de la façade
Nu de la façade
Mur existant
Alignement de la bordure
Nu extérieur du mur futur
CAVES MODIFIÉES
VOIR PLAN 225/23
Voir plan 225/5

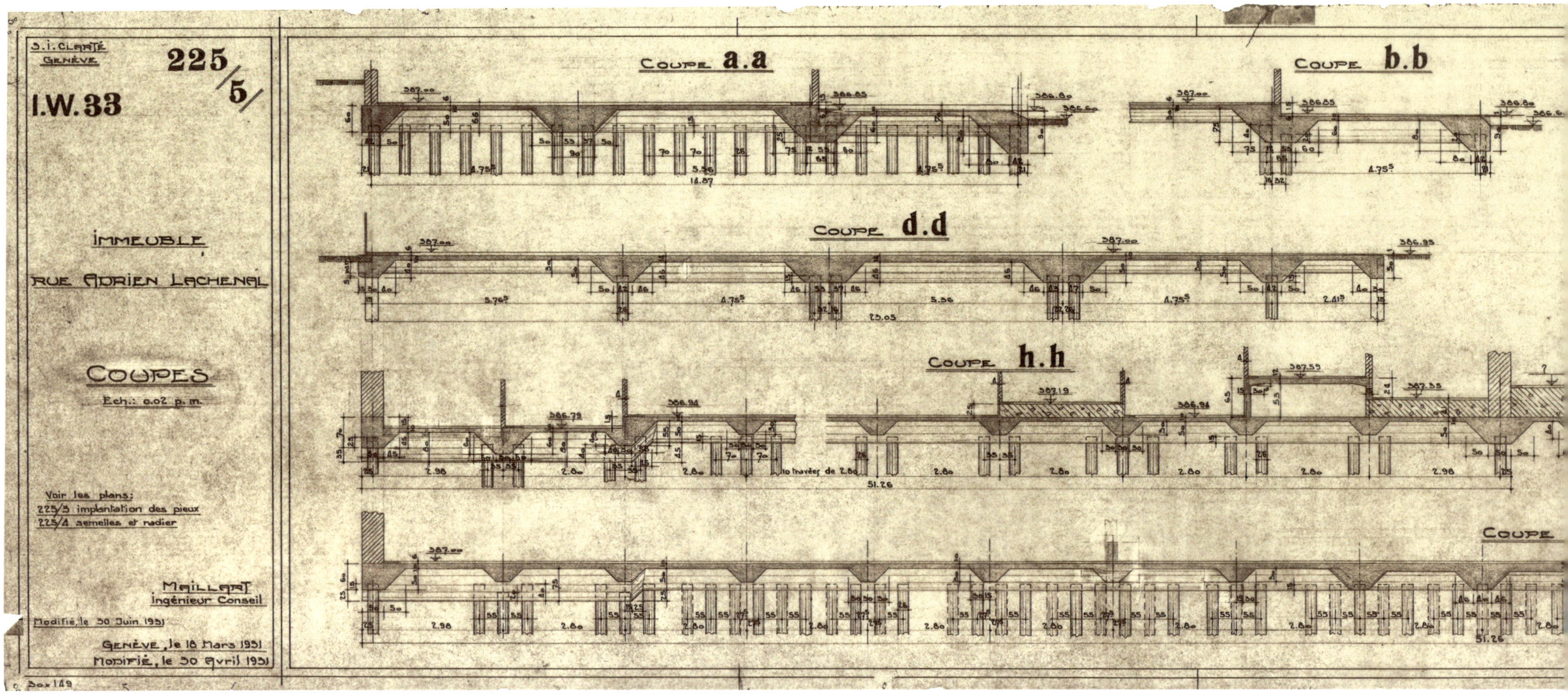

Coupes des fondations, par l'ingénieur
Robert Maillart, 18 mars 1931, modifié le 30 avril,
puis le 30 juin 1931.

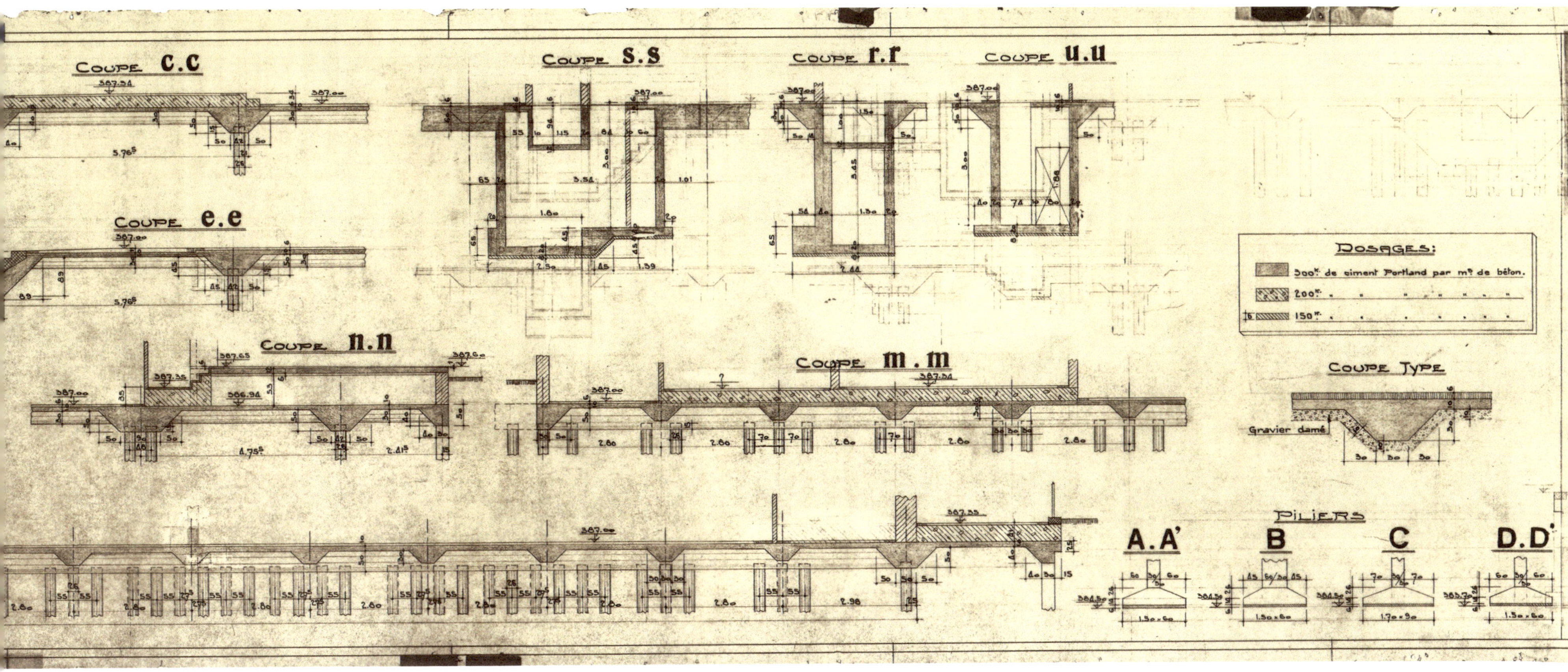
Coupe c.c
Coupe s.s
Coupe r.r
Coupe u.u
Coupe e.e
Coupe n.n
Coupe m.m
Dosages:
300k de ciment Portland par m³ de béton.
200k
150k
Coupe Type
Gravier damé
Piliers
A.A'
B
C
D.D'

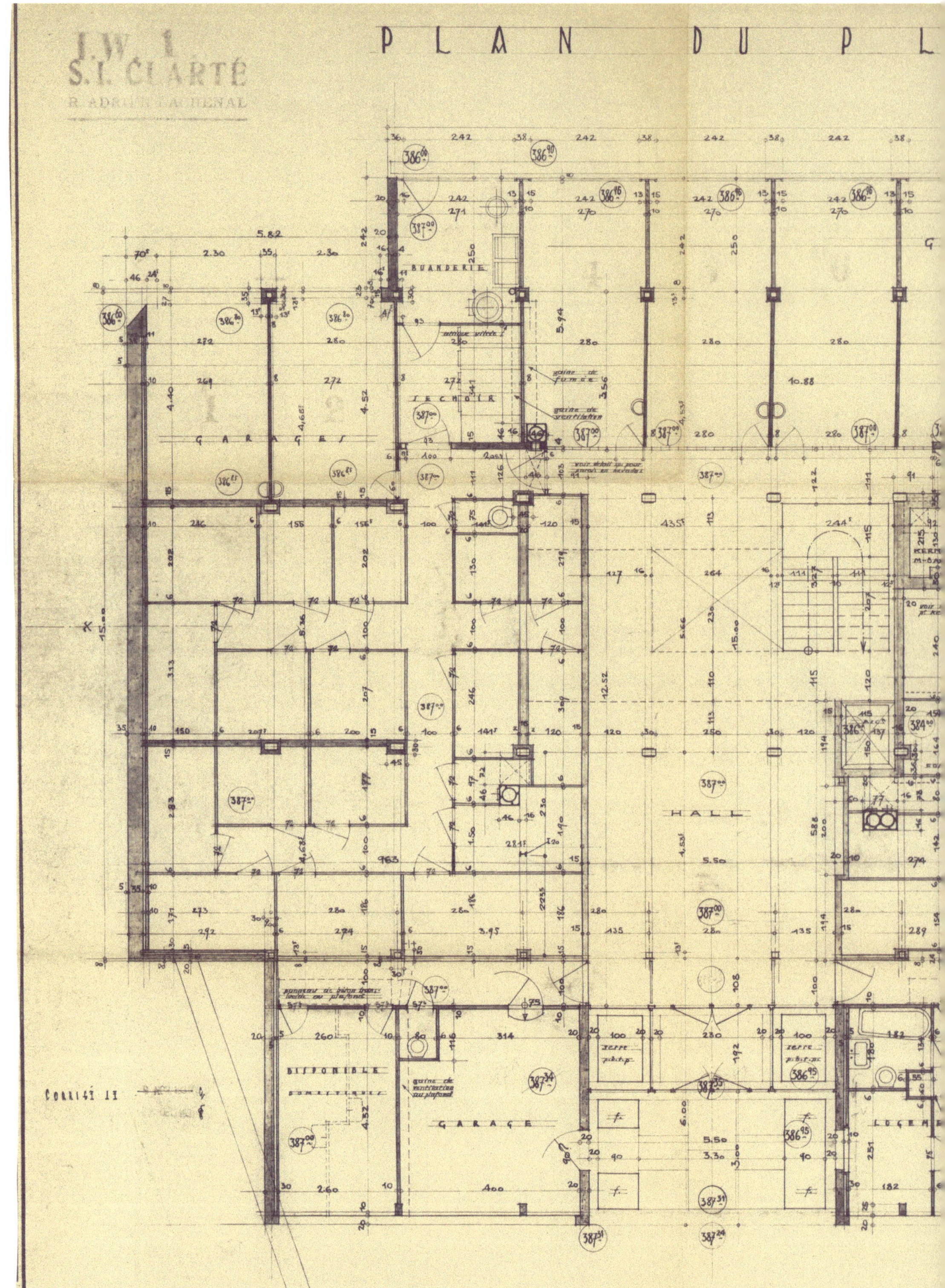

Plan du plain-pied (actuel rez-de-chaussée), daté du 22 octobre 1931, conservé au gta de l'EPFZ.

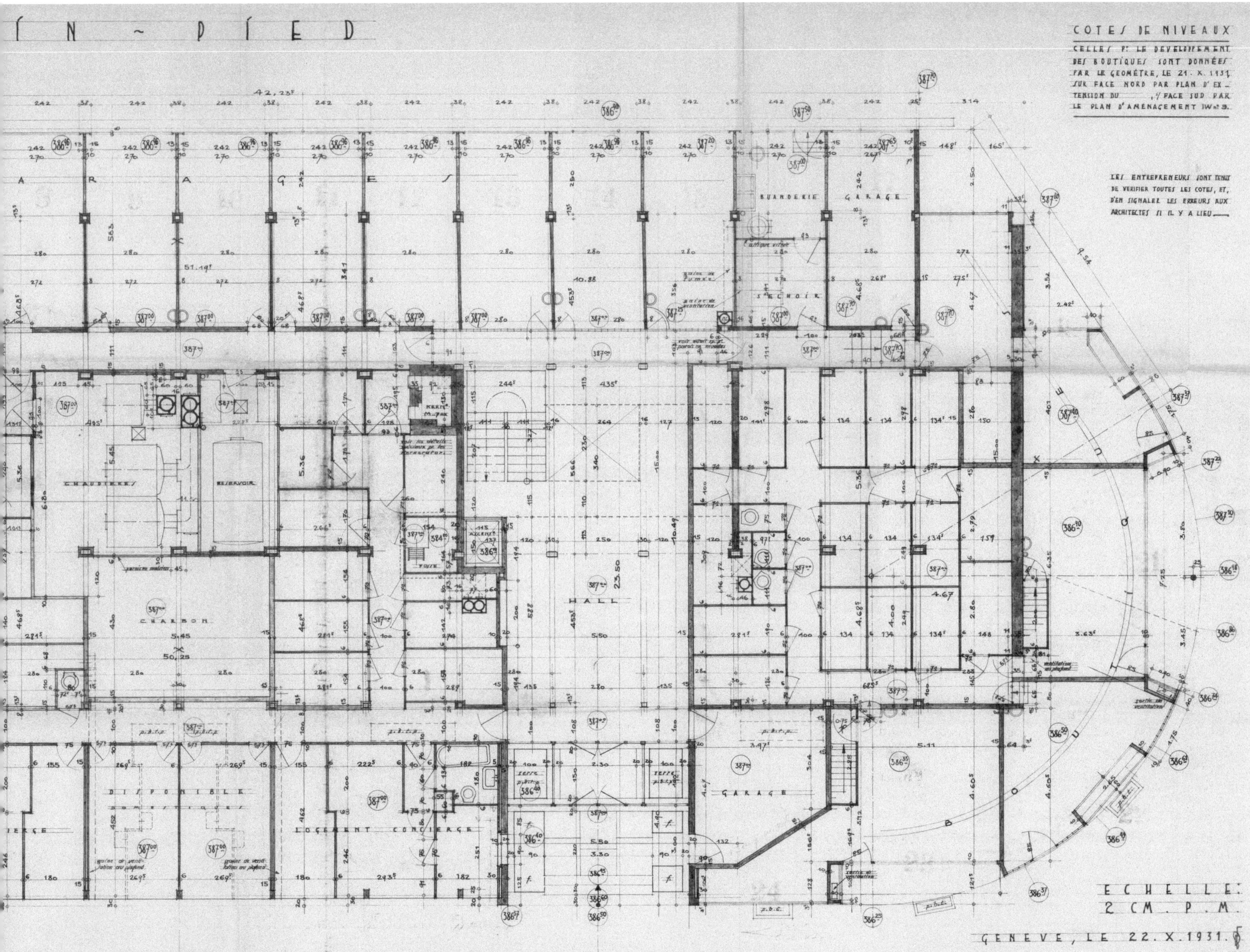
COTES DE NIVEAUX
LES ENTREPRENEURS SONT TENUS DE VERIFIER TOUTES LES COTES, ET, D'EN SIGNALER LES ERREURS AUX ARCHITECTES SI IL Y A LIEU
BUANDERIE
GARAGE
SECHOIR
CHAUDIERES
RESERVOIR
CHARBON
HALL
GARAGE
DISPONIBLE
LOGEMENT CONCIERGE
ECHELLE: 2 CM. P. M.
GENEVE, LE 22. X. 1931.

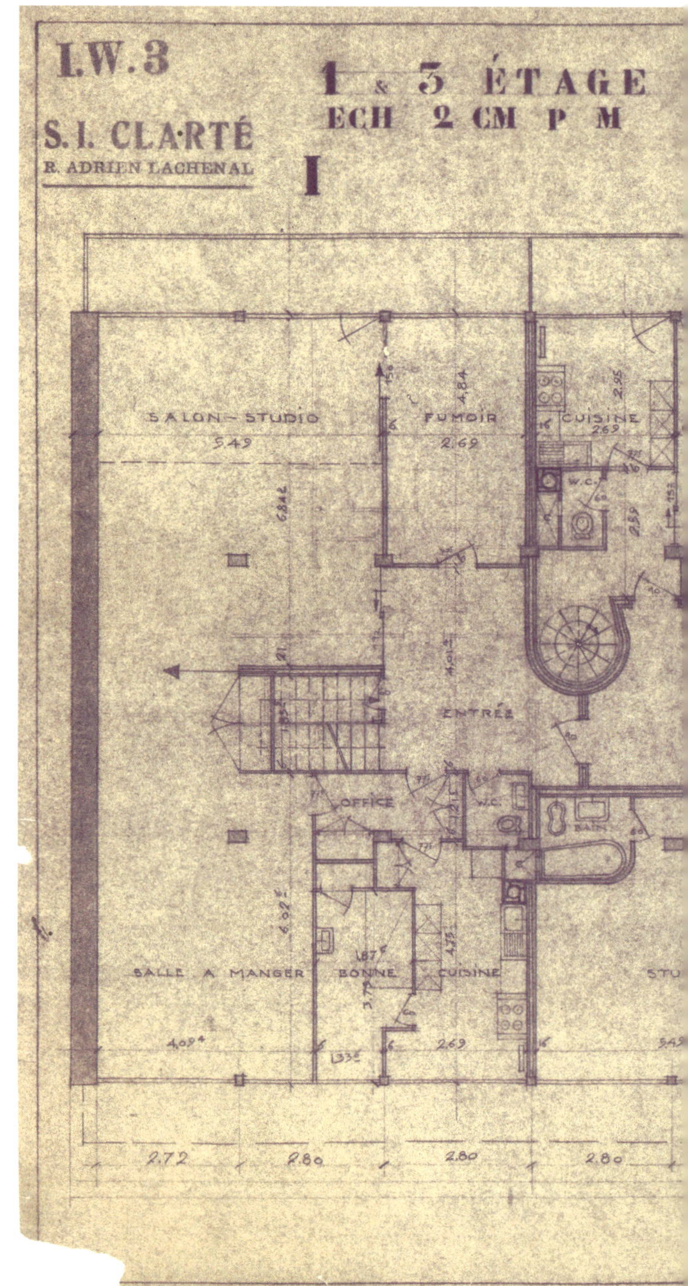

Plan des 1er & 3e étage (actuels 2e et 4e étages), modifié le 18 décembre 1931, plan conservé au gta de l'EPFZ.

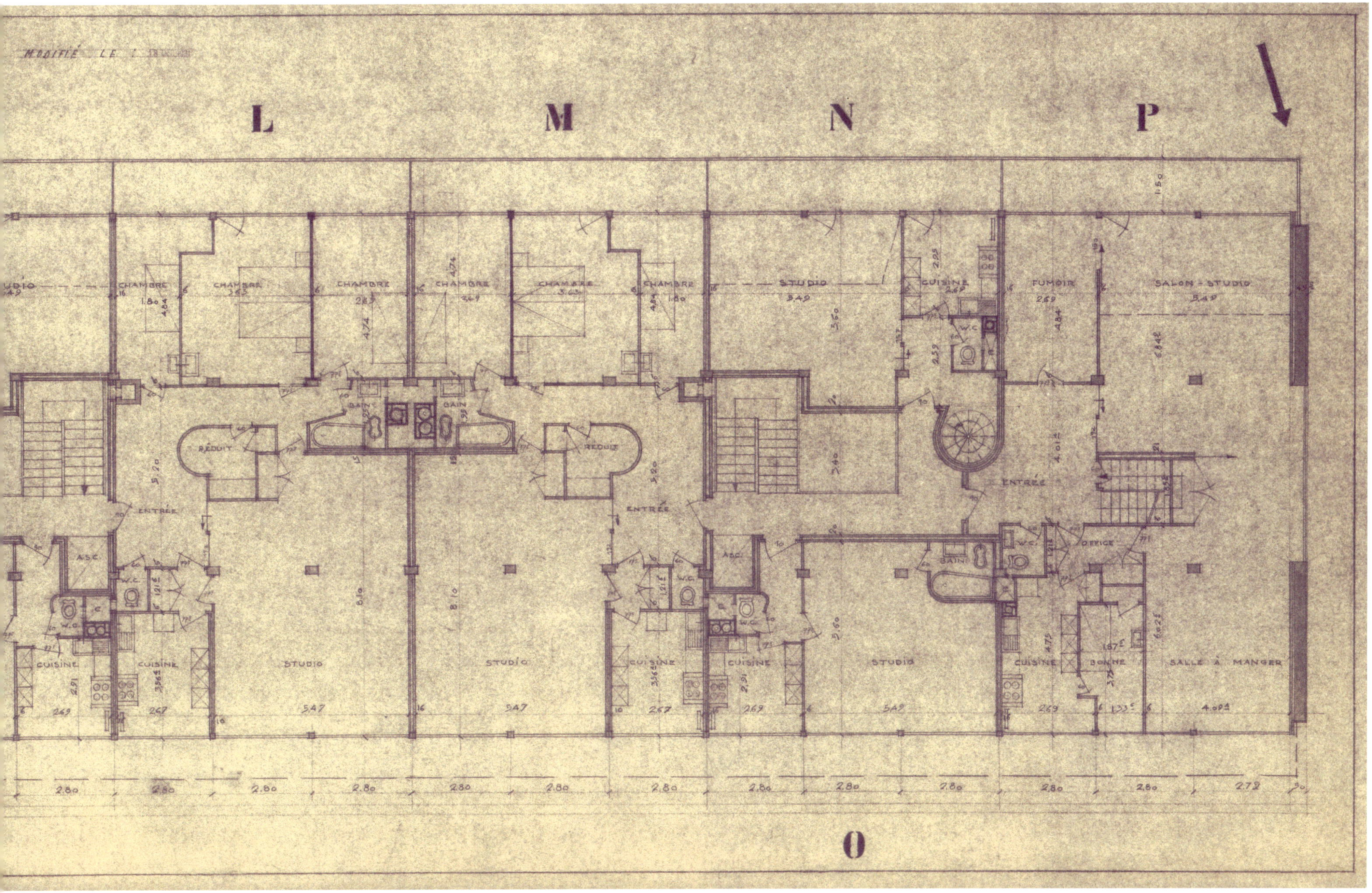
L
M
N
P
CHAMBRE
STUDIO
CUISINE
FUMOIR
SALON - STUDIO
RÉDUIT
ENTRÉE
W.C.
ASC.
OFFICE
BONNE
SALLE À MANGER
O

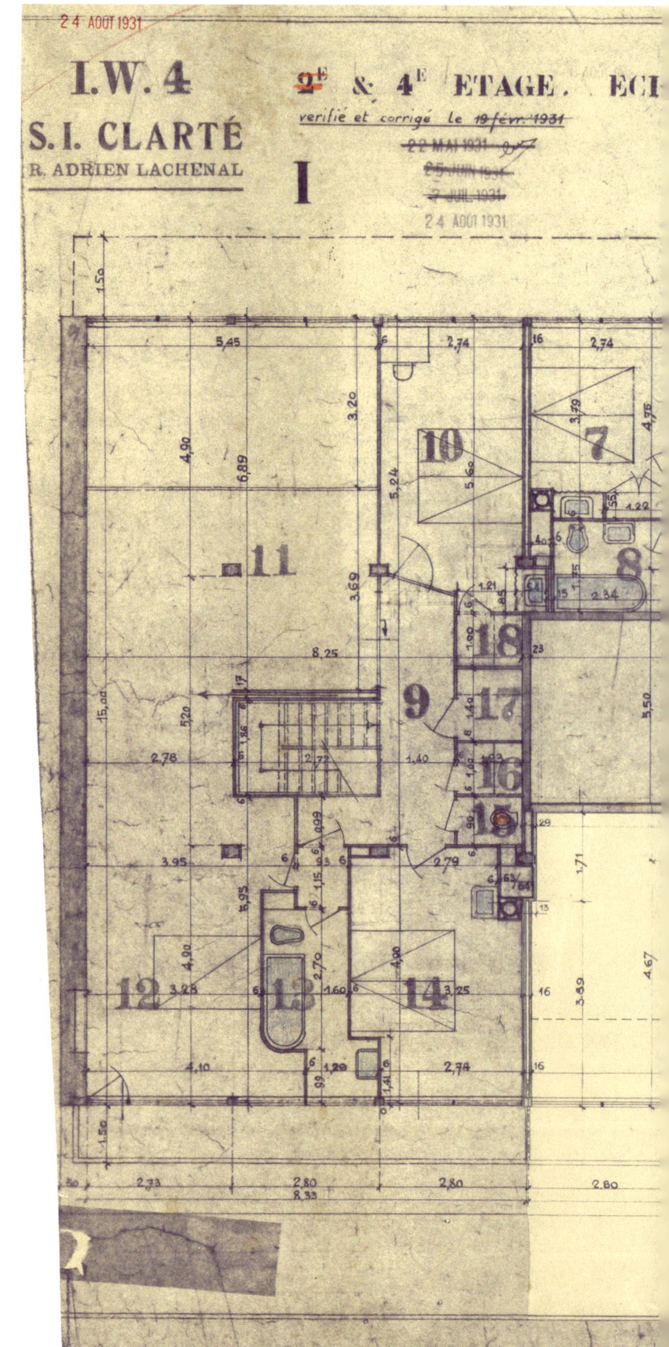

Plan des 2e & 4e étage (actuels 3e et 5e étages), dernière rectification du 24 août 1931, plan conservé au gta de l'EPFZ.

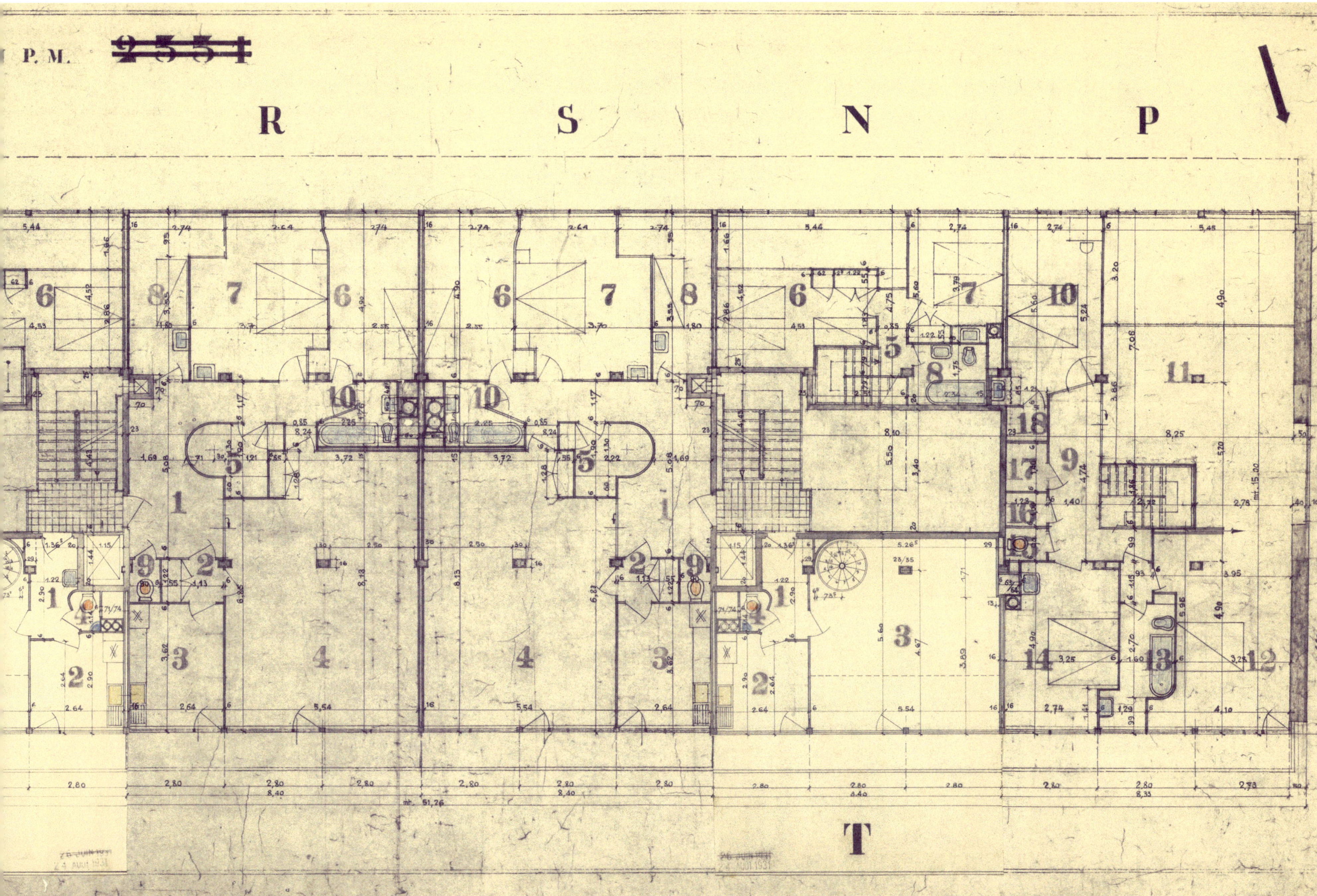
P. M.
R
S
N
P
T

Plan – état 1932
rez-de-chaussée et sous-sol
échelle 1:300

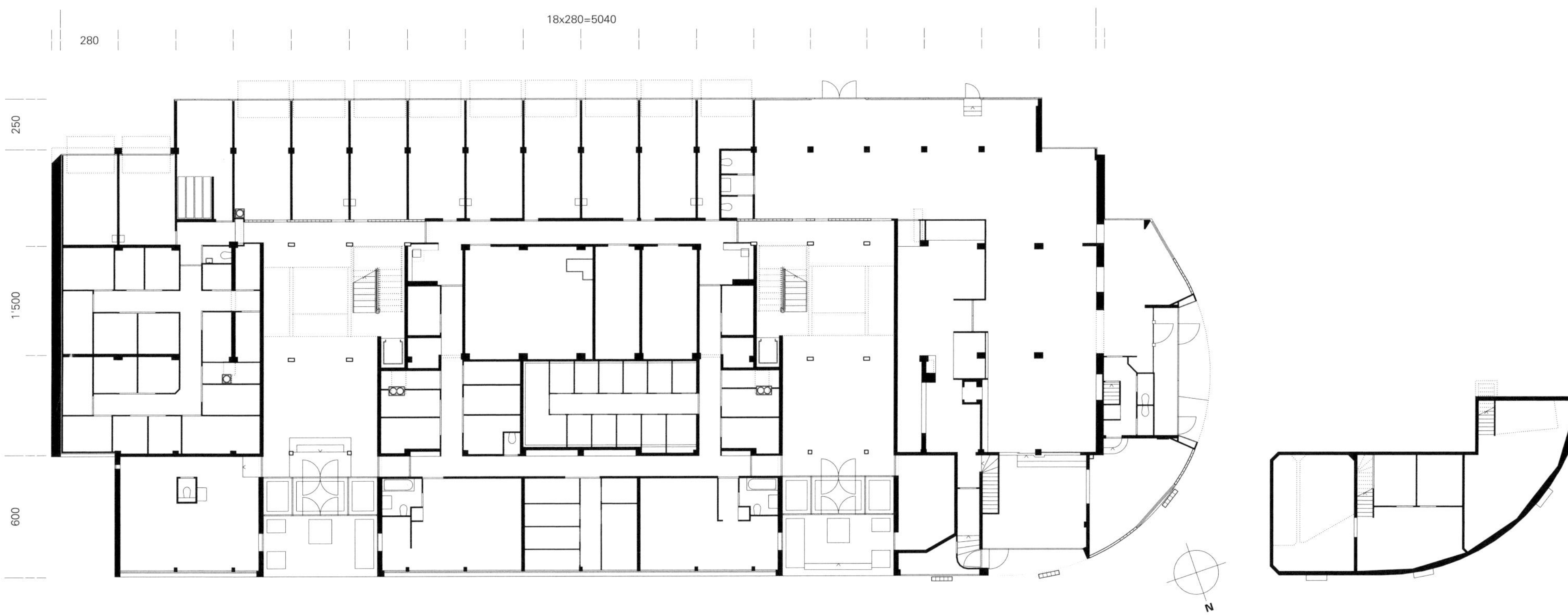

Plan – état 2014
rez-de-chaussée et sous-sol
échelle 1:300

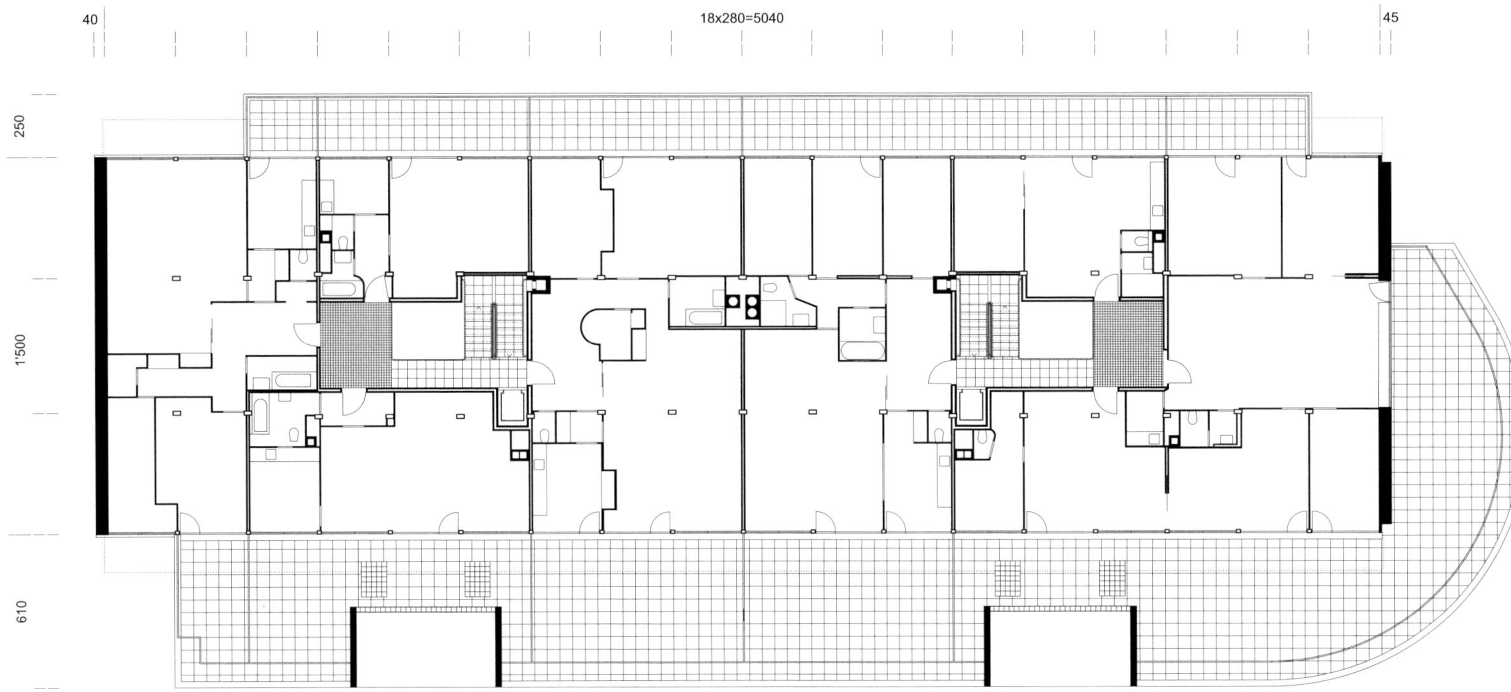

1er étage
échelle 1:300

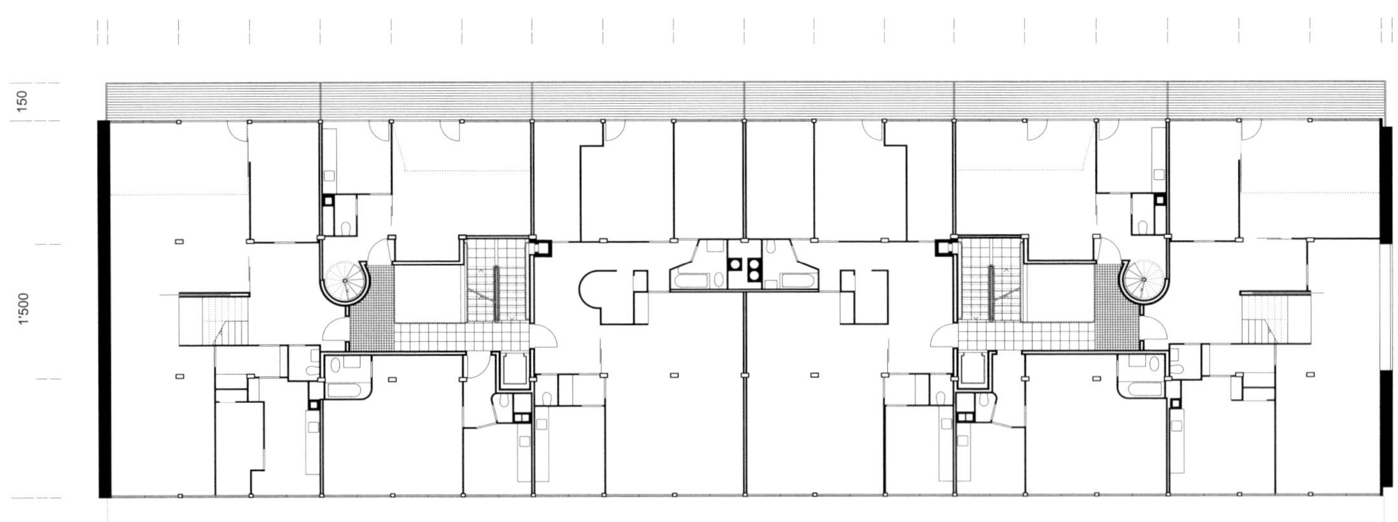

2e étage
échelle 1:300

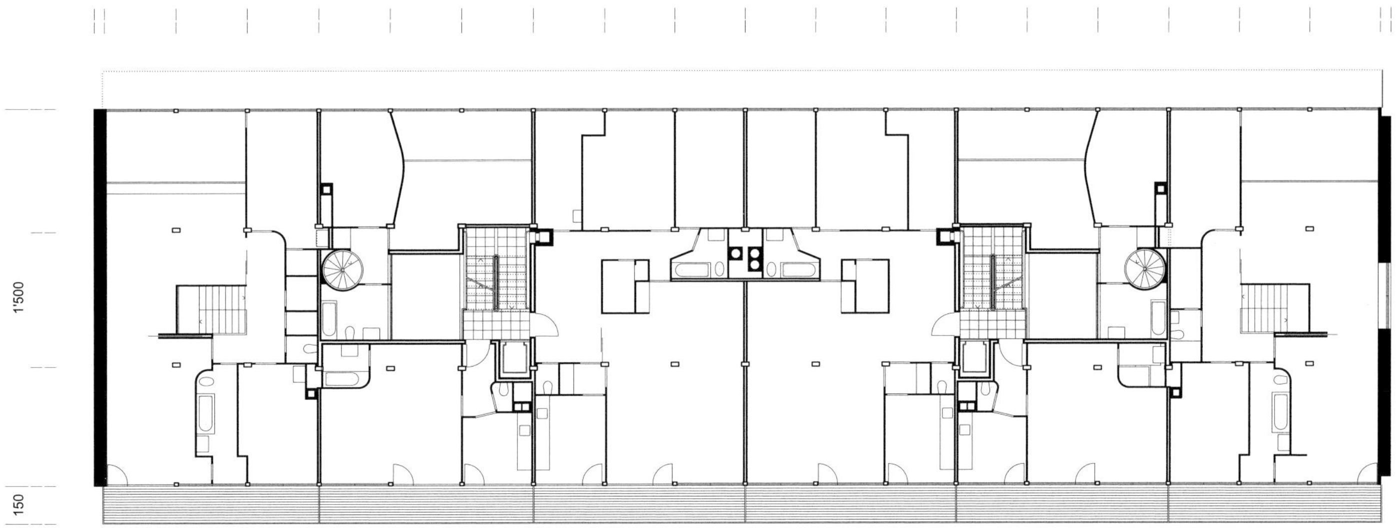

3e étage
échelle 1:300

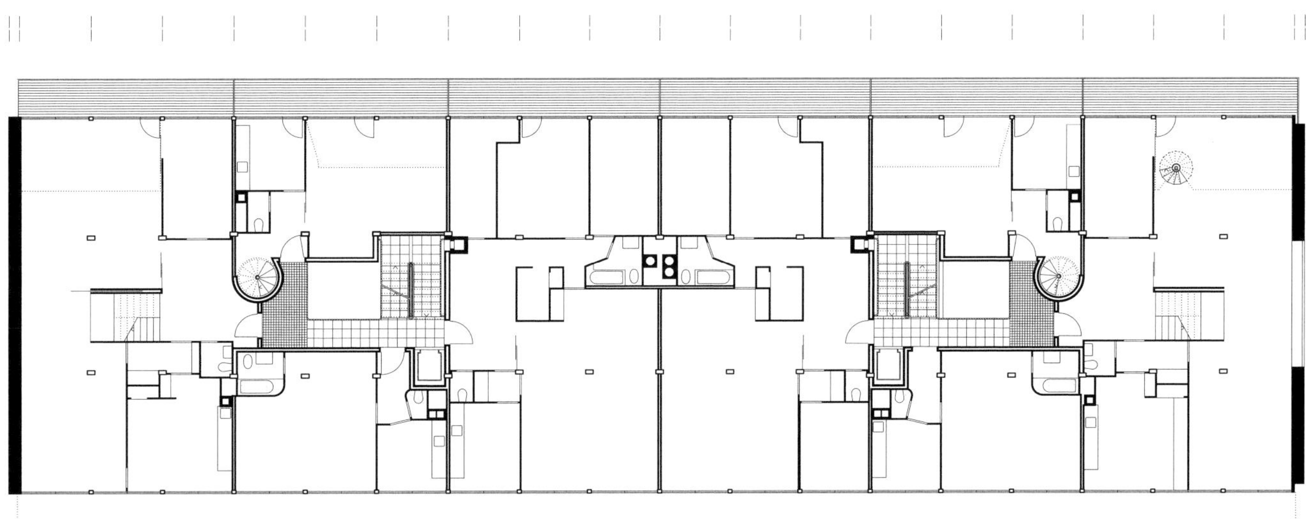

4e étage
échelle 1:300

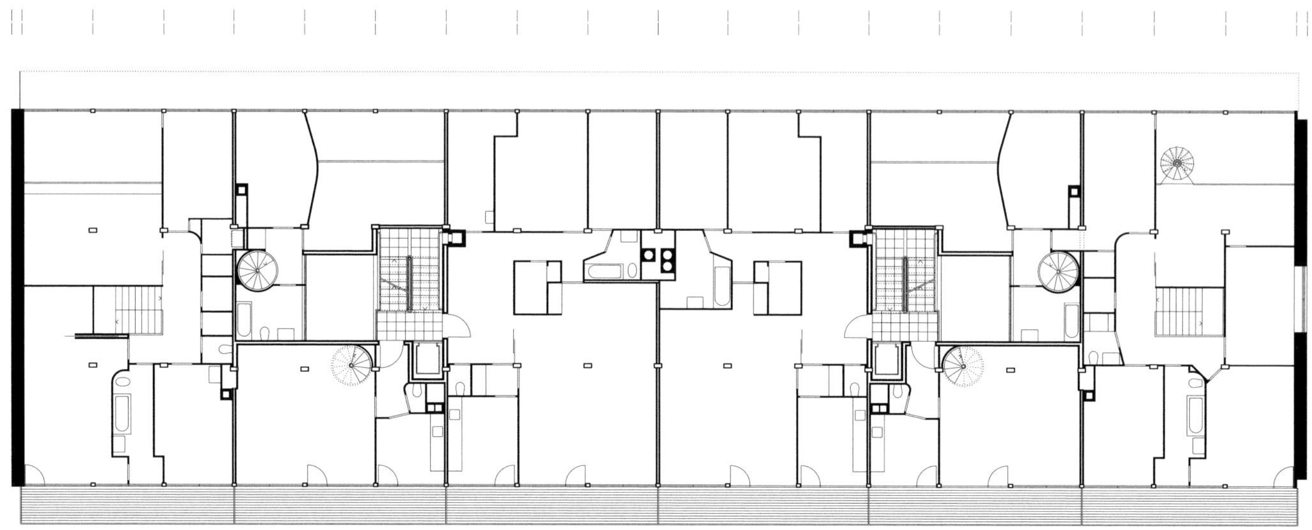

5e étage
échelle 1:300

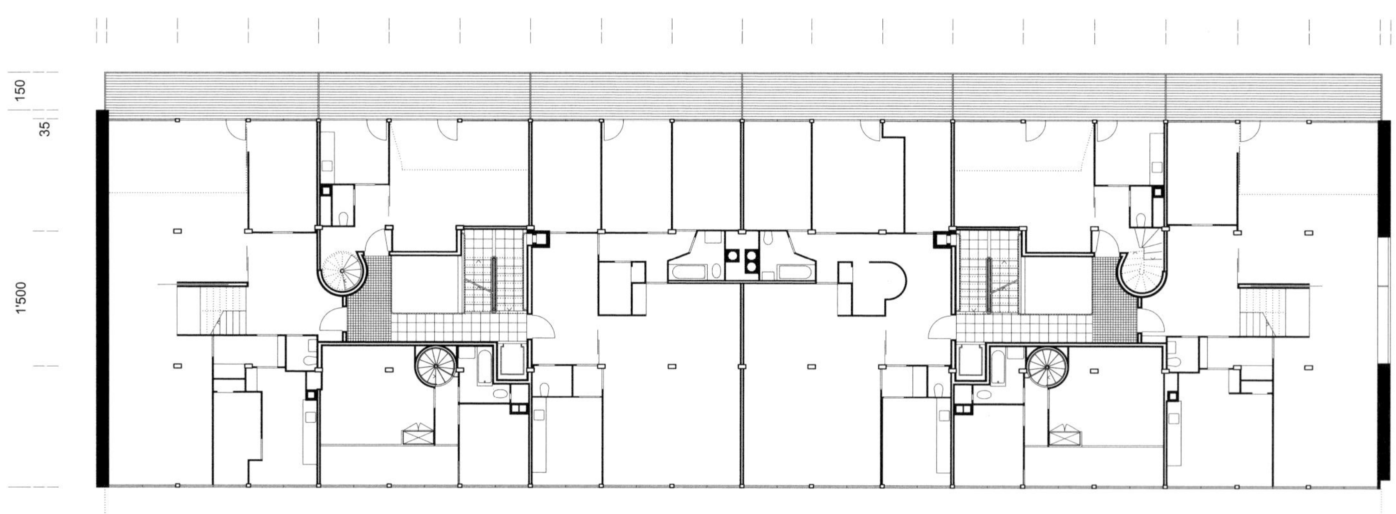

6e étage
échelle 1:300

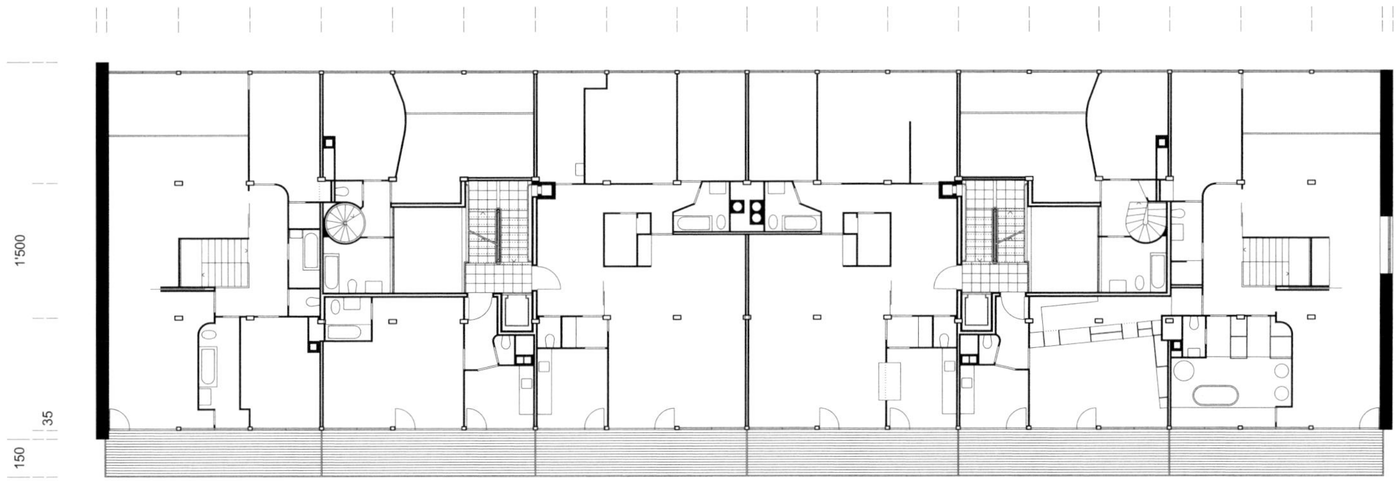

7e étage
échelle 1:300

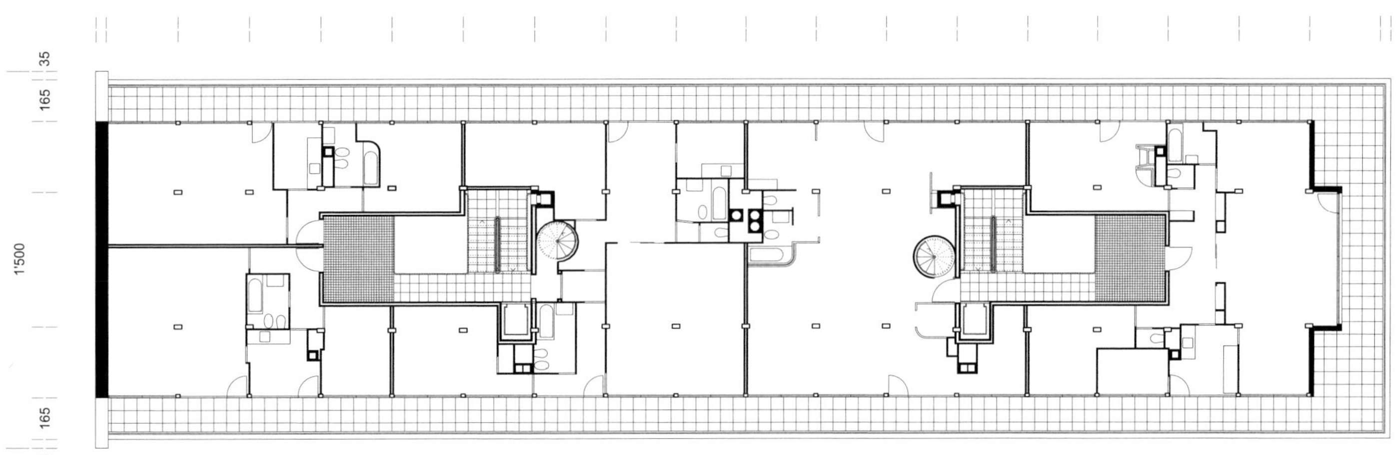

8e étage
échelle 1:300

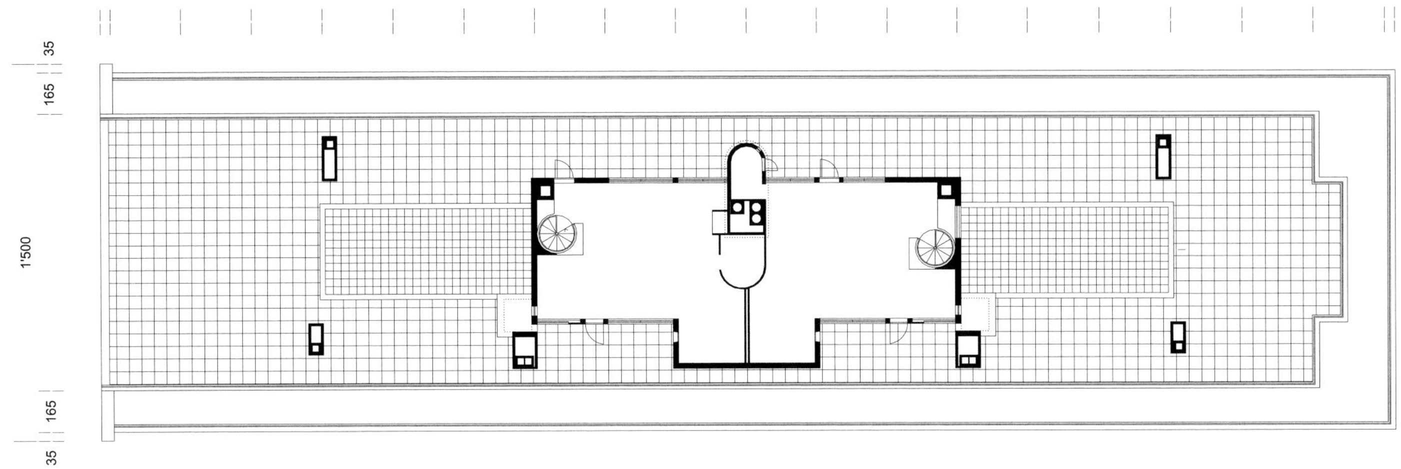

9e étage
échelle 1:300

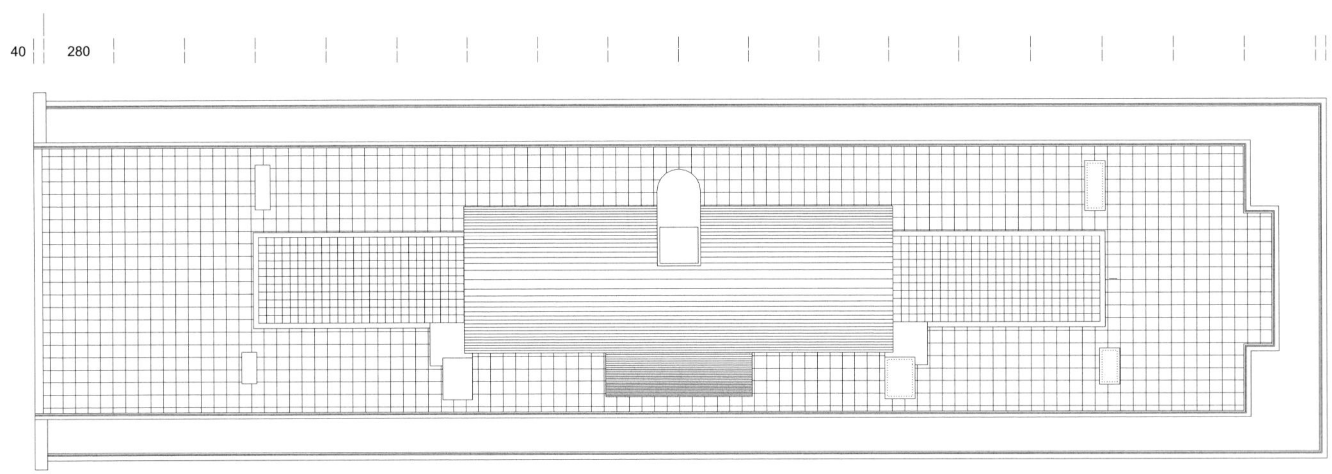

Toiture
échelle 1:300

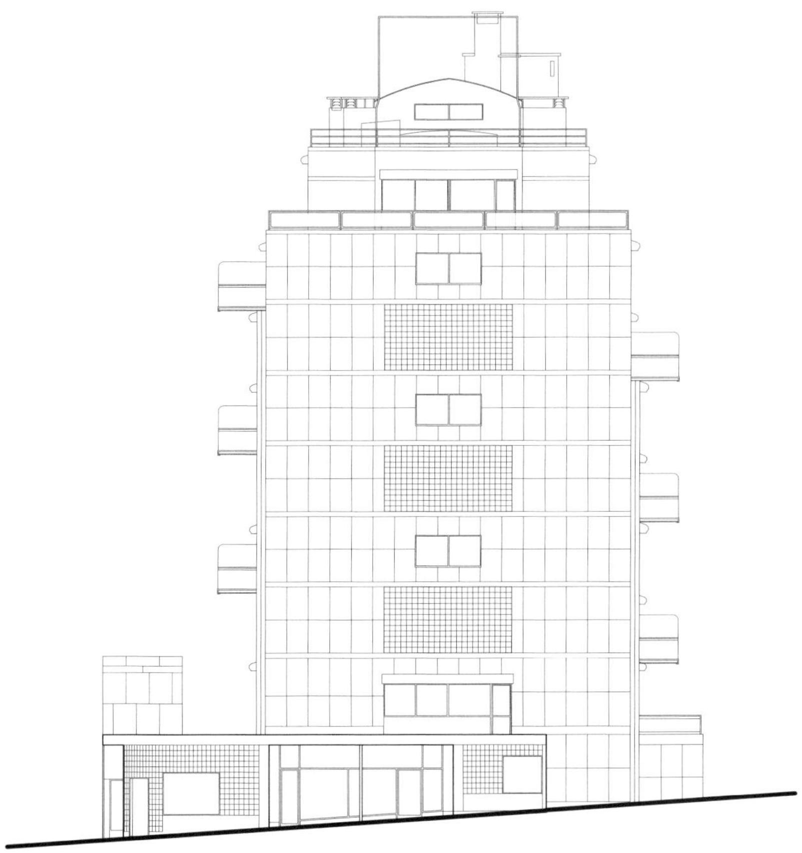

Façade ouest
échelle 1:300

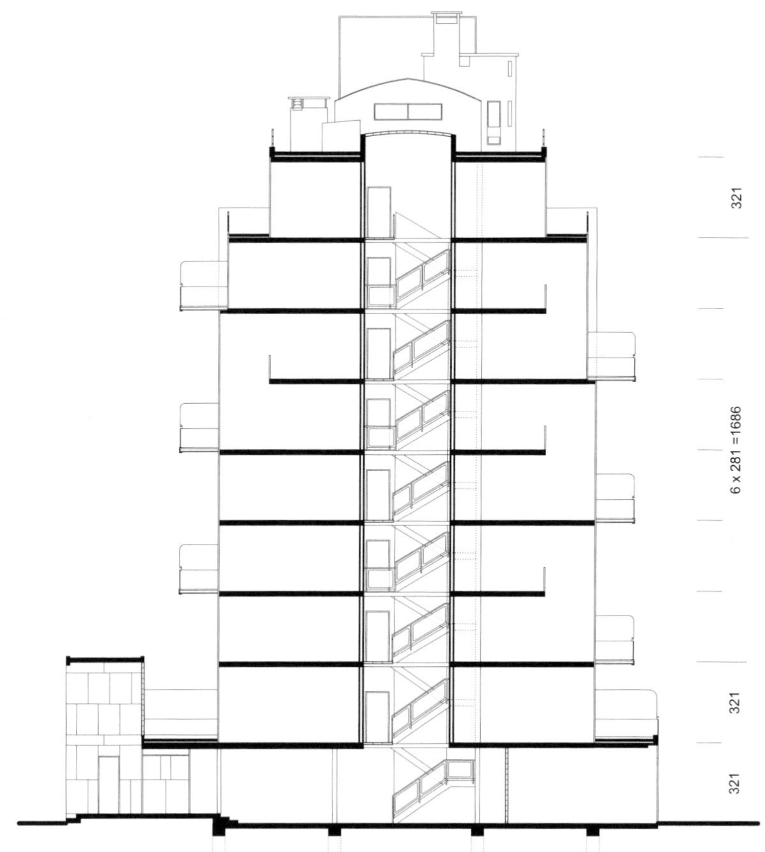

Coupe transversale
échelle 1:300

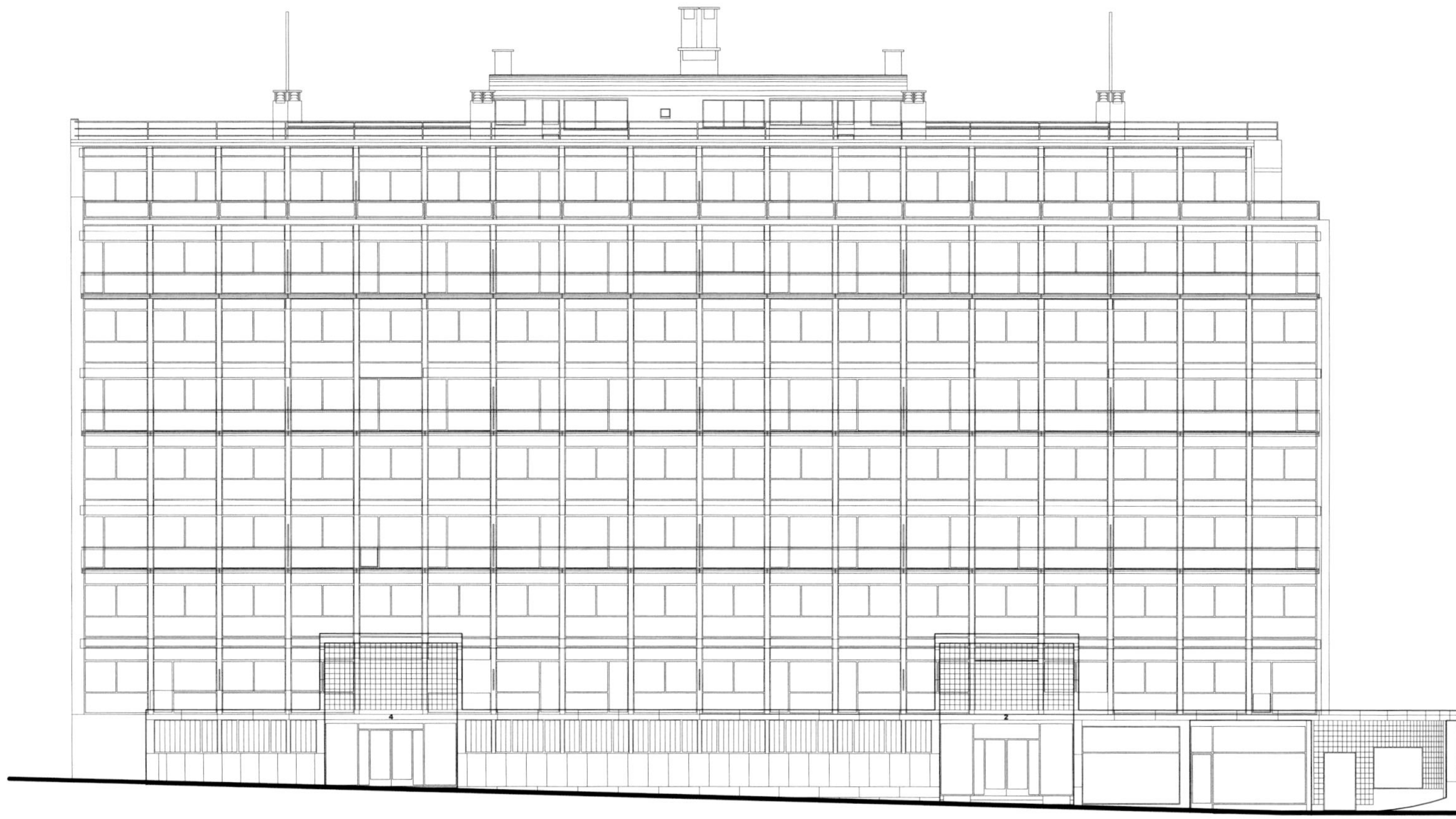

Façade nord
échelle 1:300

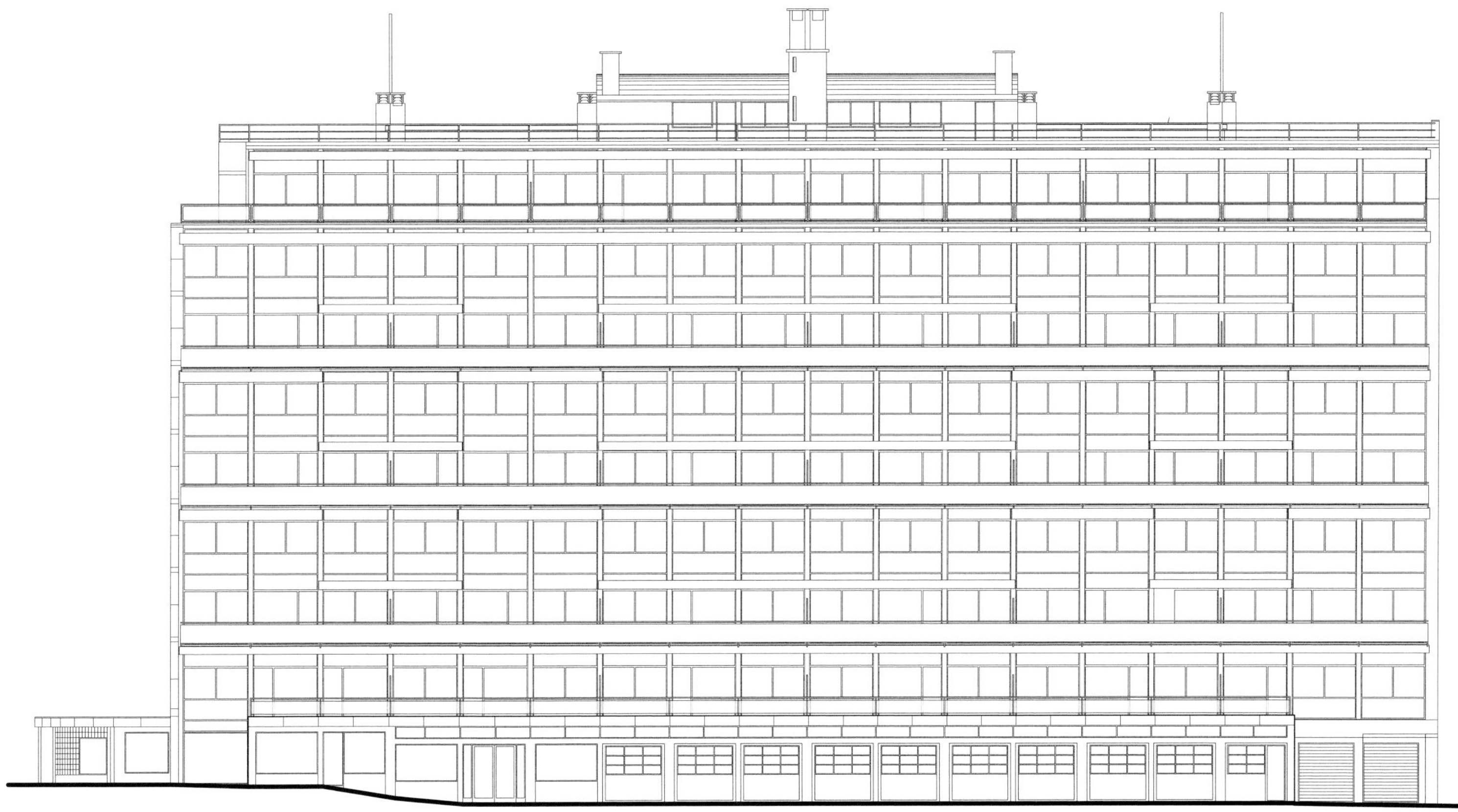

Façade sud
échelle 1:300

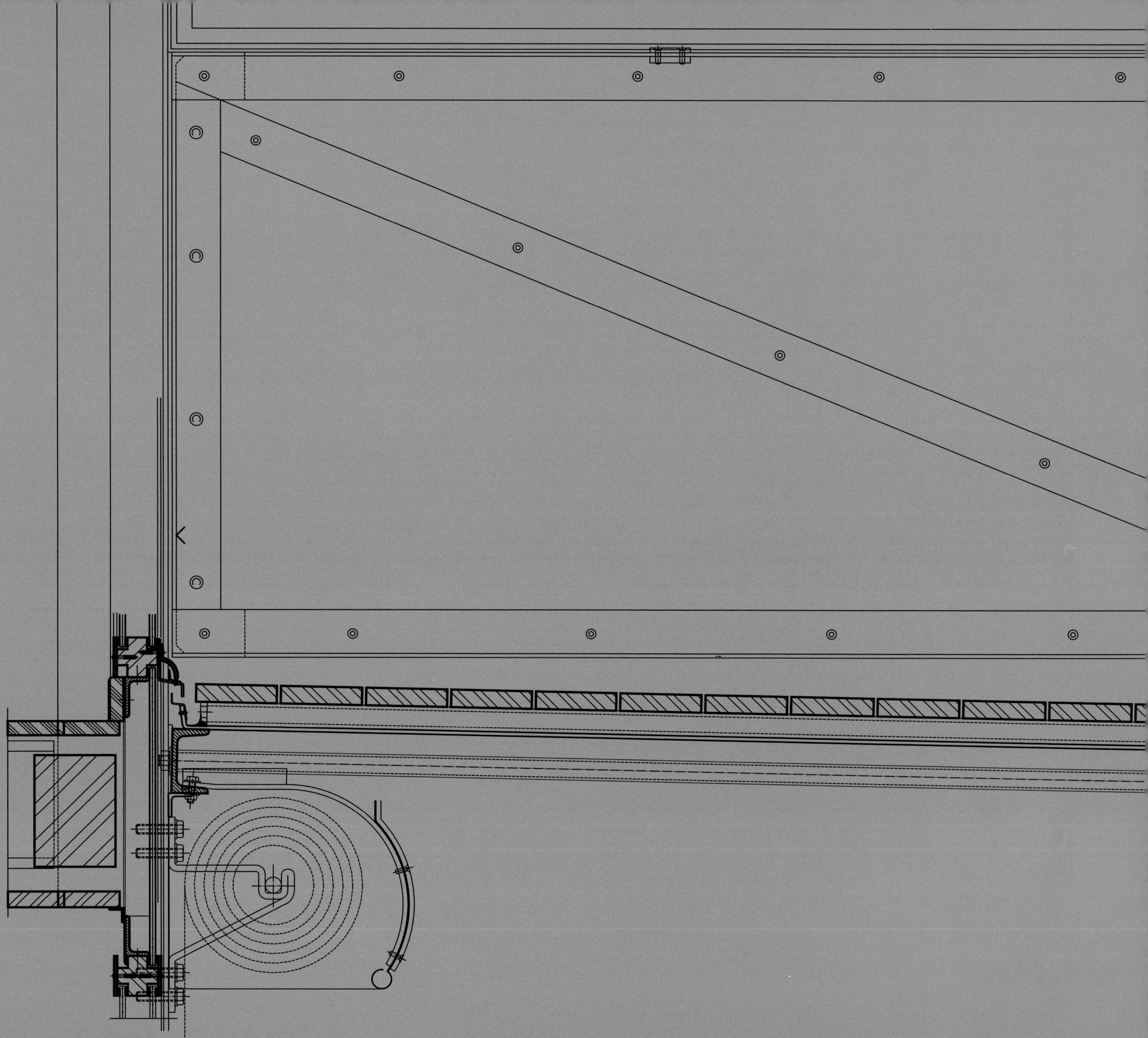

LA RESTAURATION 2007-2011 AU CŒUR DU CHANTIER

Introduction

Sabine Nemec-Piguet, Marielle Savoyat

Prémices

L'immeuble Clarté, réalisé en 1931/32 par les architectes Le Corbusier et Pierre Jeanneret, à l'initiative de l'entrepreneur Edmond Wanner, s'insère dans le quartier de Villereuse. Cette architecture de verre et d'acier, qui figure parmi les plus représentatives du Mouvement moderne en Europe, résume l'époque du purisme, de l'esthétique de l'ingénieur et de la machine. Les concepts du standard et de la série s'y révèlent de manière inédite et font de cette construction un modèle de rationalisme expérimental.

En 1953/54, l'architecte Marc-Joseph Saugey y effectua quelques travaux de restauration, notamment sur les balcons, en les recouvrant d'asphalte. Selon le restaurateur d'art Eric-James Favre-Bulle, Saugey fit alors réaliser de grandes peintures murales à l'huile polychromes et décoratives (2,2×8,45 mètres) dans les halls d'entrée, sur les parois opposées aux boîtes aux lettres, d'après un projet de Georges Aubert (1881-1961), ami de Le Corbusier. Ces œuvres ont été masquées par des couches de peinture ultérieures.

Dans les années 1960, l'immeuble Clarté, se trouvant dans un état très délabré et menacé de démolition, dut sa conservation à une initiative de la Fédération des Architectes Suisses (FAS) qui aboutit à son rachat en 1968 par un consortium d'architectes-actionnaires suisses. Peu après, les architectes Pascal Häusermann et Bruno Camoletti rachetèrent l'immeuble, vendirent une partie des appartements et entreprirent, entre 1975 et 1977, des travaux d'entretien. Ils procédèrent à la réfection générale des toitures, des étanchéités et des ferblanteries, à la reconstruction des verrières éclairant les cages d'escalier, à la peinture des parties métalliques extérieures en brun, au remplacement de certains vitrages, des stores en bois et des toiles de tente ainsi qu'à la réfection des pans en briques de verre aux 4e et 6e étages de la façade pignon ouest. Le rafraîchissement de l'ensemble des appartements (pose générale d'un papier « ingrain ») et la rénovation partielle des installations sanitaires (remplacement des éviers de cuisine en grès par des timbres en inox), des colonnes sanitaires et des canalisations furent également effectués. Le chauffage central fut modifié, les entrées et les cages d'escalier furent repeintes et les boîtes aux lettres d'origine remplacées. Enfin, un restaurant fut aménagé au n° 2 rue Saint-Laurent. « Mais Häusermann et Camoletti connaissant de graves problèmes financiers, la maintenance de l'immeuble ne fut plus assurée au point qu'il se trouva à nouveau menacé de démolition dans les années 1980. »[1]

Lorsqu'il fut classé monument historique en 1986, l'immeuble Clarté se trouvait dans un piètre état de conservation. En vue d'élaborer un cahier des charges de restauration des façades, l'Office du patrimoine et des sites fit établir, en 1993, par le bureau Devanthéry & Lamunière, un dessin de l'enveloppe extérieure à l'échelle 1:20 consignant toutes les transformations intervenues sur les façades depuis leur construction. Toutefois, sans travaux planifiés, l'état de l'immeuble continuait de se dégrader, à tel point que, dix ans plus tard, l'Office du patrimoine et des sites dut intervenir auprès des propriétaires pour les inciter à entreprendre une restauration urgente et incontournable.

En automne 2003, la Fondation de valorisation des actifs de la Banque cantonale de Genève, qui était, à ce moment-là, copropriétaire majoritaire à plus de cinquante pour cent, confia un premier mandat d'étude aux architectes Jacques-Louis de Chambrier et Alain Dutheil. La Fondation était prête à avancer les fonds nécessaires à la mise en route de l'indispensable plan de restauration de l'immeuble Clarté.

Cette démarche initiale suscita l'adhésion de la copropriété qui mandata ces mêmes architectes pour conduire les travaux de restauration. L'autorisation de construire (DD 99'620) fut délivrée le 24 juin 2005 et le chantier s'ouvrit en juin 2007.

Alors que l'enveloppe et les parties communes du bâtiment sont placées sous la responsabilité de la copropriété, l'entretien des appartements est à la charge de chaque propriétaire, individuellement. Parallèlement à la restauration des extérieurs, des règles d'intervention spécifiques furent formulées et intégrées au règlement de la copropriété, afin d'assurer la conservation de la qualité patrimoniale des espaces intérieurs[2]. Pour permettre leur élaboration, un état des lieux complet des logements fut dressé à partir de 2003, dans un *Cahier d'inventaire*, par le bureau d'architecture Laurent Chenu, sur mandat de l'Office du patrimoine et des sites.

1 Catherine Courtiau, *Le Corbusier – Formation, projets et constructions en Suisse*, Société d'histoire de l'art en Suisse, Berne, 2012, p. 73.

2 Voir en annexe, les extraits du *Règlement de la copropriété* datant de 2008 (articles concernant la maintenance et la conservation).

Etat des lieux avant la restauration de 2007-2011

Aux étages supérieurs, les infiltrations en toiture et en façade étaient un problème récurrent, tout comme au niveau des sous-faces des balcons. La plupart des grands stores à rouleaux en bois, d'une hauteur de plus de 5 mètres, étaient cassés et leurs mécanismes dysfonctionnaient; les toiles de tente étaient déchirées. Sur la façade sud, environ trente pour cent des vitrages fixes, notamment les allèges en verre armé, avaient éclaté. La corrosion attaquait l'ensemble des façades et provoquait des déformations. Les planchers porteurs des balcons, pourris, menaçaient de s'effondrer. Bien qu'apparemment en bon état, les parements en travertin de la façade ouest et des porches d'entrée risquaient de se détacher, sous l'effet de la carbonatation attaquant les structures en béton armé sous-jacentes; toutes les maçonneries des superstructures présentaient de nombreuses fissures, notamment celles des verrières éclairant les cages d'escalier, qui n'étaient plus étanches; au rez-de-chaussée, les pans extérieurs en briques de verre de modèle «Nevada» souffraient également de problèmes d'étanchéité. En résumé, l'enveloppe du bâtiment se trouvait dans un état de dégradation avancé, tandis qu'à l'intérieur, les installations techniques communes avaient atteint un degré de vétusté élevé.

La restauration de 2007-2011

Cette restauration d'envergure s'est concentrée sur l'enveloppe et les espaces communs. Il s'est avéré urgent de reprendre et de poursuivre les travaux entrepris trente ans plus tôt, lors de la restauration de 1975-1977, tels que ceux concernant l'étanchéité, la rouille, les vitrages de l'ensemble des façades, les structures, les planchers et la peinture des balcons, les superstructures et les toits cintrés du «wagon», les façades en travertin et la carbonatation des structures en béton armé, les panneaux en briques de verre des porches d'entrée et des arcades.

L'attention s'est également portée sur les problèmes énergétiques et d'isolation (verres isolants, isolation des toitures, protection solaire motorisée) ainsi que sur la sécurité des personnes et la sécurité incendie (revêtements des charpentes métalliques avec des peintures intumescentes, cloisonnement de protection et plafonds anti-feu au rez-de-chaussée).

Les propriétaires et les locataires ont continué à occuper les locaux pendant toute la durée des travaux. S'agissant d'un «chantier habité», la gestion des opérations a dû prendre en compte la présence des habitants.

La restauration en question

Compte tenu de la valeur exceptionnelle de l'immeuble Clarté, la restauration a cherché à conserver au maximum la substance du bâtiment et à la maintenir dans son état d'origine, à réparer les éléments altérés ou à les refaire à l'identique, à préserver l'intégrité fonctionnelle et matérielle de l'immeuble, avec l'objectif de lui redonner sa cohérence d'ensemble.

Un processus de restauration a été mis en place, permettant de tenir compte de manière optimale de nombreuses contraintes, parfois antinomiques, nées d'impératifs de conservation exigeants, subordonnés à des nécessités financières, techniques, réglementaires (normes de sécurité, normes énergétiques) et humaines (chantier habité).

La volonté de conservation de la substance originale confrontée à la question de la restauration a ainsi constitué le fil conducteur du chantier, en particulier la mise en regard avec l'adaptation aux normes et à l'évolution des fonctionnalités. Cette opération de restauration a compris des interventions de reconstruction à l'identique, de manière à préserver la structure et l'aspect initial, lorsque les éléments d'origine étaient trop dégradés pour être conservés.

La réfection des sols des balcons a fait débat. Le projet de l'orientation parallèle à la façade des lames de bois posées sur des tôles a été, dans un premier temps, très critiqué par la Fondation Le Corbusier à Paris. Cette réaction a montré les enjeux qu'impliquent les concepts de conservation de la substance, de restauration et de reconstruction à l'identique. L'étude historique a cependant attesté que l'orientation d'origine des lames de bois des balcons avait été dictée par des raisons économiques et non par des motifs architecturaux. De plus, Le Corbusier avait lui-même esquissé des plans illustrant l'orientation des lames de bois dans le sens de la longueur de l'immeuble. Pour ces raisons, cette dernière orientation a été finalement validée par la Fondation Le Corbusier.

Les travaux étaient initialement prévus en deux étapes sur une durée totale de deux ans. Finalement, ce chantier complexe aura nécessité plus de temps que prévu et aura duré quatre ans et demi.

L'échafaudage a été élevé en commençant par la façade nord, le pignon ouest et la façade sud du n° 2 ; après la restauration du n° 2, il a été prolongé au n° 4. Il a été maintenu en place sur les façades du n° 2 et le pignon ouest pendant vingt-deux mois, puis pendant seize mois sur les façades du n° 4 et le pignon est. L'expérience du début de chantier a fait évoluer le concept d'intervention : l'échafaudage complet a été conservé durant une période de six mois environ, afin de permettre la circulation sur le pourtour du bâtiment.

L'échafaudage, prévu pour pouvoir supporter de lourdes charges, était composé d'une double épaisseur à travers laquelle des installations de treuils motorisés roulant parallèlement à la façade ont permis la manutention des éléments de balcons et de façades, lors des opérations de démontages et de remontages. A cet effet, des planchers sur consoles démontables, vissées directement à la structure porteuse de la façade, ont été exécutés plus larges qu'à l'accoutumée. L'ensemble a été fermé par des filets et par des bâches pour garantir une protection contre le froid, les intempéries et la poussière, particulièrement pour la façade nord très exposée.

Une sapine (tour d'échafaudage) a été installée devant le restaurant sur le trottoir, dans l'axe des ponts de l'échafaudage à l'angle nord-ouest, pour permettre la manipulation délicate d'éléments de près de 9 mètres de longueur, lors de la première étape au n° 2. Une seconde a été mise en place du côté sud, dans une position centrale, pour les deux étapes, au n° 2 et au n° 4. Une troisième, située sur le trottoir, à l'est de l'entrée du n° 4 et reliée à l'échafaudage par des plates-formes, a été réalisée ultérieurement, pour la dernière étape de la façade nord.

Au vu de la fragilité et de la légèreté de la structure de la dalle de couverture de l'immeuble, les charges et les efforts latéraux de la toiture provisoire du chantier ont été intégralement reportés sur la structure des façades métalliques du bâtiment et sur les échafaudages.

Quant aux terrasses sud, nord et ouest du 1er étage (de structure légère en poutrelles et en hourdis de ciment), elles ne pouvaient supporter de charges exceptionnelles, telles que celles des échafaudages qui les surplombaient. Des planchers

1
L'échafaudage est prolongé du n° 2 au n° 4, le long de la façade sud, vue prise le 9 octobre 2008.

1

porteurs provisoires, reposant sur des poutrelles portant d'un bout à l'autre des terrasses dans le sens de la largeur, ont ainsi été installés à cet effet. Ils ont servi partiellement aussi de dépôt pour le chantier.

Deux anciens garages ont été mis à disposition comme local de chantier au sein de l'immeuble. L'espace de stockage de chantier a été installé au nord, sur la chaussée de la rue Saint-Laurent et sur le trottoir devant le n° 4. Des tableaux électriques de chantier ont été posés à l'extérieur, sur chaque façade, ainsi qu'à l'intérieur, dans les espaces communs.

A l'intérieur, un échafaudage a été monté au centre de chacune des cages d'escalier.

La direction des travaux s'est installée au cœur du chantier, dans un appartement du 2e étage.

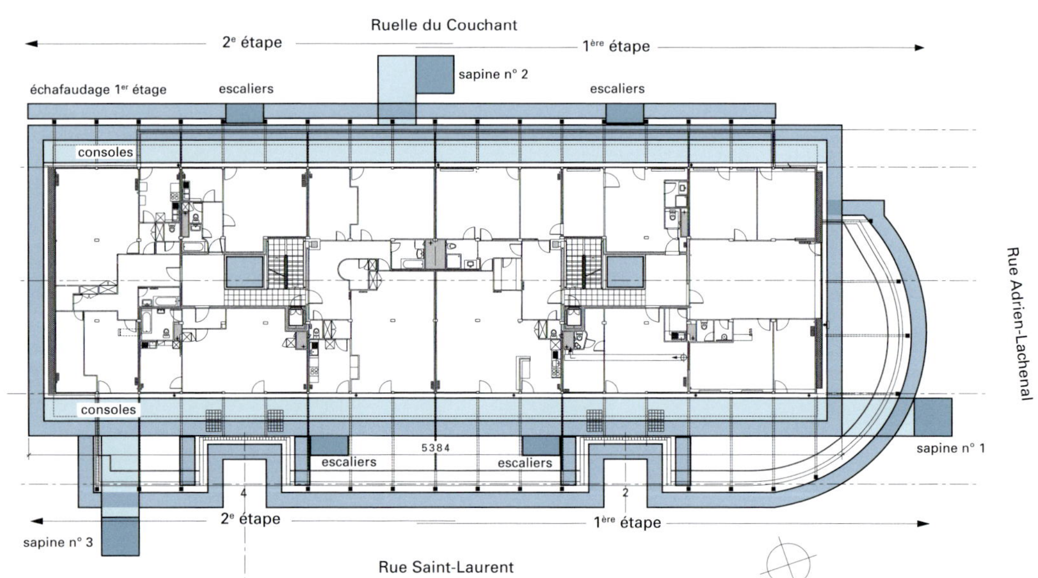

2

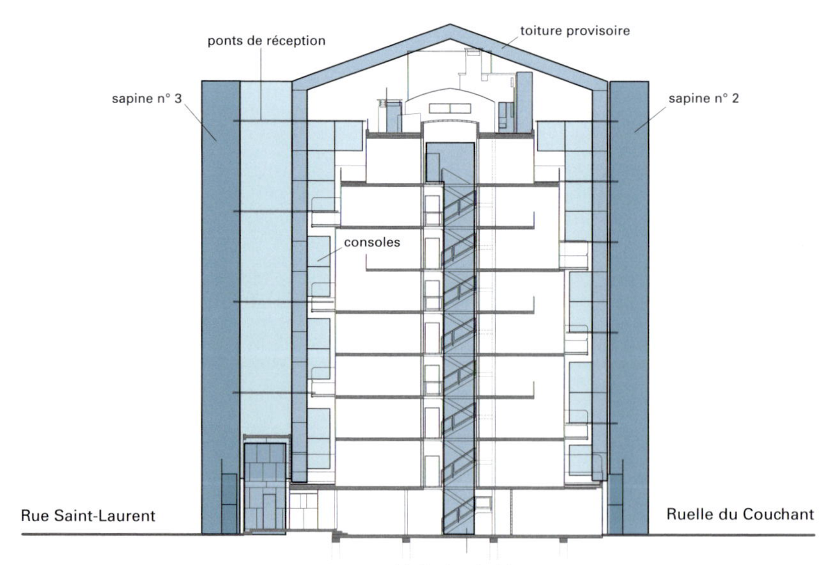

3

5

4

2 et 3
Plan et coupe schématiques de la disposition des échafaudages, échelle 1:500.
4
L'échafaudage, première étape du chantier, 8 novembre 2007.
5
Vue de l'intérieur de l'échafaudage, 19 juin 2009.

La toiture-terrasse

Espace extérieur avec une vue spectaculaire sur la ville de Genève et sa rade, la toiture-terrasse (9e étage) était destinée, à l'origine, à l'ensemble des habitants de l'immeuble. Elle est aujourd'hui privatisée, ce qui est regrettable, car elle représentait un lieu commun exceptionnel qui permettait de favoriser les liens sociaux entre les habitants. Des dallettes carrées, à l'origine de 90 par 90 centimètres, écartées de 5 centimètres environ les unes des autres, en recouvraient le sol. Un petit gazon poussait entre elles.

Etat des lieux

La structure en charpente métallique de la dalle de la toiture-terrasse, qui correspond aux modalités constructives du reste de l'immeuble, était couverte par une chape superficielle directement posée sur les panneaux en Solomite[3] situés entre les solives. Sur cette chape, plusieurs couches de bitume étaient recouvertes par des dallettes carrées en ciment, de 50 centimètres de côté, datant de 1975-1977. Elles étaient en mauvais état et envahies de végétation. Le système d'évacuation des eaux pluviales en toiture était composé d'une rigole centrale, placée dans l'axe longitudinal du bâtiment, de part et d'autre des verrières du n° 2 et du n° 4, avec un écoulement au droit de celles-ci et de larges rigoles en ciment construites au pied des façades du « wagon » (9e étage) ainsi qu'au pied des façades de l'attique (8e étage). Les colonnes de chute étaient disposées dans les courettes techniques, à l'intérieur du bâtiment. Ainsi, hormis sur le « wagon », il n'y avait pas de descente d'eaux pluviales en façade. L'eau des terrasses du 1er étage était recueillie par des rigoles placées au pied des façades, les colonnes de chutes traversant les locaux du rez-de-chaussée avant de rejoindre les canalisations enterrées. Des tôles striées, disposées au-dessus des rigoles, devant les portes-fenêtres, permettaient un accès à l'extérieur plus confortable.

Bien que le système ait été entièrement refait lors de la restauration de 1975-1977, l'immeuble souffrait toujours de problèmes d'étanchéité, en raison de défauts d'entretien.

Intervention

Pour des questions d'étanchéité à assurer à l'ensemble, la toiture-terrasse et « le wagon » ont constitué la première étape du chantier. Au niveau

2

1

1
Rue Saint-Laurent n° 2, toiture-terrasse, avant les travaux, juin 2007.
2
Rue Saint-Laurent n° 2, toiture-terrasse, après dépose des dallettes, rigole centrale, 2 octobre 2007.
3
Rue Saint-Laurent n° 2, pose des tôles acrotère, 10 juin 2008.
4
Rue Saint-Laurent n° 4, toiture-terrasse, étanchéité avant la pose de l'isolation et des dallettes, 9 septembre 2009.
5
Façade sud, 8e étage attique, rigole d'écoulement avec galets, 9 septembre 2009.

de la toiture-terrasse, une réfection totale a été effectuée : les anciennes couches d'étanchéité ont été enlevées par piquage, la chape a été réparée, une nouvelle étanchéité et une isolation en polystyrène extrudé de 4 centimètres d'épaisseur (système d'étanchéité inversée) ont été exécutées sur l'ensemble de la toiture-terrasse, sans pour autant modifier de manière sensible les profils et niveaux d'origine. Des dallettes préfabriquées en ciment de 50 par 50 centimètres, posées sur taquets, ont remplacé celles de 1975-1977.

Les rigoles de la toiture-terrasse (9e étage) et de l'attique (8e étage) ont été conservées et réparées. Leurs faces intérieures ont été traitées avec la même étanchéité que le reste de la toiture. Un raccord au pied des façades par une résine ainsi que des plinthes de protection en inox ont été mis en place. Le long des façades, au-dessus des rigoles, un profil en inox, placé à l'horizontale maintient, d'une part, les dallettes de bords en place, alignées et à distance du pied des façades, et, d'autre part, les petits galets disposés dans ces rigoles.

Dans le cadre des travaux, les nombreux bacs en fibrociment, situés en attique et sur les terrasses du 1er étage, ont été évacués. A la fin du chantier, compte tenu de la légèreté de la structure de l'immeuble, l'installation de nouveaux bacs à arbustes a été admise exclusivement sur la toiture-terrasse et sur les terrasses du 1er étage.

3 Le Solomite est une isolation faite de rouleaux de paille comprimée de 50 millimètres d'épaisseur liée au fil de fer, placée entre les solives du plancher ou entre les chevrons cintrés de la superstructure, ainsi que dans les doublages des murs pignons en maçonnerie ; c'est un élément inséparable du concept général de techniques nouvelles, industrielles et légères, défendues par Le Corbusier.

3

4

5

Les balustrades

Les balustrades des terrasses du 1er et du 8e étage étaient composées de tubes d'acier scellés dans les acrotères et d'un remplissage en treillis. Celles de la toiture-terrasse étaient constituées de tubes d'acier.

Etat des lieux

Les balustrades présentaient des problèmes de dégradation liés à la corrosion et elles étaient déformées par des perforations aux endroits les plus exposés.

Intervention

Toutes les balustrades ont été déposées pour repose à leur emplacement d'origine après réparation, sablage et peinture. Un nouveau détail de raccord aux tôles d'acrotère, constitué de godets avec joints en silicone, a été adopté pour toutes les balustrades.

Les cheminées

Etat des lieux

Les capes de cheminée d'origine n'avaient pas été entretenues. L'état des souches de cheminée, par endroits très fendues, était moyen à mauvais.

Intervention

La configuration d'origine a été rétablie (capes, souches, couleur), les anciens boisseaux ont été réutilisés. Des capes de cheminée préfabriquées à fentes, selon le modèle d'origine, ont remplacé les anciennes. L'extraction de la ventilation a été dissimulée dans les souches de cheminée existantes. Quelques modifications ont été effectuées sur ces dernières, notamment pour deux ventilations du restaurant.

1
Balustrades de la toiture-terrasse et de la terrasse du 8e étage (attique).
2
Toiture-terrasse, avec l'ancienne antenne radio conservée, 1er février 2010.

1

2

Le « wagon »

Au 9e étage, la superstructure nommée « wagon » (construction à l'origine non autorisée à l'habitation, puis louée comme appartement à Francis Quétant, architecte employé d'Edmond Wanner et chargé des études et des devis) avait été scindée en deux studios.

La structure d'origine de sa couverture, portée par des éléments en maçonnerie, était simplement composée de profils métalliques en T cintrés entre lesquels étaient logés des panneaux de Solomite (isolant) et sur lesquels était directement posée une étanchéité bituminée.

Etat des lieux

La corrosion des aciers ainsi que les dilatations thermiques, différentes selon les matériaux, ont causé de profonds dégâts : des fentes innombrables dans les murs, des châssis métalliques rouillés, des vitres cassées, l'étanchéité de la couverture défectueuse et la maçonnerie fortement endommagée.

Intervention

Les dégâts causés par la corrosion des aciers ont nécessité de nombreuses interventions. Tous les murs du « wagon » ont été assainis. Des opérations de sablage, de réparation et de bouchage des trous ont été exécutées.

La structure métallique de la toiture du « wagon » a été conservée, nettoyée et repeinte. Une nouvelle couverture a été créée avec une isolation (surépaisseur de 10 centimètres) et une étanchéité bitumineuse noire, autoprotégée et lisse. L'objectif visait à retrouver la tonalité sombre de la toiture d'origine.

2

1

3

1
Rue Saint-Laurent n° 2, toiture-terrasse et « wagon » en travaux, 2 octobre 2007.

2
Rue Saint-Laurent n° 4, « wagon » côté sud, état avant travaux, 5 septembre 2008.

3
Rue Saint-Laurent n° 4, toiture-terrasse et « wagon » en chantier, 5 novembre 2008.

4

5

6

7

8

4 et 5
Dégâts causés par la corrosion des aciers ainsi que par les dilatations thermiques différentes entre les matériaux.

6
Structure métallique de la couverture du « wagon », 27 octobre 2008.

7 et 8
L'intérieur du « wagon », après la réfection de la toiture.

Les verrières

Etat des lieux

Les deux verrières éclairant les deux cages d'escalier et jouxtant le «wagon» de part et d'autre étaient, à l'origine, constituées d'une structure cintrée en béton armé avec des pavés de verre en forme de culs de bouteille. En raison de l'état très dégradé de ces structures, Marc-Joseph Saugey, en charge des travaux de restauration de 1953-1954, avait pris la décision de les protéger par des sheds dont les marques sur les murs pignons du «wagon» étaient encore visibles en 2006. Ces protections vitrées avaient été enlevées par les architectes Camoletti et Häusermann lors de la restauration de 1975-1977, et les pavés de verre d'origine avaient été remplacés par de nouvelles dalles de verre, agencées sur une structure métallique horizontale, légèrement bombée. Les murets d'origine étaient restés en place.

Intervention

En raison de son bon état d'entretien, la structure de 1975-1977 a été conservée. Pour limiter les infiltrations d'eau, le pourtour a été réparé et de la résine y a été posée. Par ailleurs, des joints en mastic souple ont été rajoutés entre les dalles de verre. Afin d'être conforme aux normes incendie en vigueur, deux exutoires de fumée (l'un au n° 2, l'autre au n° 4), avec ouverture motorisée, ont été placés dans les angles de chacune des deux verrières. Ces exutoires de fumée permettent également un accès technique à la toiture sans passer par les appartements.

1

2

3

1
Toiture-terrasse avec verrière, côté ouest, avant travaux, juin 2007.
2
Toiture-terrasse avec verrière, côté est, après travaux, 1er février 2010.
3
Détail d'une des verrières zénithales.
4
Rue Saint-Laurent n° 4, palier du 8e étage attique avec verrière zénithale, après travaux.

4

Les balcons

Dès le début de la réalisation de l'immeuble Clarté, les balcons s'étaient avérés problématiques. Initialement projetés à la même hauteur sur les façades nord et sud, ils furent disposés finalement à des hauteurs différentes sur chacune des façades. Ils n'avaient pas été estimés à leur juste coût dans le premier budget et furent réalisés à l'économie, avec toute une série de défauts techniques.

Lors de la construction du bâtiment, un rapport d'expertise du 10 février 1932, réalisé par l'ingénieur Maurice Brémond[4], mentionnait que le concept structurel des balcons était « admissible, quoique peu satisfaisant » et que le comportement à long terme n'était pas adéquat face aux intempéries. Maurice Brémond indiquait même que la rupture des attaches soudées des pièces en C, qui servent à suspendre les planchers extérieurs au parapet, ou la rupture de ces pièces elles-mêmes pouvaient avoir de graves conséquences.

A l'origine, les balcons étaient formés de cadres porteurs d'une hauteur de 76 centimètres, composés du parapet de balcon proprement dit et de consoles latérales, d'une largeur de 1,50 mètre aux 2e, 3e, 4e et 5e étages et d'une largeur de 1,85 mètre aux 6e et 7e étages, soudées aux porteurs verticaux de façade tous les 8,40 mètres ; le tout était construit en tôle forte d'acier (consoles : 5 millimètres d'épaisseur; parapets : 3 millimètres) renforcée par des fers plats (de section 60 × 5 millimètres) et des profilés cornières[5] (60 × 40 × 5 millimètres). Les parapets étaient renforcés en deux points intermédiaires (écarts de 2,80 mètres) par des goussets[6] raidisseurs fixés au plancher du balcon. Les lames de bois du plancher étaient portées par deux filières UPN 80, l'une contre la façade soudée aux porteurs verticaux, l'autre formant poutre de rive, suspendue tous les 2,80 mètres au parapet par l'intermédiaire de pièces en forme de C, appelées « cols de cygne » (env. 100 × 220 × 40 × 12 millimètres). Les deux filières étaient entretoisées tous les 1,40 mètres par des tubes ronds d'un diamètre de 25 millimètres, traversés par des tiges en acier de 16 millimètres formant tirants.

Les plafonds des balcons d'origine, recouverts de panneaux lisses, avaient souffert d'importantes infiltrations d'eau. Ces plafonds avaient été enlevés lors de l'intervention de Marc-Joseph Saugey dans les années 1950.

Suite à la restauration de 1975-1977, les planchers étaient composés de lames en bois de mélèze (à l'origine en chêne) de 40 millimètres d'épaisseur,

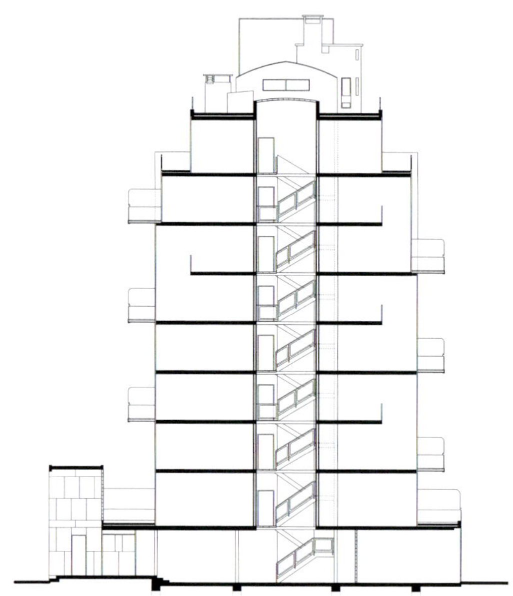

1

2

1
Coupe transversale montrant le décalage des balcons entre les façades nord et sud.

2
Façade pignon ouest avec placage en travertin, après travaux.

3
Façade sud, 4e étage, avant travaux, 8 octobre 2007.

3

rainées-crêtées calfatées[7], perpendiculaires à la façade.

Etat des lieux

Etant donné que la majeure partie des balcons n'était que peu ou pas protégée des intempéries, les parties métalliques étaient très attaquées par la corrosion, ce qui a diminué de manière notable la section d'un grand nombre de tôles de parapets et de cornières qui étaient par endroits attaquées sur toute leur épaisseur, notamment au niveau des assemblages rivetés et soudés.

Dans les parties inférieures des parapets, on constatait des déformations importantes résultant de la charge des lames de bois des planchers et d'objets lourds entreposés sur les balcons, tels que des bacs de plantations. Compte tenu du manque d'entretien, ces éléments étaient très endommagés. Aux étages supérieurs, les lames de bois des planchers des balcons étaient vétustes et pourries, présentant même un certain danger de rupture; elles laissaient goutter l'eau de pluie aux étages inférieurs.

Comme l'avait noté l'ingénieur Brémond dans son rapport de 1932, les pièces de suspension en C décrites plus haut présentaient les dégâts les plus sérieux. Compte tenu de leur sous-dimensionnement, elles s'étaient fortement déformées. Certaines n'avaient pas résisté à la corrosion et s'étaient brisées, mettant ainsi en péril le système porteur du plancher des balcons, d'où un danger d'effondrement. Les dégâts de corrosion étaient variables selon l'exposition, très importants aux étages supérieurs au sud et au nord.

Les consoles séparant les balcons, soudées aux piliers de façade, n'avaient pas subi de dégradations majeures, à l'exception de celles situées aux extrémités du bâtiment, fixées aux piliers en béton armé des murs pignons. A cet endroit, les pièces métalliques d'ancrage des consoles des balcons avaient subi des dégâts importants, attaquées par la corrosion, et les piliers étaient endommagés par la carbonatation.

4

5

6

4
Etat d'un balcon avant travaux.

5 et 6
Dégâts causés par la corrosion sur les pièces de suspension en C.

7

8

9

7 et 8
Rue Saint-Laurent n° 2, balcons, façade sud, avant dépose des consoles et des parapets, 21 janvier 2008.
9
Rue Saint-Laurent n° 2, 8e étage attique, ancrage de la main-courante et de la cornière supérieure du balcon dans le béton armé du pignon ouest.

Intervention

Avant d'entamer les travaux, un prototype de restauration des balcons fut exécuté en janvier 2007. En effet, la réfection des balcons, compte tenu de la légèreté de leur structure porteuse très particulière, s'est révélée être l'une des opérations les plus délicates de la restauration de l'enveloppe extérieure.

Le démontage des consoles n'était pas possible en raison de leur soudure aux piliers de la façade. Les cornières des consoles ont, par conséquent, dû être sectionnées à environ 10 centimètres de la façade pour permettre leur dépose. L'ensemble des consoles et des parapets démontés a ainsi pu être transporté en atelier. Les mains courantes des parapets et les profilés métalliques UPN 80 supportant les planchers, y compris leurs tirants-barres transversaux, ont été les seuls à être conservés et restaurés en atelier. Tous les autres éléments métalliques structurels ont été reconstruits à l'identique en atelier, décision qui s'est imposée pour assurer une cohérence architecturale et esthétique, et qui a été dictée par les conditions et considérations suivantes:

— La structure des balcons répondait aux normes constructives de 1932, dépassées aujourd'hui, mais pouvant encore être considérées comme suffisantes dans le cadre d'une restauration.

— Une reconstruction à neuf selon les normes actuelles (permettant un usage moins restrictif des balcons) aurait impliqué une configuration différente des consoles, ainsi que des sections supérieures, difficiles à raccorder aux piliers de la construction existante, sans trahir l'esthétique d'origine.

— La question de l'exposition à la corrosion d'un ensemble en acier soumis aux intempéries – qui était un grave problème dès l'origine – n'a pas été résolue, mais les risques ont pu être atténués en protégeant l'acier par l'application d'une peinture à haute performance, d'une part, et en introduisant la pratique nouvelle d'un entretien fréquent et renforcé de l'ouvrage par les propriétaires, d'autre part.

Les pièces de suspension en C devaient être remplacées, afin de garantir une sécurité suffisante pour l'avenir. Après plusieurs prototypes, le choix s'est porté sur une solution simple permettant de rester au plus près du concept d'origine: le raidissement des nouvelles pièces en C par l'ajout de deux goussets de renfort dans les angles, afin d'augmenter la rigidité des cadres porteurs.

10

11

12

10
Rue Saint-Laurent n°2, dépose des balcons, 26 novembre 2007.
11
Balcons, façade sud, avant dépose des consoles et des parapets, 21 janvier 2008.
12
Dépose des consoles, après avoir sectionné les cornières, 24 janvier 2008.

13

14

15

16

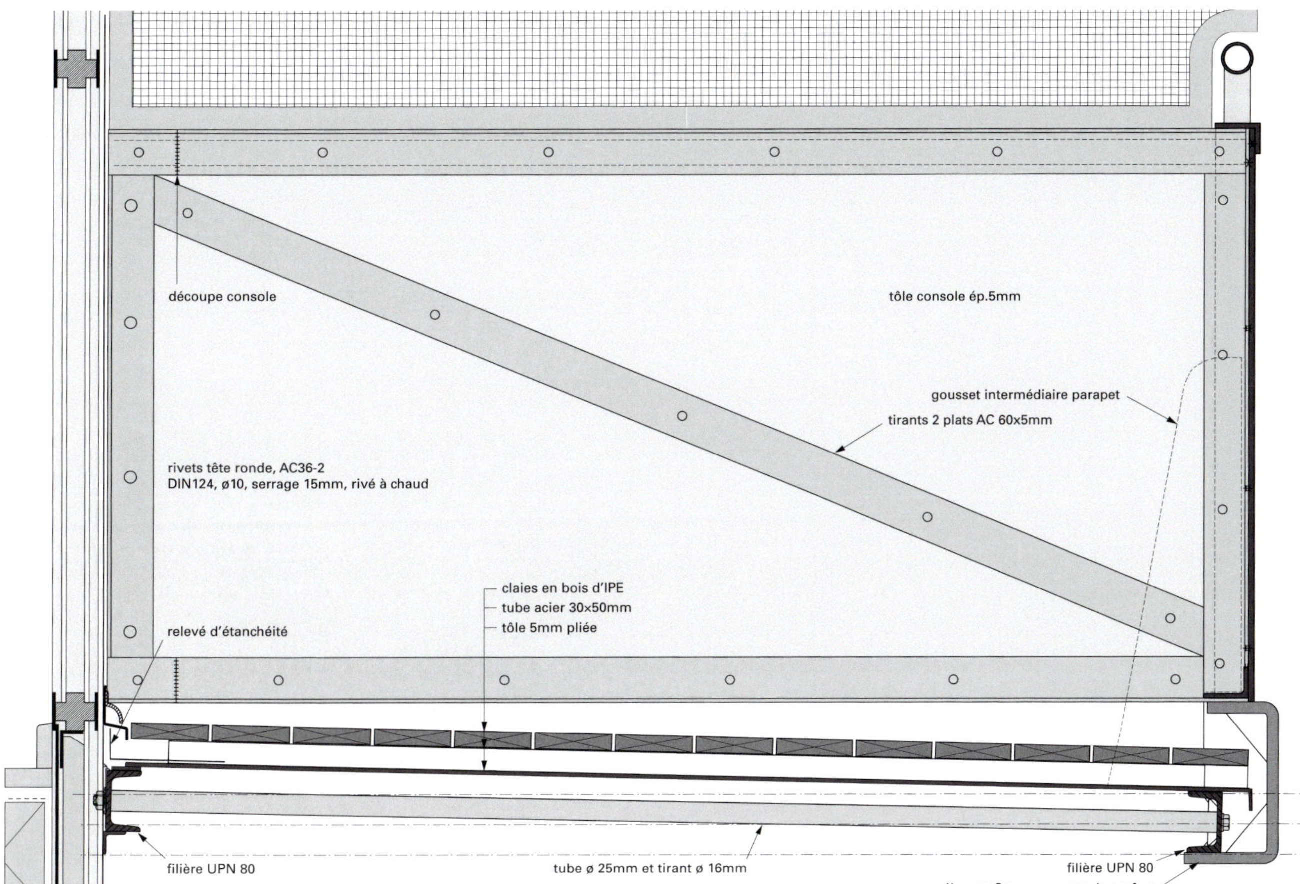

17

13
Rue Saint-Laurent n°2, façade sud, 2e étage, fixation des rivets des balcons, 16 juillet 2008.

14 et 15
Les cornières des consoles reconstruites ont été ressoudées à celles restées liées aux piliers de façade, puis les tôles ont été mises en place et rivetées.

16
Raidissement des pièces en C par l'ajout de deux goussets de renfort dans les angles.

17
Coupe sur balcon, échelle 1:10.

Les trois premières couches de peinture de protection ont été posées sur la totalité des éléments métalliques des balcons, en atelier, avant leur remontage sur le chantier. Le remontage s'est effectué après le sablage des façades et les travaux de restauration. Les cornières des consoles reconstruites ont été ressoudées à celles restées liées aux piliers de façade, puis les tôles des consoles et des parapets ont été fixées à la double structure de fers en équerre et de fers plats au moyen de rivets posés à chaud, conformément à la construction d'origine.

L'étape suivante a consisté au montage des profilés métalliques UPN 80 d'origine, restaurés avec leurs tirants, et suspendus-soudés aux nouvelles pièces en C. Sur cette structure ont été montés de nouveaux planchers en tôle de 5 millimètres d'épaisseur à l'intérieur des cadres porteurs, comme l'étaient les planchers d'origine en bois. Cette opération a été délicate, étant donné l'espace disponible restreint pour la pose de tôles pesant près de 200 kilos chacune, mesurant 2,8 × 1,50 mètres, et 2,8 × 1,85 mètres au 7e étage. Les nouvelles tôles ont été munies d'une structure en tubes profilés rigides (30 × 50 millimètres) soudés sur la face supérieure, servant également de support pour le deck de revêtement en bois d'ipé.

Lors de l'expertise de l'ingénieur Brémond en 1932, la charge utile des balcons était de 200 kg/m^2 ; or, en ce qui concerne les balcons, la norme SIA 260 recommande 300 kg/m^2 (chiffres 2010). Afin de satisfaire au principe de restauration de l'enveloppe extérieure qui visait à conserver autant que possible les concepts constructifs et les matériaux d'origine, il n'a pas été possible d'augmenter la charge utile de manière à la faire correspondre aux recommandations actuelles. Les calculs ont montré que la charge supplémentaire des nouvelles tôles était admissible.

La nouvelle structure des balcons, bien que dimensionnée au plus juste, a tout de même eu pour effet de relever de 16 millimètres le niveau fini du sol des balcons, ce qui a été considéré comme admissible. Cette intervention a réduit d'autant la hauteur du garde-corps.

L'introduction de tôles sous les planchers de bois des balcons a permis de résoudre les problèmes de dégradations sur les façades rencontrés dès l'origine et dus à des balcons composés de lames de bois porteuses non étanches et très exposées aux intempéries. Avec les nouveaux éléments, le raccord hermétique à la façade s'est

18
Rue Saint-Laurent n° 2, façade nord, après la pose des consoles, 20 juin 2008.
19
Rue Saint-Laurent n° 2, façade sud, pose des parapets des balcons, 4e étage, 11 juillet 2008.

18

avéré beaucoup plus aisé et sa protection s'est vue ainsi assurée de manière pérenne. Cette fonction protectrice vitale pour tous les étages de façade y compris les balcons en dessous des 6e (sud) et 7e (nord) étages a été largement confirmée dès la fin du chantier et contribuera de manière importante à la protection générale des façades contre la corrosion et à l'aspect durable de l'ensemble des travaux de restauration.

La question du rétablissement de l'aspect lisse des plafonds des balcons originaux a été débattue, avant d'être abandonnée vu les coûts, les charges supplémentaires pour des balcons déjà suffisamment sollicités ainsi que les difficultés techniques pour arriver à l'aspect souhaité. La solution retenue avec la conservatrice cantonale et l'expert de la Confédération a été de laisser apparente la fine structure des barres métalliques de couleur foncée placée sous les tôles lisses et claires des balcons, ce qui a permis de maintenir l'aspect aérien de cette construction.

Des raccords d'étanchéité en résine ont été posés entre les tôles de sol ainsi qu'entre celles-ci et la structure de la façade, permettant une évacuation optimale de l'eau lors d'intempéries. Enfin, des joints spéciaux de protection et d'étanchéité ont été mis en place entre les différents éléments structurels. Ce travail fin et indispensable – intercalé entre la pose des deux couches de peinture polyuréthane de finition de l'ouvrage – a visé à protéger au mieux, contre l'humidité et la corrosion, les espaces interstitiels entre les tôles assemblées et les structures de renfort, tubulaires ou en fer marchand.

Les lames en bois d'ipé ont été installées en fin de chantier, dans le sens de la longueur de l'immeuble, contrairement à l'orientation d'origine. Elles ont été posées sous forme de claies pré-assemblées (deux par travées) aux dimensions de 72 par 279 centimètres, elles-mêmes mises en place sur les tubes de renfort supérieurs des tôles, permettant ainsi l'écoulement de l'eau de pluie. Le bois utilisé a préalablement été rincé afin d'éviter que des coulures de tanin n'endommagent les toiles de tente en façade.

4 Maurice Brémond, *Rapport d'expertise sur la solidité des balcons*, 10 février 1932.
5 Profilé métallique en forme de L.
6 Pièce de renfort, posée avec un angle d'environ 45° entre un poteau vertical et une poutre horizontale.
7 Rendre étanche en insérant du résidu provenant de vieux cordages goudronnés dans les interstices et les joints.

20
Rue Saint-Laurent n° 4, façade nord, 7e étage, balcon avant la pose du plancher en bois, 27 juillet 2009.
21
Le dessous des balcons, avec les barres métalliques visibles, après travaux.
22
Balcon côté sud, après travaux.

20

21

Le Corbusier énonce en 1927 les cinq points de l'architecture nouvelle: les pilotis, le toit-terrasse, le plan libre, la fenêtre en bandeaux et la façade libre. L'immeuble Clarté reprend quatre de ces cinq points (hormis les pilotis).

«Ces façades sont rythmées par trois galeries-balcons ou coursives extérieures décalées sur la face sud par rapport à la face nord, contrairement à de premières esquisses qui alignaient ces galeries aux mêmes niveaux. (...) [Ces dernières] forment en outre des écrans d'ombre, faisant office de brise-soleil, et sont équipées de toiles de tente et de stores à rouleaux en bois aménagés dans des caissons apparents.»[8] La forte horizontalité de l'ensemble se voit renforcée par les parapets des galeries-balcons, les seuls éléments «pleins» de ces façades.

Les façades nord et sud de l'immeuble Clarté, entièrement vitrées, sont dessinées sur une trame de 2,80 mètres, celle de l'ossature métallique disposée à fleur de façade et de section tubulaire rectangulaire, issue d'un assemblage soudé de deux profils en U. Elles sont composées d'éléments transparents et translucides fixés à la structure porteuse, selon deux modules principaux: le module de base, formé de deux fenêtres transparentes coulissantes sur billes, d'une allège et d'une imposte en verre armé translucide; un autre module, formé d'une porte-fenêtre (partie supérieure en verre transparent et partie inférieure en verre armé), d'un vitrage fixe transparent et d'une allège en verre armé translucide. La façade comprend encore, au niveau des têtes de dalles, des bandeaux continus de tôle fixés aux porteurs métalliques des façades et devant lesquels sont placées les impostes en verre armé. Au niveau des salons des duplex, la tôle est supprimée sur deux travées pour permettre la transparence continue de la façade.

Les panneaux de façade vitrés[9] de 2,60 mètres de large, fixés latéralement aux porteurs verticaux de façade, sont composés de châssis superposés, de deux types: l'un, fixe, en bois (sapin, section de 50 par 50 millimètres), dans le cas des vitrages fixes et des portes-fenêtres des balcons, recouvert à l'intérieur et à l'extérieur de fers plats vissés (section de 50-70 par 3 millimètres), formant parcloses et protection; l'autre, en acier, dans le cas des vitrages coulissants. Les vitrages étaient composés de deux verres simples formant un double vitrage. A l'origine, les intercalaires qui tenaient les deux verres simples dans les panneaux métalliques coulissants

1

1
Superposition des châssis métalliques et des châssis en bois, avec vue de la partie sectionnée des cornières des consoles, 13 mars 2008.
2
Modules de façade, après restauration.

2

étaient en bois dur (iroko). Il s'agissait là d'un des premiers panneaux de vitrage isolant thermique à rupture de pont de froid.

Etat des lieux

La résistance de la structure porteuse, confirmée par l'ingénieur, répondait aux normes de sécurité. Les châssis de façade en bois étaient globalement en bon état, à quelques exceptions près et mises à part les parties inférieures qui ont dû toutes être changées en raison de dégâts de pourriture. Les cadres métalliques des fenêtres ainsi que toutes les parcloses – dont certaines se détachaient – souffraient d'une corrosion généralisée. Les rails des fenêtres étaient imprégnés d'un dépôt de saleté, qui en entravait le coulissage. Condensation et poussière pénétraient à l'intérieur des doubles vitrages, les rendant partiellement opaques, et l'étanchéité présentait des défauts. Un certain nombre de verres isolants ayant déjà été posés en remplacement des doubles vitrages échappaient à ce problème, mais se manifestaient par des différences de qualité, de teintes et de réflexion.

Les verres armés de différentes factures formaient un ensemble hétéroclite, suite à divers remplacements ; ceux des allèges, dont il ne restait que très peu d'éléments d'origine, étaient fendus ou cassés en très grand nombre, surtout sur la façade sud.

Intervention

Avant d'entamer les travaux, une intervention prototype de restauration d'une travée de 2,80 mètres sur deux niveaux (cuisine et chambre d'un duplex situé au 2e étage du n° 4, côté sud) a été effectuée pendant l'hiver 2005/06. Les architectes ont mandaté plusieurs entreprises pour évaluer la méthode et le temps nécessaire aux travaux, ce qui a permis de préciser le déroulement des opérations et leur coût.

En raison de l'occupation de l'immeuble par ses habitants pendant toute la durée du chantier, les façades ont été restaurées par étapes de deux niveaux à la fois, en commençant par la façade nord du n° 2, puis la façade sud, du n° 2 au n° 4, avant de terminer par le côté nord du n° 4. La structure métallique n'a pas dû être renforcée. Tous les éléments ouvrants ainsi que toutes les parcloses extérieures ont été, quant à eux, démontés pour leur restauration en atelier où ils ont été sablés et repeints.

3

3
Rue Saint-Laurent n° 4, façade nord, 5e étage, avant travaux, 3 septembre 2008.
4
Rue Saint-Laurent n° 4, façade nord, 7e et 8e étages, avant travaux, 3 septembre 2008.

4

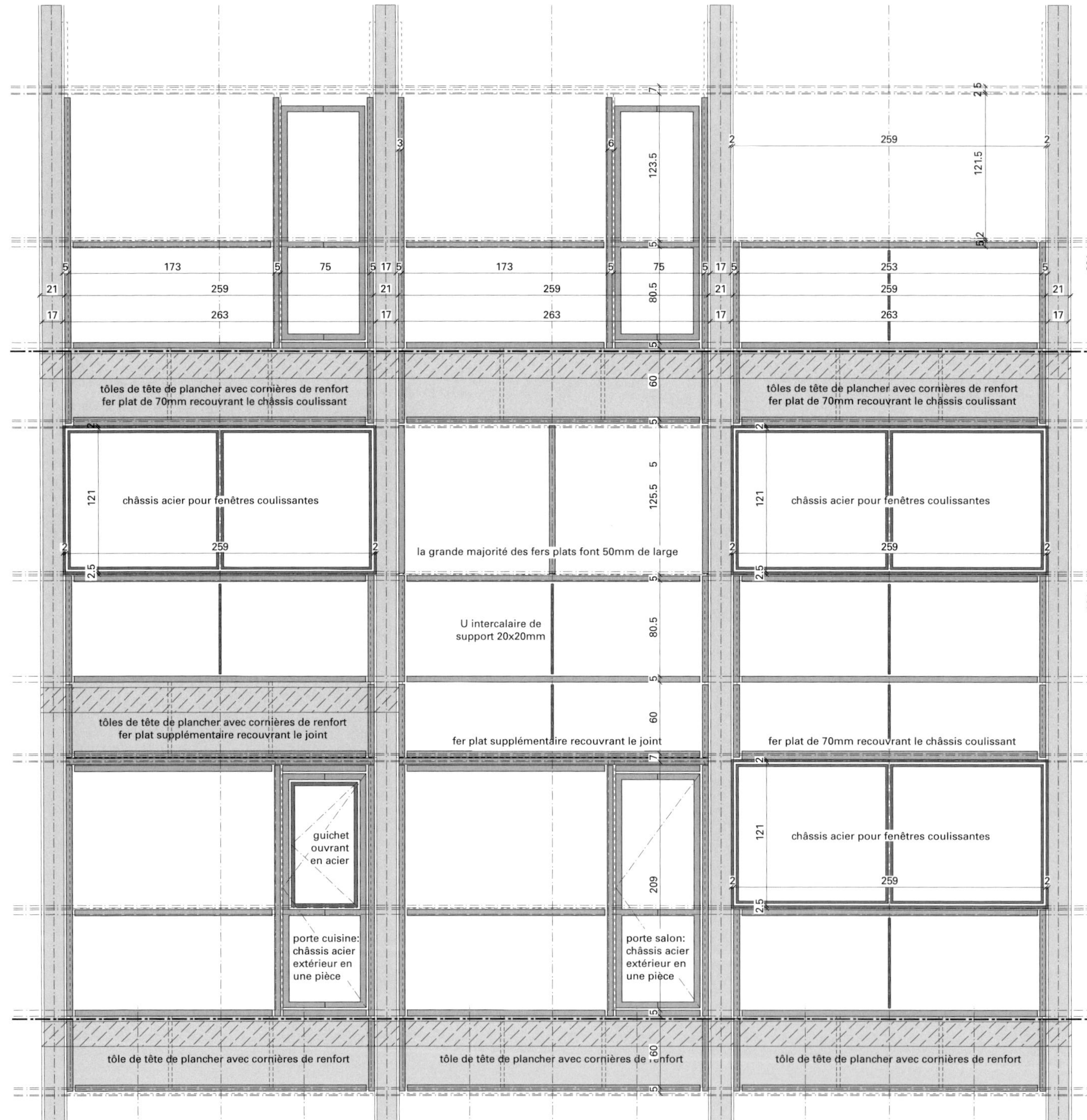

5

5
Détails des parcloses extérieures, trois travées petit duplex, façade sud, échelle 1:50, décembre 2006.

6
Détails types, façade sud, échelle 1:25, mars 2004.

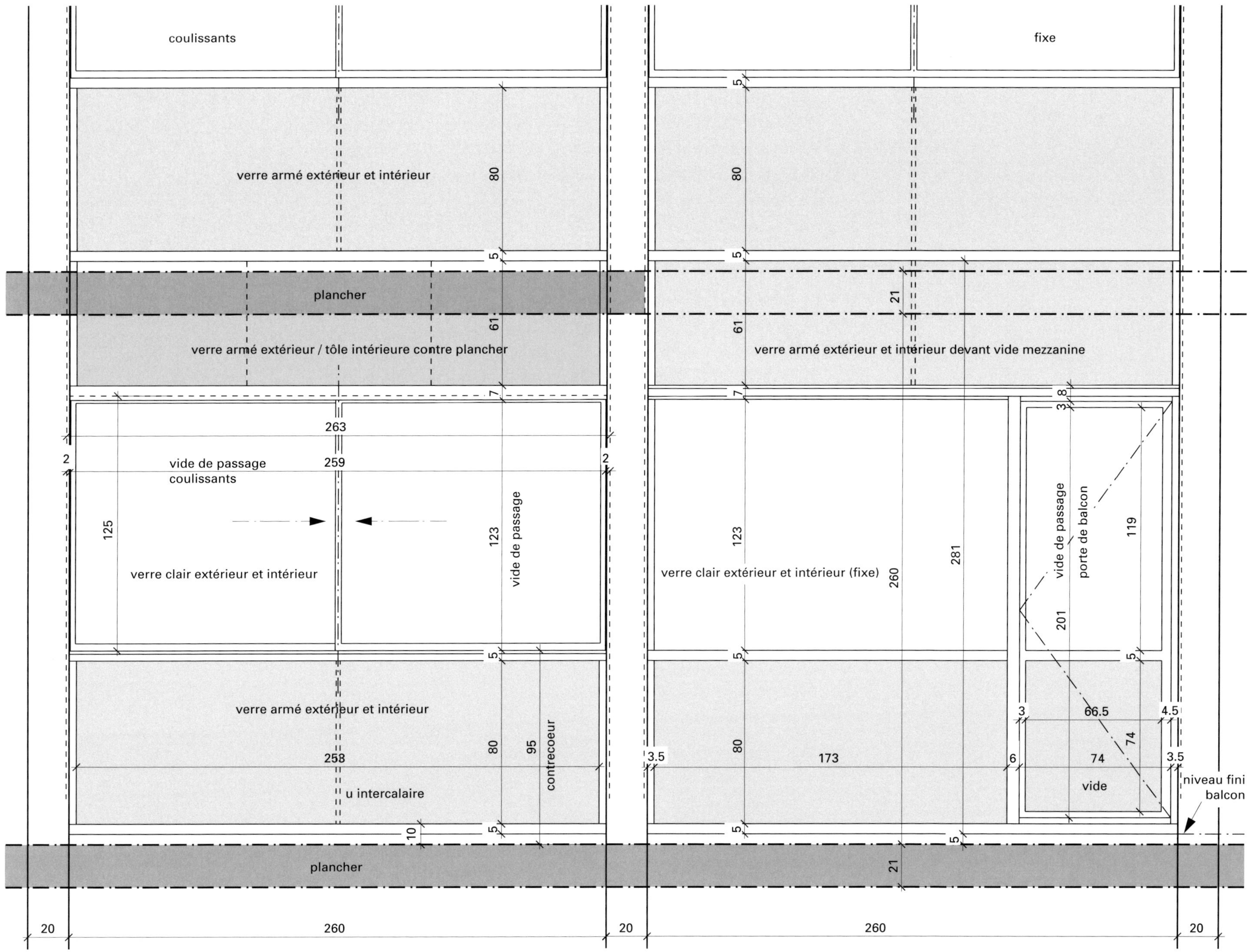

Travée avec vitrage devant plancher

Travée avec vitrage devant mezzanine

6

En remplacement des éléments ouvrants démontés, des panneaux provisoires en bois pourvus de petites fenêtres ont été posés. Ils ont été appliqués par l'intérieur, de manière étanche, en vue du sablage des faces extérieures des parties fixes laissées en place. Les parcloses et les éléments fixes intérieurs ont également été traités sur place (ponçage et peinture).

Un sablage général de la structure porteuse a permis l'enlèvement de toutes les couches de peinture et surtout la suppression de la corrosion (rouille). Répété au fur et à mesure des étapes, le sablage a nécessité un confinement qui a été réalisé avec des bâches et avec une ventilation pourvue d'un système de filtration disposé sur l'échafaudage, le sableur étant lui-même équipé d'un scaphandre et d'une alimentation en air indépendante. Les parties métalliques extérieures de la façade ont été recouvertes d'une peinture antirouille époxy bicomposant contenant des pigments anticorrosion, exempts de plomb et de chromate (couches 1 et 2), puis avec une peinture de finition polyuréthane à haute performance, assurant une protection élevée contre les agents chimiques courants et l'humidité (couches 3 et 4).

En atelier, les trois premières couches de peinture ont été appliquées au pistolet; sur place, la quatrième et dernière couche a été posée au rouleau pour les grandes surfaces ainsi qu'au pinceau pour les surfaces plus petites, afin de se rapprocher de l'aspect d'origine. Avant la dernière couche de peinture, un mastic acrylique de haute performance adapté aux peintures utilisées a été appliqué aux interstices entre certains éléments métalliques. Au fur et à mesure de l'application des couches, de nombreux contrôles d'épaisseur ont été effectués.

Les pièces en acier et en bois ont été soit réparées, soit remplacées à l'identique. Il s'agit des châssis en acier et des vantaux coulissants, des joints à recouvrement corrodés, des ferrements et des poignées ainsi que des châssis en bois, notamment au niveau des seuils des portes-fenêtres des balcons, en particulier dans les endroits très exposés, aux étages supérieurs.

Les deux verres simples des fenêtres ont été remplacés par un verre isolant à double vitrage. Pour favoriser le mouvement des éléments coulissants, ces derniers avaient été posés sur un ensemble de billes en acier, elles-mêmes disposées dans un profil en U formant la partie inférieure du châssis fixe. Pour faciliter le coulissage, une bande

7

8

9

10

11

12

13

14

15

16

7
Rue Saint-Laurent n° 2, façade nord,
16 novembre 2007.
8
Rue Saint-Laurent n° 2, pose de l'étanchéité au
8e étage attique, 21 janvier 2008.
9
Rue Saint-Laurent n° 4, façade sud, 4e étage,
5 septembre 2008.
10
Rue Saint-Laurent n° 4, façade nord,
3 novembre 2008.
11
Rue Saint-Laurent n° 4, façade sud, 6e étage,
après dépose des planchers des balcons, détail,
9 septembre 2008.
12
Rue Saint-Laurent n° 4, façade sud, 6e étage,
après dépose des balcons et des caissons de stores,
16 septembre 2008.
13
Rue Saint-Laurent n° 4, façade sud, 6e étage,
détail avant sablage, 5 novembre 2008.
14
Rue Saint-Laurent n° 4, façade sud, sablage,
17 novembre 2008.
15
Rue Saint-Laurent n° 4, façade sud, 6e étage,
première couche de peinture, 20 novembre 2008.
16
Rue Saint-Laurent n° 4, façade nord, 7e étage, vue
depuis l'intérieur sur le balcon, 16 septembre 2011.

de roulement en inox a été placée dans ce « rail ». Vingt pour cent environ des verres armés d'origine se trouvaient dans un état de conservation acceptable et ont été conservés, le pourcentage restant ayant été remplacé par des verres armés neufs, tous posés avec l'armature dans le même sens (fils horizontaux droits, fils verticaux pliés). Les portes-fenêtres des balcons et des terrasses ont été restaurées en atelier. Aux 8ᵉ et 9ᵉ étages, les seuils et remontées d'étanchéité ont été remplacés.

La façade du studio sud au 1ᵉʳ étage du n° 4 (trois travées) a, quant à elle, été conservée comme témoin de l'état d'origine et a été restaurée sans verre isolant, mais avec la pose de nouveaux verres simples (posés en doubles) de manière étanche (coulissants, portes-fenêtres et parties fixes), comme c'était le cas à l'origine.

Concernant les poignées des fenêtres coulissantes (398 pièces au total) en acier inox sintérisé, 174 pièces ont été conservées et restaurées (décapage, meulage et nickelage), 189 poignées neuves (copies des originales) en acier inox sintérisé ont été mises en place, avec une finition brossé nickelé, et 35 pièces ont été conservées telles quelles.

8 Catherine Courtiau, *Le Corbusier, Formation, projets et constructions en Suisse*, Société d'histoire de l'art en Suisse, Berne, 2012, pp. 63-64.

9 Les « panneaux de façades » décrivent les surfaces contenues entre les porteurs métalliques de la façade.

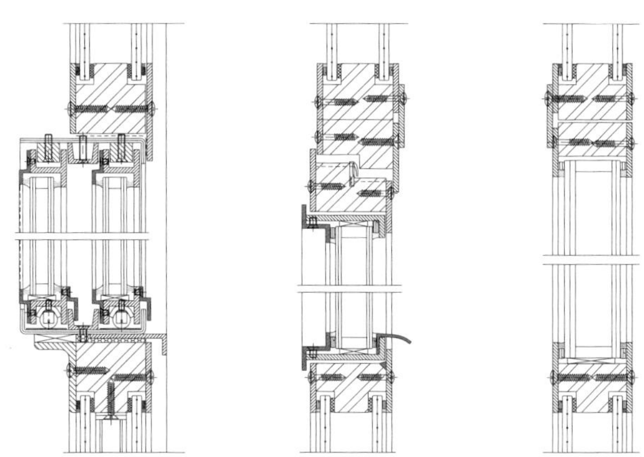

17

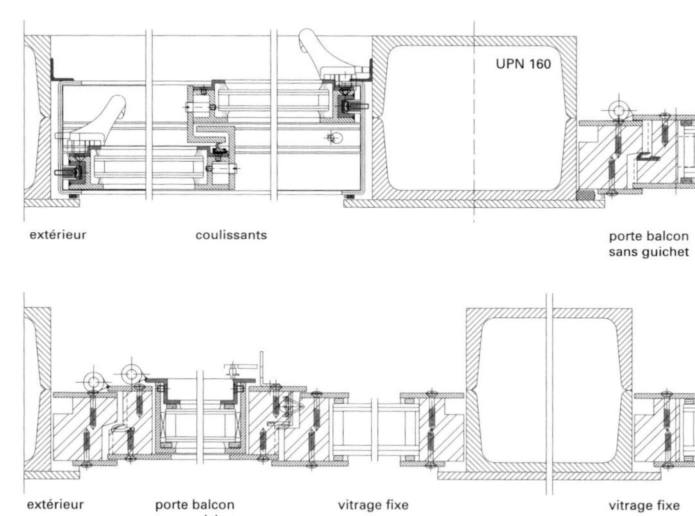

17
Détails des serrureries des vitrages.
18
Détails de la serrurerie en façade, échelle 1:10.

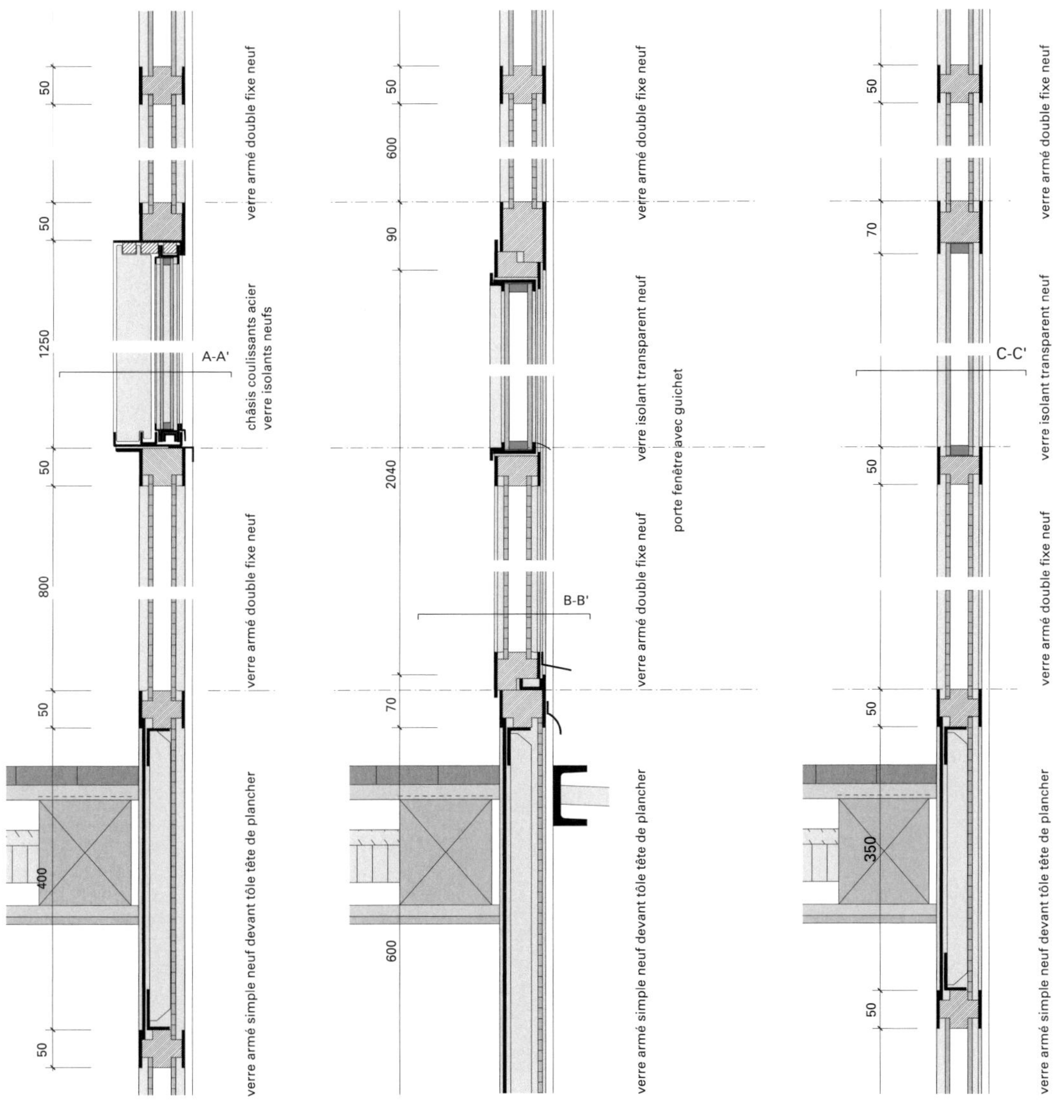

A-A B-B C-C

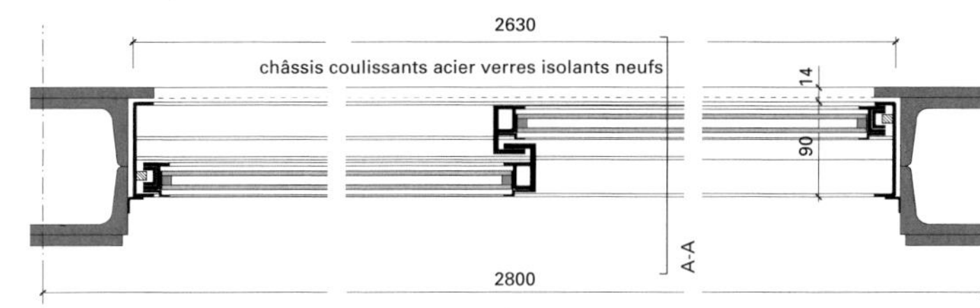

A-A'

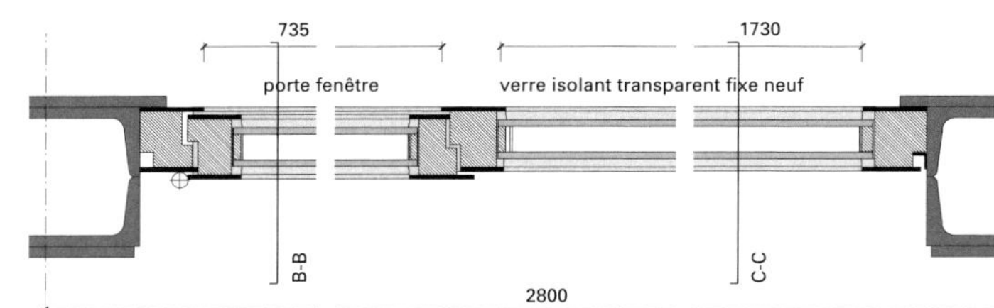

B-B' C-C'

Sur les façades sud et nord, les caissons de stores métalliques, en tôle de forme cylindrique, de la largeur d'une travée de façade (2,80 mètres), abritaient les stores à rouleaux de 2,60 mètres de large, dont les tabliers à lames prismatiques étaient en pin. Les caissons de stores étaient boulonnés, de part et d'autre, sur des étriers, eux-mêmes fixés aux piliers verticaux de la structure porteuse, ainsi qu'en milieu de travée, à l'aide d'une patte fixée sur la façade. Ils adoptaient un diamètre de 30 ou de 40 centimètres, en fonction de la longueur des tabliers de stores qui se déroulaient, soit sur 2,45 mètres (94 pièces), soit sur 3 mètres (70 pièces), soit sur 5,50 mètres (26 pièces) dans le cas des duplex. Les tabliers étaient guidés par des coulisseaux brisés, afin de permettre la position en projection. Les mécanismes d'origine comportaient une poulie en fonte qui guidait une cordelette de tirage intérieure, un tube en tôle avec une bande en fer vissée pour fixer le tablier et un ressort de rappel intérieur de section plate, sur toute la longueur du tube.

Les toiles de tente mesuraient 2,80 ou 5,60 mètres de large sur 2 ou 2,50 ou 4 mètres de hauteur. Elles étaient guidées par des tiges latérales, verticales ou inclinées, ou encore par des pantographes (dispositif articulé), entre lesquels coulissait un tube horizontal en acier perforé aux deux extrémités et disposé dans un ourlet en bas de la toile (barre de chute).

Les mécanismes des toiles de tente étaient similaires à ceux des stores en bois, mais avec une poulie pour sangle (d'origine) ou un mécanisme à engrenage (plus récent).

Etat des lieux

Aux étages supérieurs, certains caissons de stores, rouillés et cabossés (avec des perforations par endroits), ont été trouvés dans un état de dégradation très avancé ; mais aux étages inférieurs, moins exposés, les dégâts étaient moins conséquents. Certains tabliers de stores étaient cassés et des toiles de tente étaient en lambeaux, les mécanismes étaient tordus et cassés, mais partiellement en état de fonctionner aux étages inférieurs. Les petits auvents de protection qui prolongeaient certains caissons aux étages supérieurs étaient en très mauvais état.

Au 8e étage, aux extrémités de l'immeuble, – l'unique endroit où les consoles de fixation des caissons de stores viennent en applique contre le béton –, la corrosion sur l'ancrage des étriers avait

1

1
Stores, état avant travaux, 21 janvier 2008.

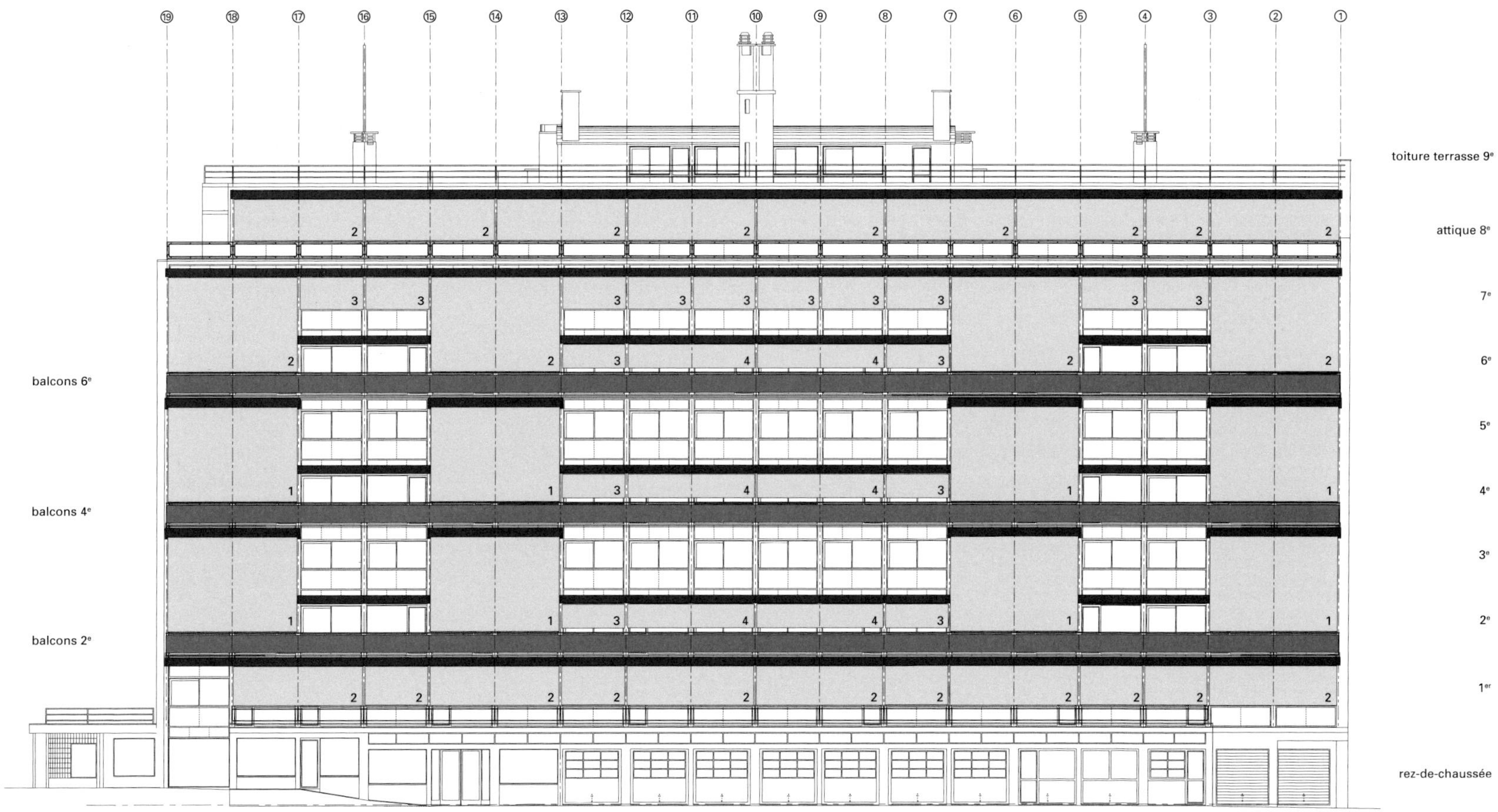

1 Tentes sur guides verticaux
2 Tentes sur guides inclinés
3 Tentes sur pantographes latéraux
4 Tentes sur pantographes latéraux et centraux

Localisation des toiles de tente, façade sud, échelle 1:300.

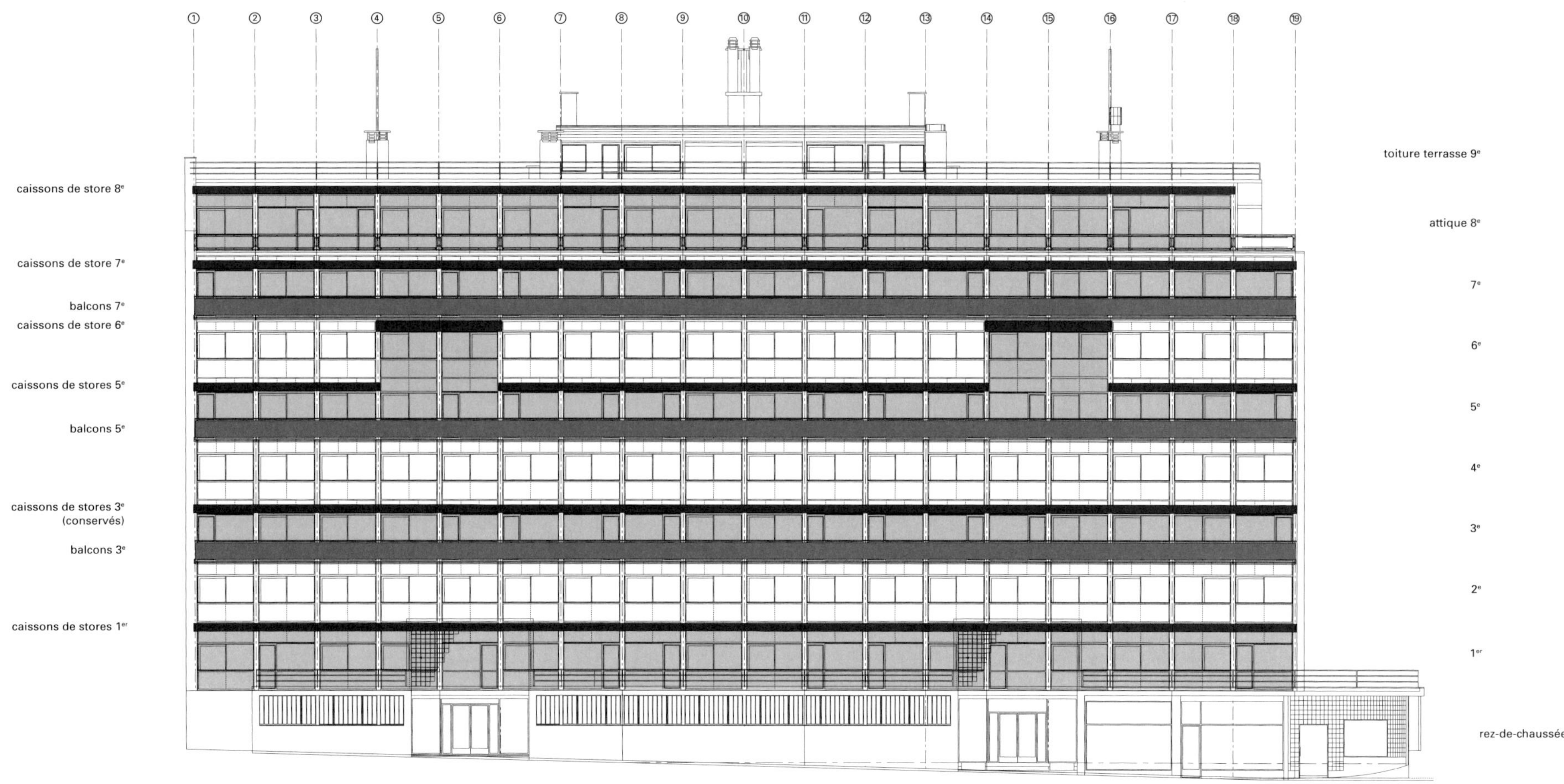

Localisation des caissons de stores à rouleau, façade nord, échelle 1:300.

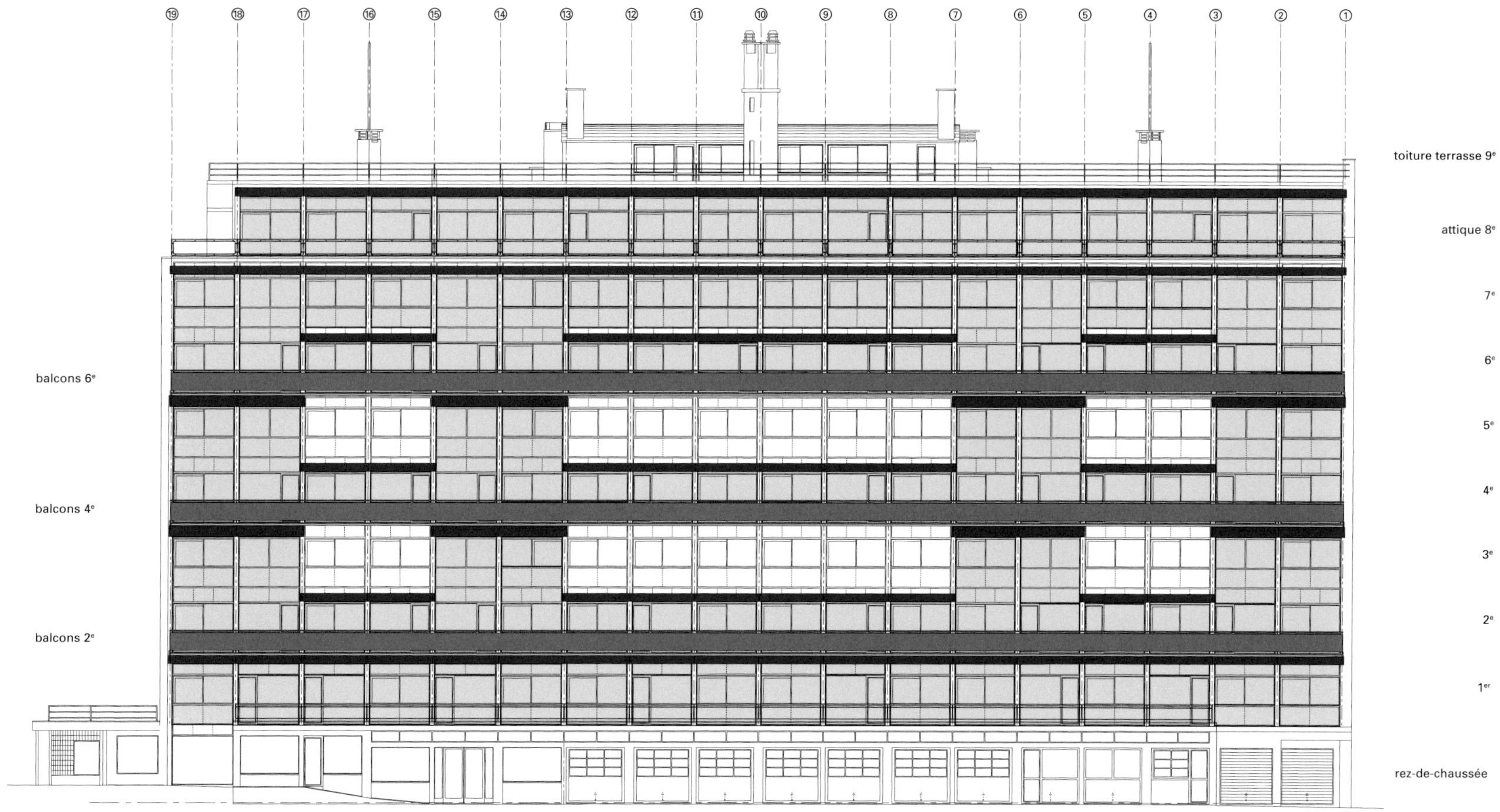

Localisation des caissons de stores à rouleau, façade sud, échelle 1:300.

causé plusieurs dommages à l'intérieur du béton. Les axes et les mécanismes étaient d'époque. Tous les tabliers avaient été remplacés lors de la restauration de 1975-1977. Il manquait un certain nombre de poulies de stores intérieures.

Intervention

Les caissons (173 sur 195 pièces au total) ont dû être remplacés en majorité (partout, sauf au 2e étage, façade nord) par de nouveaux caissons en tôle inox d'une épaisseur de 0,6 millimètre. Les étriers de fixation des stores ont été conservés, les mécanismes et les coulisseaux ont été complètement démontés pour réparation, sablage et peinture (trois couches) en atelier, voire pour remplacement, lorsque cela s'est avéré nécessaire.

Les tabliers de stores ont été refaits en pin d'Orégon, une essence de bois reconnue pour sa durabilité et sa résistance naturelle aux intempéries.

De nouvelles tiges latérales en inox ont été mises en place pour guider les toiles de tente ; certaines ont été conservées. Les toiles de tente ont toutes été remplacées, en tissu de couleur écrue[10].

Par ailleurs, les stores et les toiles de tente ont été motorisés (changement des axes), tout en conservant les treuils et cordelettes existants. Des tubes contenant les câbles électriques ont été passés à l'intérieur des piliers porteurs des façades, puis dans des tubes en acier inox cachés à l'intérieur des caissons de stores. Certains coulisseaux d'origine, qui avaient été conservés dans un premier temps, ont dû être changés après coup.

10 Voir chapitre sur les couleurs.

2
Rue Saint-Laurent n° 2, pièce d'attache d'origine des caissons de stores et support d'axes de tabliers, 5 octobre 2007.

3
Rue Saint-Laurent n° 4, façade sud, 8e étage, dépose des caissons de stores du 7e étage, 3 septembre 2008.

4
Rue Saint-Laurent n° 4, façade sud, 8e étage, montage des caissons de stores du 7e étage, 15 janvier 2009.

5
Rue Saint-Laurent n° 2, façade nord, détail de stores près du pignon ouest, 22 janvier 2009.

6
Rue Saint-Laurent n° 4, façade sud, axes de tabliers motorisés et tubes inox contenant les câbles d'alimentation électrique, 9 septembre 2009.

7
Rue Saint-Laurent n° 4, façade sud, détail d'un store et de son caisson, 7 octobre 2009.

2

3

4

5

6

7

Les murs pignons sont constitués, à chaque étage, de grands cadres en béton avec un remplissage de briques creuses en ciment et un doublage intérieur de briques de terre cuite. La façade ouest est composée de deux zones distinctes: le pignon proprement dit, recouvert d'un placage en travertin et la façade en retrait du 8e étage.

Le socle du rez-de-chaussée ainsi que les grands porches d'entrée sont également en béton, de même que les superstructures en toiture.

Les fondations d'origine projetées par l'ingénieur Robert Maillart sont documentées par un plan d'exécution sur lequel figure le réseau dense des grosses longrines[11] de fondation en béton armé et des pieux en acier sous-jacents[12]. Elles ont pu être observées au cours des travaux, lors du comblement d'une cavité sous l'actuel local électrique, probablement formée par le passage d'eaux souterraines en provenance de Malagnou.

Etat des lieux

La carbonatation du béton est un phénomène courant qui apparaît sur de nombreux ouvrages réalisés au cours du XXe siècle. L'immeuble Clarté n'échappait pas à la règle, bien que sa structure porteuse, constituée d'une charpente métallique et de planchers en bois, comporte peu d'éléments en béton armé. Dans son rapport sur l'examen de l'enveloppe, l'ingénieur civil relevait que, bien que « l'analyse détaillée du mur pignon entre le rez et le 7e étage n'a pas été effectuée en détail, le sondage permet tout de même de constater que la partie porteuse du pignon est saine, sans trace apparente de carbonatation. En ce qui concerne la façade du 8e étage, nous avons constaté un état de fissuration et de carbonatation avancé des éléments porteurs. Il s'agit de murs en béton faiblement armé. (…) Les éléments de superstructure sont quasiment dans le même état que la façade ouest au 8e étage, voire dans un état de délabrement encore plus avancé. »[13] L'angle nord-ouest de l'immeuble était, quant à lui, très endommagé par la carbonatation.

Intervention

Concernant la carbonatation du béton, des réparations ont été réalisées, consistant en un assainissement des parties endommagées par piquage, sablage et traitement de l'armature et réfection des bétons. L'angle nord-ouest de l'immeuble a été entièrement refait, de haut en bas. La façade pignon orientale a, elle, été recrépie.

1 et 2
Consoles de fixation des stores du 8e étage: avant/après l'intervention sur la maçonnerie.
3
Carbonatation du béton sur les piliers du rez-de-chaussée: réparations.
4
Carbonatation du béton sur les murs: réparations.
5 et 6
Restauration à l'angle du pignon nord-ouest, 23 et 24 janvier 2008.

1

2

3

11 Une longrine est une poutre supportant des forces mécaniques importantes.

12 Voir chapitre III. Plans de l'immeuble.

13 Bureau d'ingénieurs civils Pierre Moser, *Rapport sur l'examen de l'enveloppe concernant l'immeuble « La Clarté », par l'ingénieur civil*, Genève, février 2004, pp. 9-11.

6

4

5

Le mur pignon ouest, les deux grands porches d'entrée et, partiellement, la façade nord du rez-de-chaussée sont recouverts de placage en travertin. Sur le mur pignon, les plaques d'origine en travertin de 2 centimètres d'épaisseur étaient chacune fixées en huit points par des fils de fer tenus par des taquets. Au rez-de-chaussée, les plaques étaient collées. Les dimensions des plaques étaient variables, allant jusqu'à 75 par 140 centimètres pour les plus grandes.

Etat des lieux

Sur la façade pignon, le placage était composé en partie de celui d'origine et en partie de celui de remplacement datant de 1976. Il semblait, en apparence, en bon état, mais il s'agissait en fait d'un état de stabilité structurelle extrêmement précaire. En effet, à l'origine, les plaques de travertin avaient été posées à joints fermés, mais l'épaisseur des plaques et leur système de fixation étaient insuffisants. Les plaques inférieures avaient subi la compression des plaques supérieures. Les effets des rayons UV et des cycles de gel et dégel avaient provoqué une perte de résistance, engendrant sur quinze pour cent des plaques la formation de microfissurations et de déformations – certaines plaques s'étaient même détachées.

Au rez-de-chaussée, les plaques d'origine étaient toujours en place, vingt pour cent d'entre elles étant fendues et décollées.

Intervention

La carbonatation du mur pignon a été traitée de manière ponctuelle et un crépissage a été effectué sur toute la surface. Puis, des pattes de fixation (barres fillettes et goujons en inox) ont été scellées avec une résine chimique. Le placage d'origine a été remplacé par du travertin romain provenant des carrières de Tivoli, de 3 centimètres d'épaisseur, en laissant les joints ouverts de 2 millimètres, pour permettre la dilatation du revêtement.

Sur les deux porches d'entrée et sur la façade nord du rez-de-chaussée, le travertin d'origine a été conservé, des réparations ayant été menées localement pour enlever quelques pièces et pour les recoller. Certaines plaques ont été remplacées par d'autres, récupérées sur le mur pignon.

1
Pignon ouest, pose du travertin, 15 mai 2008.
2
Porche d'entrée et socle du rez-de-chaussée avec placage en travertin, après travaux.

1

2

Dans l'immeuble Clarté, le verre est omniprésent. Le Corbusier tenait à cette idée de transparence et de transmission de la lumière d'un côté à l'autre de l'immeuble. La lumière passait à travers les locaux secondaires du rez-de-chaussée, tels les petits dépôts ou les loges de conciergerie, situés côté nord, et à travers les garages, côté sud, pour pénétrer au cœur de l'immeuble.

L'une des particularités de cet immeuble réside dans l'usage des pans de briques de verre. A l'intérieur, on les trouve entre les garages et les halls d'entrée au rez-de-chaussée. A l'extérieur, ils sont placés au-dessus des entrées dans les grands porches. Ils constituent en outre la paroi cintrée des anciennes boutiques au niveau de la rue et éclairent les appartements duplex sur la façade du pignon ouest.

Les briques de verre « Nevada », carrées et translucides, de 20 par 20 centimètres (4 centimètres d'épaisseur), avaient été produites à l'origine par l'entreprise Saint-Gobain qui les avait conçues et développées à la fin des années 1920.

Etat des lieux

A l'extérieur, sur la façade ouest, les trois grands pans de briques de verre étaient en assez bon état. Aux 4e et 6e étages, ils avaient été remplacés lors de la restauration de 1975-1977. Celui du 2e étage était d'origine, mais fragile, avec quelques éléments cassés.

Les deux parois cintrées d'origine des boutiques et du restaurant étaient très détériorées, tandis que trente pour cent des briques de verre situées au-dessus des entrées de l'immeuble, d'origine également, étaient fendues et cassées. De nombreux dégâts étaient dus à la corrosion de la serrurerie des vitrines périphériques.

A l'intérieur, au n° 2, les briques de verre avaient été remplacées lors de la restauration de 1975-1977 ; au n° 4, elles étaient d'origine.

Intervention

A l'extérieur, les briques de verre ont été partiellement remplacées par de nouvelles. Sur la façade ouest, les pans de briques de verre ont été conservés tels quels. Les parois du restaurant et des anciennes boutiques ont été entièrement refaites à gauche de l'entrée du restaurant, y compris les profils métalliques. La trop fine épaisseur des joints rendait toute réparation délicate. En effet, il n'était pas possible de changer une brique de verre cassée

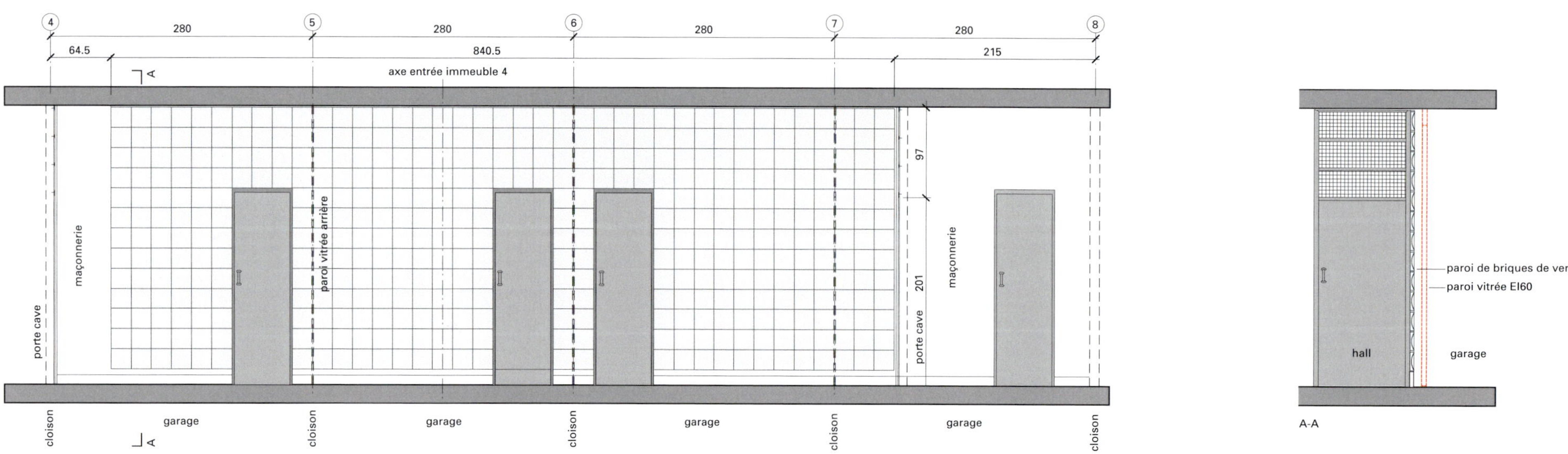

1

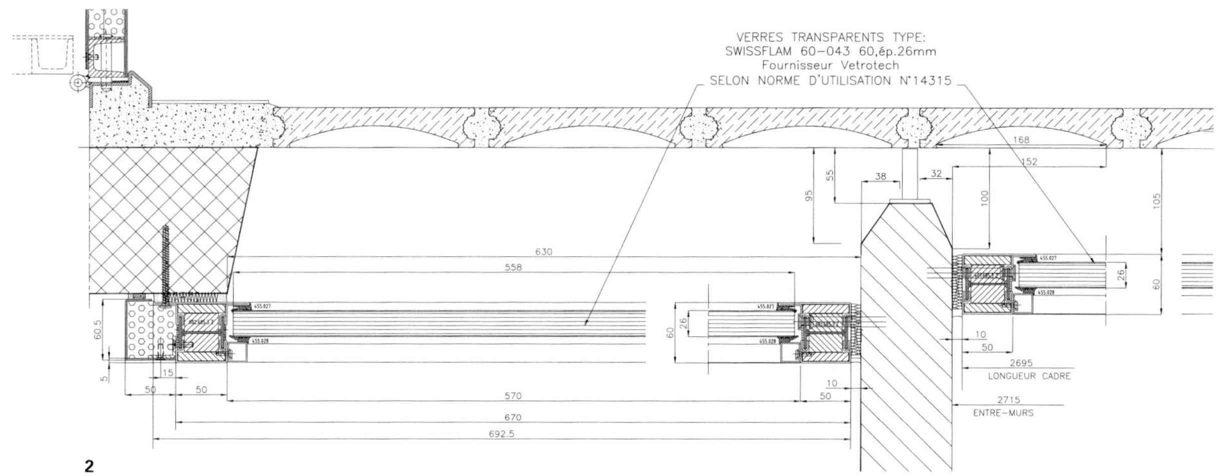

2

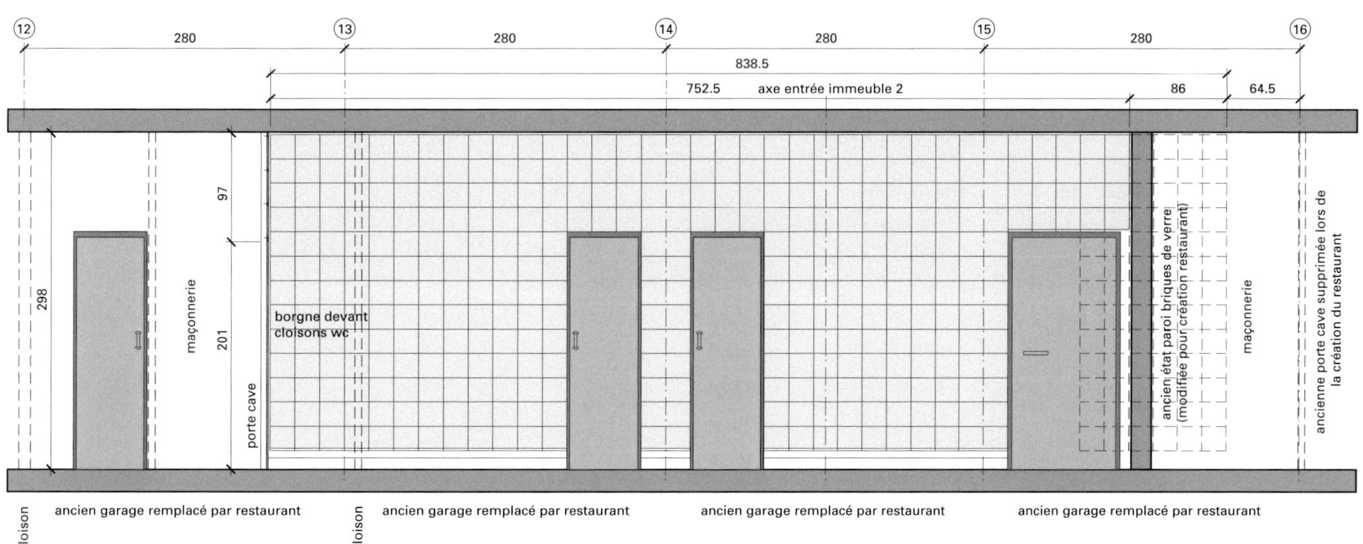

3

1
Rue Saint-Laurent n° 4, élévation du pan de briques de verre entre le hall d'entrée et les garages, et coupe de principe.
2
Plan de détails des briques de verre et de la paroi vitrée EI60 côté garage.
3
Rue Saint-Laurent n° 2, élévation du pan de briques de verre entre le hall d'entrée et le restaurant (anciens garages).

sans endommager les briques voisines. Seul un panneau, à droite de l'entrée du restaurant, a été conservé entièrement avec sa serrurerie d'origine, y compris ses briques fendues, comme témoin de la construction d'origine. Certaines adaptations ont été nécessaires: lors de la reconstitution complète de la paroi cintrée de briques de verre située à gauche de l'entrée du restaurant, la porte du restaurant a été déplacée dans le prolongement de la paroi de briques de verre, pour lui faire prendre la même position que la porte de l'une des boutiques, à l'origine. Les joints entre les briques de verre – initialement très fins – ont été élargis.

A l'intérieur, au n° 4, les pans en briques de verre d'origine ont été conservés intégralement. Le cloisonnement anti-feu entre les garages et les parties communes devait obligatoirement être mis en place, car il fallait assurer une protection optimale contre les risques d'incendie. Il a été réalisé par la pose d'une paroi isolante en verre EI60 dans le fond de chaque box de garage, contre les briques de verre. Toutes les portes intérieures individuelles en métal reliant chaque garage au hall d'entrée ont été maintenues en place, mais leur usage a été condamné. Ce dispositif, entièrement réversible, permet de conserver l'effet de transparence voulu par Le Corbusier et assuré par les parois en briques de verre. Les garages distribués par le couloir des caves ainsi que le local des containers ont conservé, quant à eux, leur accès intérieur ainsi que leurs portes en métal.

Au-dessus des deux entrées d'immeuble, les briques de verre d'origine ont toutes été remplacées par des briques « Nevada » neuves.

4

5

6

4
Rue Saint-Laurent n° 2, entrée, démolition du pan de briques de verre, 30 avril 2009.
5
Rue Saint-Laurent n° 2, entrée, pose des briques de verre, 2 novembre 2009.
6
Rue Saint-Laurent n° 4, entrée, pose des briques de verre, 11 mars 2010.
7
Plan de détail de la paroi en briques de verre extérieure, février 2010.
8
Façade arrondie en briques de verre du restaurant, février 2010.
9 et 10
Pan de briques de verre conservé, à droite de l'entrée du restaurant, avant et après travaux.

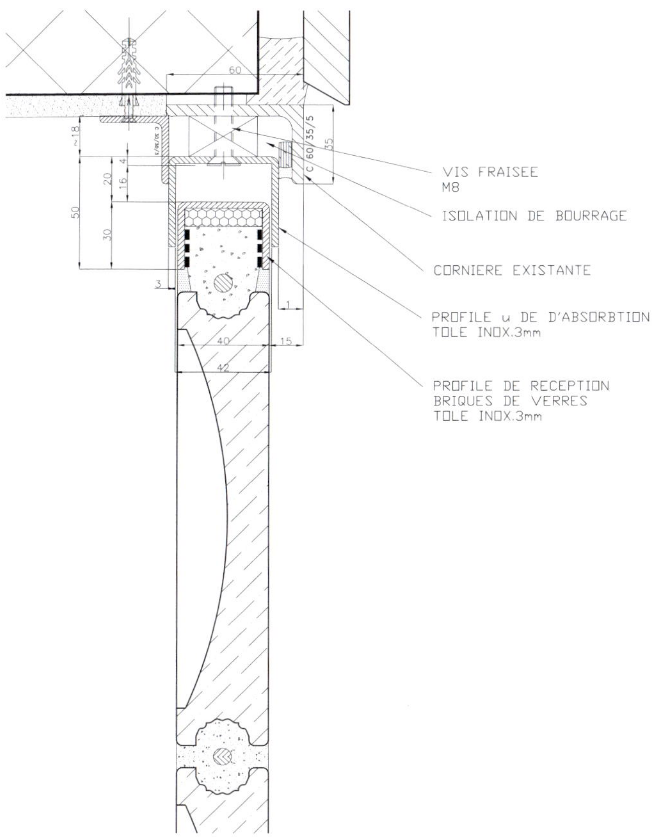
VIS FRAISEE
M8
ISOLATION DE BOURRAGE
CORNIERE EXISTANTE
PROFILE u DE D'ABSORBTION
TOLE INOX.3mm
PROFILE DE RECEPTION
BRIQUES DE VERRES
TOLE INOX.3mm

7

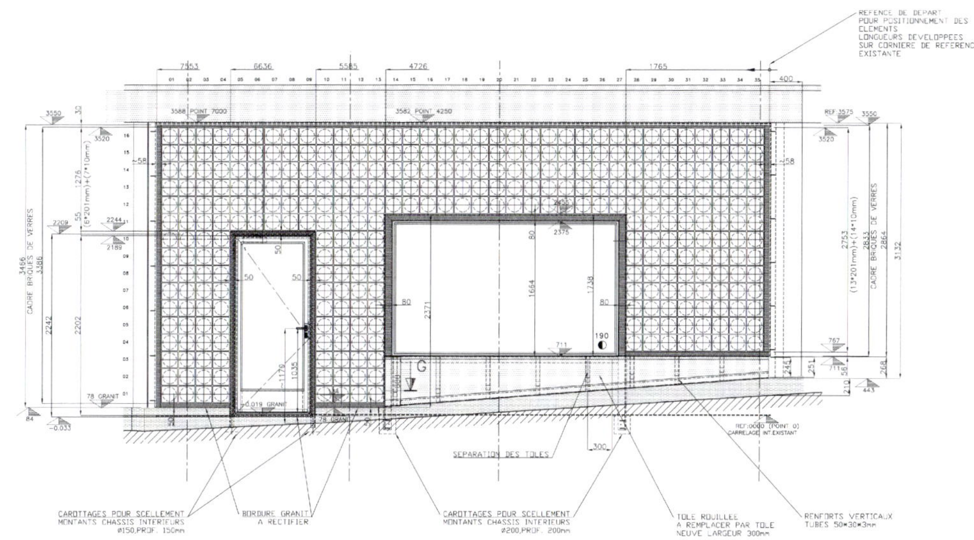

8

RESTAURANT

9

10

Les colonnes sanitaires

Etat des lieux

Les colonnes sanitaires (eau chaude, eau froide, eaux usées) présentaient un état très vétuste.

Intervention

Les colonnes sanitaires (au total: une dizaine) ont toutes dû être refaites, avec une réfection partielle des canalisations, étage par étage, du bas vers le haut, en commençant par le n° 2, puis le n° 4 de la rue Saint-Laurent (les tuyaux d'eaux usées et d'eaux pluviales remplacés en 1976 étaient en parfait état et ont été conservés; les alimentations d'eau chaude et d'eau froide ont, quant à elles, toutes été remplacées). C'est à l'occasion de cette restauration que des robinets d'arrêt ont été installés (une paire pour deux appartements) et que la nourrice, auparavant située dans une armoire, a été remplacée par quatre nourrices (une par numéro d'immeuble, une pour les communs et une pour le restaurant), installées dans l'ancien local d'accès à la citerne. Les introductions d'eau et d'électricité ont été remplacées, tandis qu'une nouvelle a été créée pour le gaz.

L'électricité et le chauffage

Etat des lieux

A l'origine, les compteurs électriques étaient placés dans les appartements et le chauffage central fonctionnait vraisemblablement avec une chaudière à charbon. Avant la restauration, la chaufferie fonctionnait au mazout.

Intervention

Afin de s'adapter aux normes actuelles, tous les tableaux électriques ont été centralisés dans un local électrique, nouvellement créé pour l'occasion à la place de trois caves, au rez-de-chaussée, entre l'ancien local d'accès au local à citerne et un couloir transversal. Des interphones, qui sont en fait des systèmes de «portiers téléphoniques» fonctionnant directement sur la ligne téléphonique des habitants, ont été installés à l'extérieur. Ils ont l'avantage de ne nécessiter ni de nombreux câbles, ni l'installation de récepteurs dans les appartements.

Les alimentations électriques des appartements ont toutes été remplacées. L'installation des tubes et des câbles électriques a été effectuée dans les faux plafonds anti-feu des entrées et dans le double mur de la cage d'escalier, dans lequel il y avait déjà eu autrefois le passage de câbles liés à la distribution électrique. Les courants forts et faibles (téléphone, télévision, etc.) ont pu y être installés. Le système de réception de la télévision a été refait, l'immeuble ayant été raccordé au téléréseau.

L'ancienne citerne à mazout a été démontée et de nouvelles caves ont été créées dans l'espace ainsi récupéré. Les anciennes chaudières à mazout ont été remplacées par deux chaudières à gaz à condensation. La nourrice de chauffage ainsi que la distribution jusqu'au pied des colonnes ont été entièrement refaites. Un des boisseaux[15] de cheminée existants a été tubé (conduite inox) pour la nouvelle installation de chauffage. Tous les radiateurs en fonte d'origine ont été laissés en place et des vannes thermostatiques y ont été installées.

La ventilation

Etat des lieux

A l'origine, sept courettes, dont une commune aux deux immeubles, servaient de gaines de ventilation naturelle pour les sanitaires, comme c'était le cas dans les immeubles de l'époque à Genève. Un système de grilles permettait une ventilation automatique. Certaines subsistaient toujours en 2007, mais la plupart n'existaient plus, ce qui faisait perdre aux courettes leur rôle de ventilation naturelle. Plusieurs sanitaires étaient en conséquence totalement dépourvus d'aération. A l'origine, l'aération des cuisines se faisait par les fenêtres; il n'existait pas de conduits de ventilation.

Quant à la ventilation du restaurant, installée durant les années 1975-1977, une grosse gaine traversait l'un des studios et débouchait sur la terrasse du 1er étage.

Intervention

Les courettes ont été conservées, mais une protection anti-feu a été posée à chaque étage au niveau des planchers; les portillons de visite ont été murés, leurs couvercles ayant cependant été conservés. En conséquence de la fermeture des courettes par la protection anti-feu, un système général de ventilation mécanique par extraction a été créé. Des soupapes rondes réglables ont été posées. Afin d'éviter de nouvelles installations en toiture, les boisseaux de cheminée existants ont été conservés et des monoblocs d'extraction y ont été dissimulés. La ventilation des cuisines a été créée par l'installation de soupapes rondes qui ont été raccordées aux boisseaux existants.

Des passages pour de nouvelles gaines d'aspiration du restaurant ont été aménagés, de manière à ce qu'elles débouchent en toiture et non sur les terrasses. La gaine reliée à la hotte des fourneaux a été canalisée jusqu'à la courette centrale de l'immeuble, elle-même raccordée à un ancien boisseau de chauffage. L'autre gaine de ventilation a été raccordée à l'un des anciens dévaloirs, réaffecté à la ventilation des cuisines des appartements. Des clapets automatiques de protection incendie ont été placés dans les gaines à chaque passage de mur délimitant les zones à protéger (voies de fuite). Les gaines ont été revêtues d'une isolation anti-feu, afin d'être dotées d'indices de protection suffisants.

15 Conduits de cheminée.

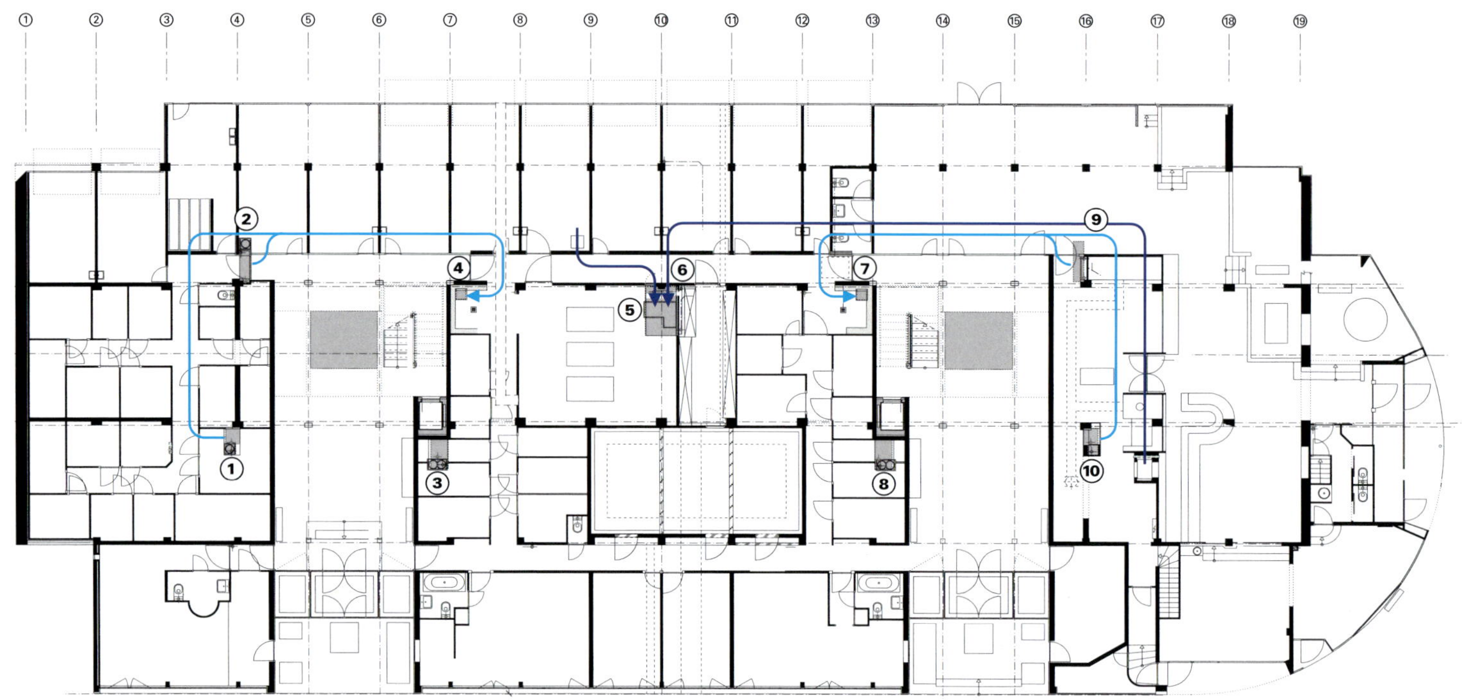

Schéma général de ventilation,
plan du rez-de-chaussée,
échelle 1:300, décembre 2006.

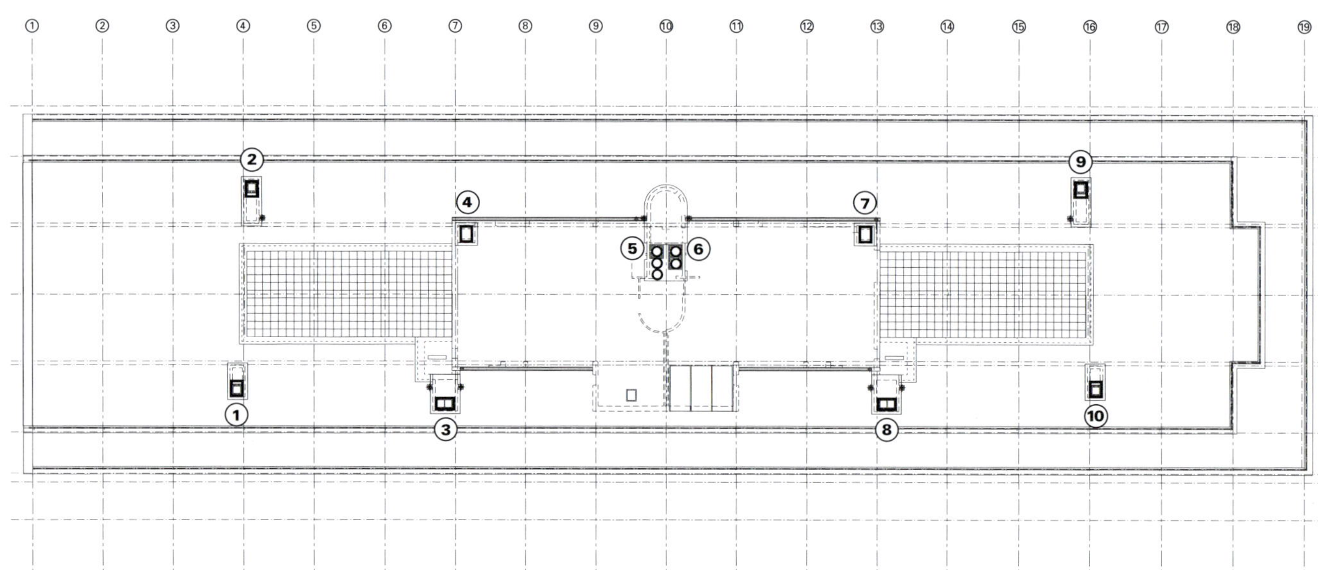

Schéma général de ventilation,
plan de la toiture,
échelle 1:300, décembre 2006.

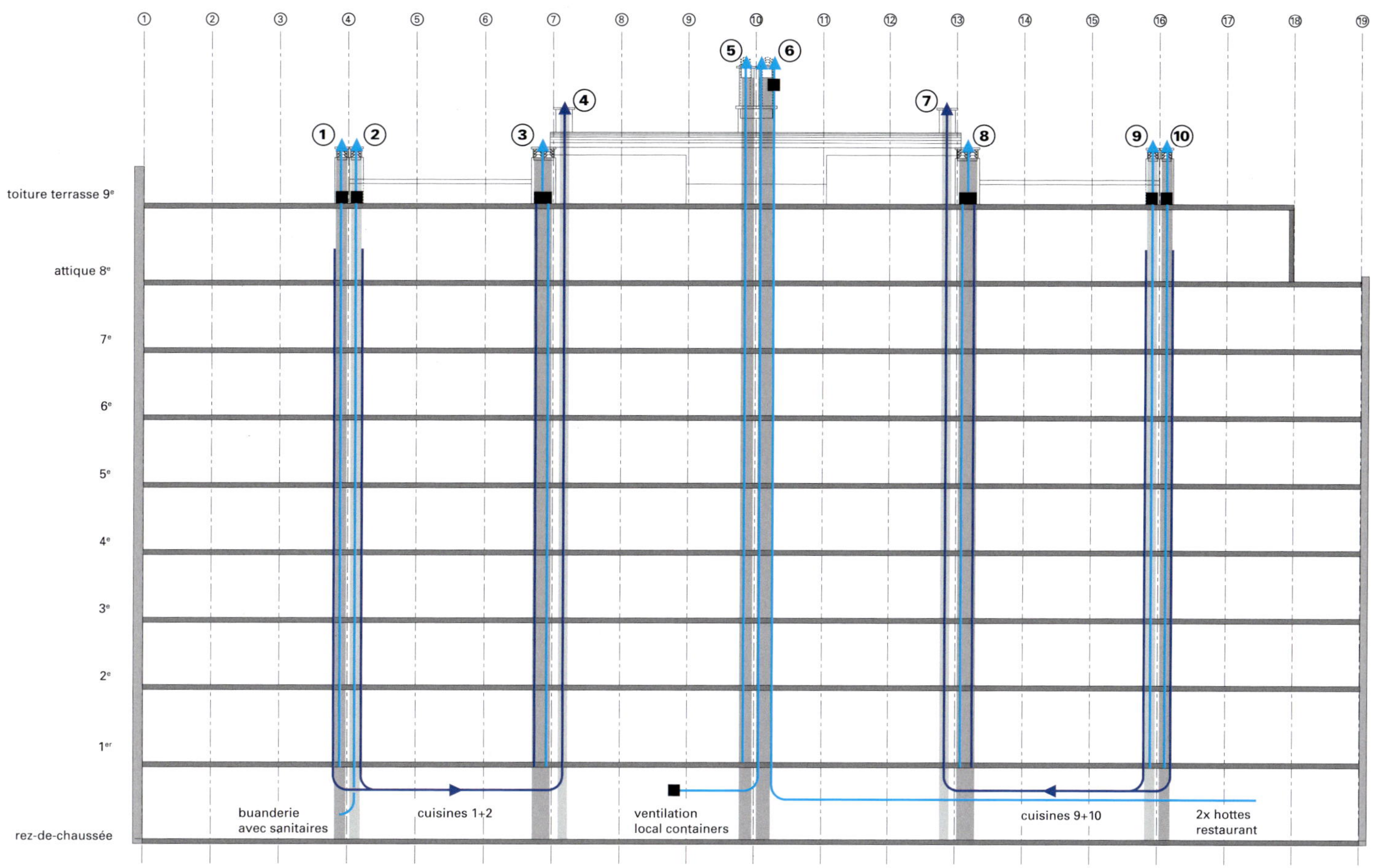

1 Boisseau existant ø 250mm
Monobloc sanitaires
2 Boisseau existant ø 250mm
Monobloc sanitaires et buanderie
3 Deux boisseaux existants ø 250mm
Monobloc cuisines et sanitaires
4 Ancien dévaloir en briques 400×400mm
Monobloc cuisines
5 Boisseau existant ø 350mm
Air vicié chaufferie, ventilation local containers, monobloc sanitaires
6 Deux boisseaux existants ø 350mm
dont un tubé ø 240mm. Ventilation de toiture hottes restaurant, canal de fumée
7 Ancien dévaloir en briques 400×400mm
Monobloc cuisines
8 Deux boisseaux existants ø 250mm
Monobloc cuisines et sanitaires
9 Boisseau existant ø 250mm
Monobloc sanitaires
10 Boisseau existant ø 250mm
Monobloc sanitaires

Schéma général de ventilation,
coupe longitudinale,
échelle 1:300, décembre 2006.

Les parties communes avaient été relativement bien conservées et n'avaient subi aucune intervention majeure, à l'exception de la peinture, du changement des boîtes aux lettres et des luminaires, ainsi que de la création du restaurant au n° 2.

Les halls d'entrée et les cages d'escalier

Les halls d'entrée

D'origine, les sols des halls d'entrée ainsi que les marches des entrées d'immeuble étaient recouverts de dalles de pierre calcaire de Hauteville qui ont été conservées. Lors des travaux de 2007-2011, la seule intervention a consisté à leur remise en état par un nettoyage et un polissage à l'eau, par des rhabillages et par la pose de joints (mastic).

Dans les serres encadrant les portes d'entrée, quelques plantes d'origine étaient restées en place. Elles n'ont pas pu être conservées et ont été remplacées.

Les boîtes aux lettres d'origine avaient été changées durant les années 1975-1977. Lors de la restauration de 2007-2011, de nouveaux modèles standard de taille supérieure ont été installés. Ce changement a engendré des travaux d'agrandissement des niches, pour que les boîtes aux lettres affleurent le mur.

Les cages d'escalier

L'ensemble des cages d'escalier, en particulier la serrurerie, se trouvait dans un excellent état, hormis la peinture qui avait été refaite à plusieurs reprises. La plupart des portes palières avaient été remplacées. Il en subsiste toutefois encore quelques-unes d'origine.

L'intégralité des cages d'escalier a été conservée. Les éléments structurels importants de serrurerie qui étaient visibles, de même que les piliers du rez-de-chaussée, ont été recouverts avec une peinture intumescente. Il s'agit d'une peinture anti-feu, appliquée en plusieurs couches, qui a nécessité de nombreux ponçages intermédiaires, afin d'obtenir un résultat aussi lisse que l'état d'origine.

Pour laisser passer la lumière, les marches et les sols des paliers des cages d'escalier étaient réalisés en dalles de verre, de 36 par 36 centimètres, produites à l'origine par l'entreprise Saint-Gobain. Quelques-unes d'entre elles étaient cassées et ont été remplacées.

Les ascenseurs avaient été remplacés probablement dans les années 1960 et complétés d'une porte intérieure de sécurité en accordéon. Au

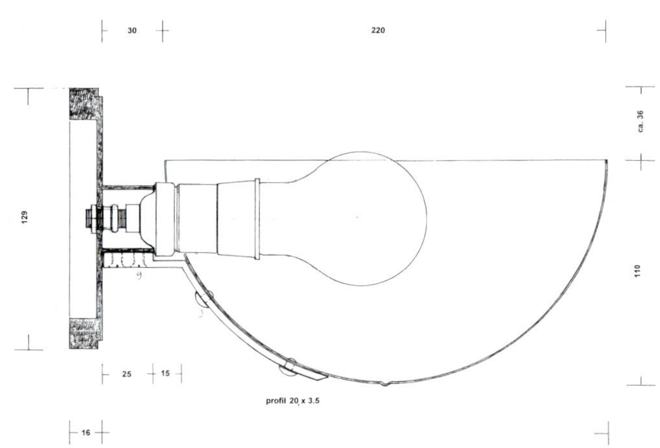

1

2

1
Relevé des luminaires par Arthur Rüegg, 2009.
2
Rue Saint-Laurent n° 4, hall d'entrée, après restauration.
3
Cage d'escalier, après restauration.

3

moment de la restauration de 2007-2011, ils se trouvaient en bon état de fonctionnement et n'ont subi qu'un simple entretien.

L'éclairage

Dans les halls d'entrée, à l'époque des travaux, les luminaires n'étaient pas d'origine.

Lors de la restauration, l'éclairage a été reconstitué tel qu'il l'était à l'origine. Reproduits au plus près d'un modèle d'origine préservé sur place (sur les douze lampes, il n'en restait qu'une), six luminaires par hall d'entrée ont été fixés aux poteaux métalliques, dans leur position initiale : deux par deux sur les deux poteaux situés au centre du hall et un luminaire sur chacun des poteaux arrière (côté paroi de briques de verre). Adoptant une forme de grands « phares » et offrant un éclairage indirect en direction du plafond, ils ont été recréés en inox, mais ils étaient autrefois construits en laiton nickelé.

Dans les sas d'entrée, un éclairage était installé sous un verre dépoli. Il a été conservé tel quel.

Le système d'éclairage des cages d'escalier, soit un tube métallique nickelé suspendu sur toute la hauteur, auquel des ampoules nues étaient simplement fixées, proposait un vocabulaire industriel très insolite pour l'époque dans un immeuble de logements. Afin de pouvoir changer les ampoules, le tube se tirait simplement horizontalement vers les paliers, grâce à un système de suspension sur rail. L'unique intervention a consisté à réparer certaines douilles et à remplacer des ampoules à incandescence par de nouvelles à économie d'énergie.

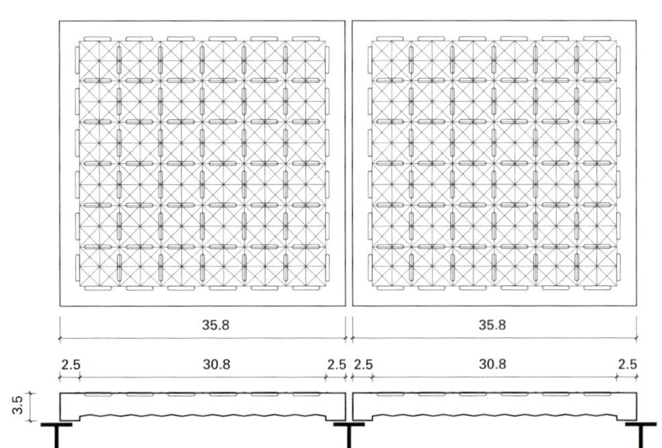

4

5

4
Dalles de verre, cage d'escalier, échelle 1:10.
5
Détail de l'éclairage de la cage d'escalier, tube métallique nickelé et système de suspension sur rails.
6
Rue Saint-Laurent n° 4, briques de verre et éclairage, cage d'escalier.

6

Rez-de-chaussée: les espaces de service, les caves, les garages et le restaurant

Les espaces de service et les caves

Les plans d'origine des locaux de service étaient d'une extrême rationalité, Ceux-ci étaient organisés au centre de l'immeuble et distribués par deux couloirs longitudinaux reliant les halls d'entrée des n°s 2 et 4. Les loges de conciergerie étaient situées au nord, du côté des entrées d'immeuble, et les garages au sud.

Lors de la restauration de 1975-1977, des caves avaient été supprimées.

Lors des travaux de 2007-2011, les caves ont été modifiées en vue de créer un local électrique et un local à nourrices. Afin que chaque appartement en possède à nouveau une, de nouvelles caves ont été aménagées (huit dans les anciens dépôts placés entre les deux anciennes loges de conciergerie, sept dans l'ancien local à citerne, quatre dans l'ancien local du dévaloir du n° 2, et deux autres dans celui du n° 4). Deux locaux pour les vélos ont également été créés aux emplacements des anciens dévaloirs au n° 2 et au n° 4. Aucune paroi d'origine n'a été supprimée, les nouveaux espaces ayant été organisés à l'intérieur des locaux existants.

Pour répondre aux normes actuelles de protection contre le feu, un cloisonnement de protection anti-feu a été installé au rez-de-chaussée: une compartimentation complète entre le restaurant et le reste de l'immeuble a été créée ainsi qu'entre le noyau central des caves et les halls d'entrée. Huit portes coupe-feu EI30 vitrées ont été mises en place pour isoler le noyau central des caves et des locaux de service du reste du rez-de-chaussée; cinq autres portes coupe-feu EI30 standard non vitrées ont été posées; neuf portes d'origine ont été transformées et doublées d'une isolation anti-feu pour qu'elles adoptent les mêmes performances que les parois coupe-feu EI30 standard. Un plafond coupe-feu F60 a également été installé sur tout le rez-de-chaussée, y compris dans les halls d'entrée.

Les sols en ciment des espaces de service ont simplement été nettoyés, puis repeints.

Certains éléments d'origine ont été préservés, tels que les anciennes boîtes à lait en bois intégrées dans les couloirs de distribution des caves en face des anciennes loges de conciergerie, et les armoires à portes coulissantes, dans lesquelles étaient placées à l'origine les nourrices d'eau.

1
Rue Saint-Laurent n° 4, rez-de-chaussée, structure avec panneaux de Solomite, avant la pose des plafonds coupe-feu, 26 janvier 2009.
2 et 3
Rue Saint-Laurent n° 4, dans le hall, porte menant au couloir desservant les anciennes loges de conciergerie.
4
Vue en direction du hall du n° 4, à travers la porte coupe-feu; à droite, l'armoire à lait avec porte coulissante.

1

2

3

4

Les impostes vitrées des locaux de service, des caves et des anciennes loges de conciergerie ont été démontées, puis réinstallées après restauration et adaptation en atelier (des verres anti-feu ont été posés à la place des anciens verres).

Le bureau d'architectes en charge des travaux, qui s'était installé au cœur du chantier, dans l'un des appartements vacants au 2e étage du n° 2, a par la suite emménagé au rez-de-chaussée du n° 4, dans un ancien local à vélos, puis dépôt, transformé à cette occasion.

Les garages

A l'origine, chaque garage communiquait par une porte métallique individuelle soit directement avec les halls d'entrée, soit avec le couloir les reliant. Les onze portes basculantes extérieures d'origine, de modèle « Eclair », produites par l'entreprise Wanner, en tôle d'acier de 2,50 par 2,40 mètres, avec rails, contrepoids et poulies, étaient partiellement vitrées (vitrage fixe dans la moitié supérieure). Elles étaient comprises dans une paroi en tôle, composée d'un bandeau supérieur vitré fixe. Au moment des travaux, deux d'entre elles avaient été modifiées. Toutes les portes de garage et celle de l'accès à la buanderie étaient très atteintes par la corrosion et déformées, avec des verres fendus.

Les portes extérieures des garages ont été conservées et restaurées sur place, après avoir subi un traitement, des réparations et la reconstruction de certains éléments dénaturés ou manquants. Les deux portes modifiées précédemment ont été rétablies dans leur fonctionnement et leur aspect d'origine. Les verres armés des portes extérieures et du bandeau supérieur ont été remplacés ainsi que ceux de la porte extérieure et des fenêtres de la buanderie.

Le restaurant

La création du restaurant remonte à la restauration de 1975-1977, et elle avait nécessité la démolition de quatre arcades, de cinq garages, d'une buanderie, d'un garage à vélos et d'une quinzaine de caves. C'est à cette époque que l'une des deux buanderies d'origine (celle du n° 2), situées en façade pour privilégier la prise de lumière naturelle, fut supprimée. Celle du n° 4 a été conservée, avec son fameux séchoir à tiroirs, comme témoin d'origine. (voir photo p.136)

5
Les garages, avant restauration.
6
Garages, extérieur, plaquette sur porte « Eclair ».
7
Les garages, après restauration.

5

6

7

Locaux

1 entrée
2 garage
3 buanderie
4 local containers
5 caves
6 ancien local concierge
7 chaufferie
8 local nourrices
9 local électrique

démolition
cloisons nouvelles

Cloisonnement anti-feu

porte tôle transformée (double tôle + isolation)
porte EI30 existante
porte vitrée EI 30
paroi vitrée EI 60

Rez-de-chaussée, modification des locaux et cloisonnement anti-feu, échelle 1:300.

Divers éléments métalliques des vitrines du restaurant étaient très atteints par la corrosion et déformés, avec des verres fendus. Les grands vitrages des vitrines du restaurant ont été remplacés par des verres isolants. Pour les parois en briques de verre, se référer au chapitre « Les briques de verre ».

Les poignées de porte

Dans les parties communes et les espaces de service, seules subsistent quelques rares poignées de porte d'origine (modèle n° 2263 du catalogue Arnold Karli). Plusieurs portes d'origine, laissées en l'état ou repeintes, sont équipées de poignées en aluminium. Les portes des caves existantes situées dans les couloirs n'ont pas de poignées, mais uniquement des serrures simples ou à chiffres. Les anciennes loges de conciergerie au rez-de-chaussée possèdent encore une poignée d'origine (modèle n° 2432 du catalogue Arnold Karli).

En ce qui concerne les poignées des portes palières, de nombreux changements ont été effectués au cours du temps. A l'intérieur des appartements, les poignées d'origine, ont, pour la plupart, été conservées. Les poignées de porte des deux entrées d'immeuble sont d'origine.

8
Buanderie au n° 4, conservée comme témoin d'origine, avec son fameux séchoir à tiroirs.
9
Le modèle n° 2263 du catalogue Arnold Karli a été utilisé à l'origine pour les poignées de porte des parties communes.
10
Le modèle n° 2432 du catalogue Arnold Karli a été utilisé à l'origine pour les portes des loges de conciergerie au rez-de-chaussée.
11
Poignée de portes d'origine, modèle n° 2263 du catalogue Arnold Karli.
12
Poignée de porte menant aux garages.
13
Poignée de porte palière, modèle n° 2432 du catalogue Arnold Karli.
14
Poignée de porte d'immeuble.

8

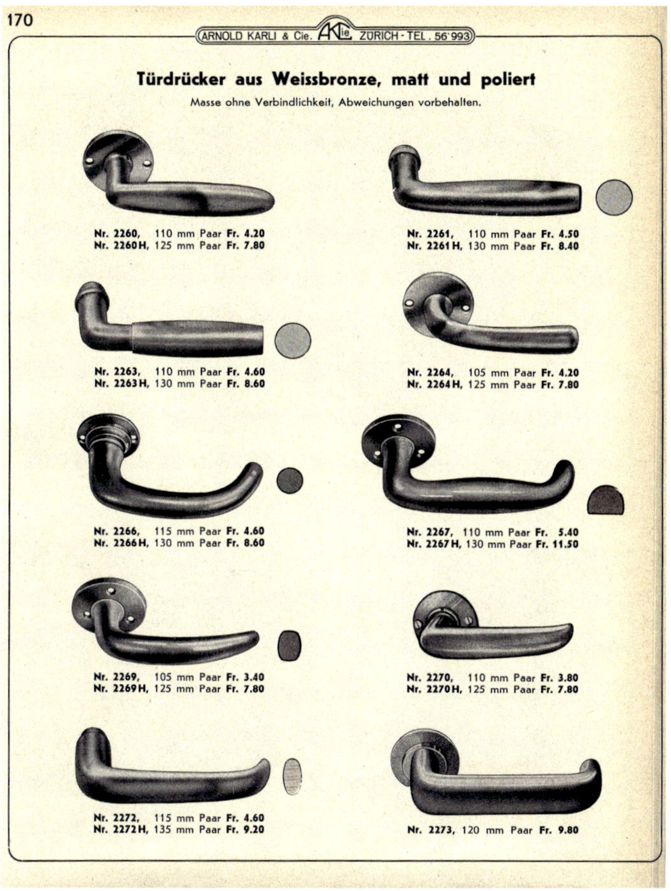
170

(ARNOLD KARLI & Cie. AKie ZÜRICH · TEL. 56'993)

Türdrücker aus Weissbronze, matt und poliert

Masse ohne Verbindlichkeit, Abweichungen vorbehalten.

Nr. 2260, 110 mm Paar **Fr. 4.20**
Nr. 2260 H, 125 mm Paar **Fr. 7.80**

Nr. 2261, 110 mm Paar **Fr. 4.50**
Nr. 2261 H, 130 mm Paar **Fr. 8.40**

Nr. 2263, 110 mm Paar **Fr. 4.60**
Nr. 2263 H, 130 mm Paar **Fr. 8.60**

Nr. 2264, 105 mm Paar **Fr. 4.20**
Nr. 2264 H, 125 mm Paar **Fr. 7.80**

Nr. 2266, 115 mm Paar **Fr. 4.60**
Nr. 2266 H, 130 mm Paar **Fr. 8.60**

Nr. 2267, 110 mm Paar **Fr. 5.40**
Nr. 2267 H, 130 mm Paar **Fr. 11.50**

Nr. 2269, 105 mm Paar **Fr. 3.40**
Nr. 2269 H, 125 mm Paar **Fr. 7.80**

Nr. 2270, 110 mm Paar **Fr. 3.80**
Nr. 2270 H, 125 mm Paar **Fr. 7.80**

Nr. 2272, 115 mm Paar **Fr. 4.60**
Nr. 2272 H, 135 mm Paar **Fr. 9.20**

Nr. 2273, 120 mm Paar **Fr. 9.80**

9

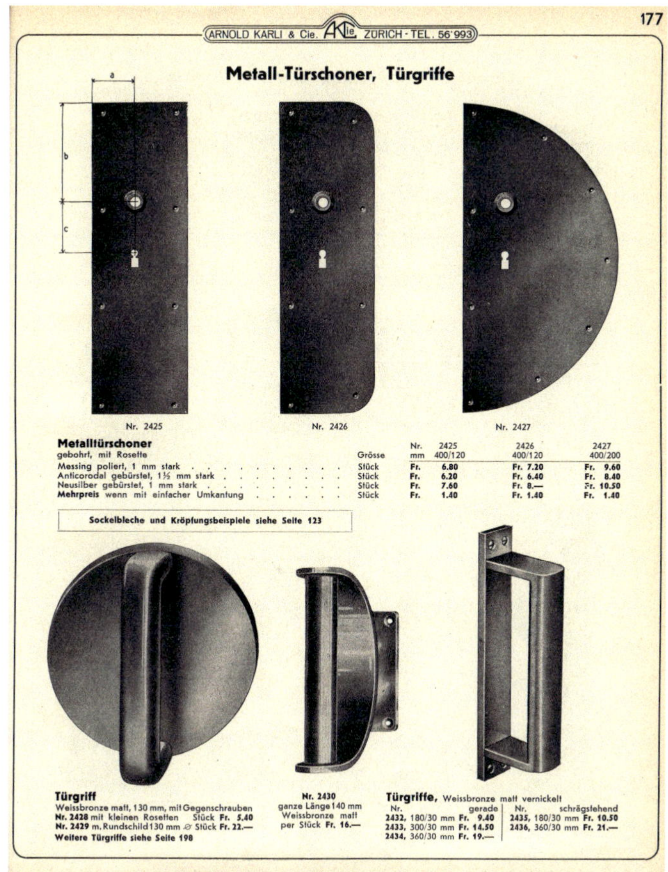
177

(ARNOLD KARLI & Cie. AKie ZÜRICH · TEL. 56'993)

Metall-Türschoner, Türgriffe

Nr. 2425 Nr. 2426 Nr. 2427

Metalltürschoner
gebohrt, mit Rosette

	Grösse	Nr. mm	2425 400/120	2426 400/120	2427 400/200
Messing poliert, 1 mm stark	Stück	Fr.	6.80	Fr. 7.20	Fr. 9.60
Anticorodal gebürstet, 1½ mm stark	Stück	Fr.	6.20	Fr. 6.40	Fr. 8.40
Neusilber gebürstet, 1 mm stark	Stück	Fr.	7.60	Fr. 8.—	Fr. 10.50
Mehrpreis wenn mit einfacher Umkantung	Stück	Fr.	1.40	Fr. 1.40	Fr. 1.40

Sockelbleche und Kröpfungsbeispiele siehe Seite 123

Türgriff
Weissbronze matt, 130 mm, mit Gegenschrauben
Nr. 2428 mit kleinen Rosetten Stück **Fr. 5.40**
Nr. 2429 m. Rundschild 130 mm ⌀ Stück **Fr. 22.—**
Weitere Türgriffe siehe Seite 198

Nr. 2430
ganze Länge 140 mm
Weissbronze matt
per Stück **Fr. 16.—**

Türgriffe, Weissbronze matt vernickelt

Nr.	gerade	Nr.	schrägstehend
2432, 180/30 mm	**Fr. 9.40**	**2435,** 180/30 mm	**Fr. 10.50**
2433, 300/30 mm	**Fr. 14.50**	**2436,** 360/30 mm	**Fr. 21.—**
2434, 360/30 mm	**Fr. 19.—**		

10

11

12

13

14

 Le Corbusier, en tant que peintre et architecte, accordait une grande importance à la couleur et avait développé des gammes chromatiques puristes qu'il appliquait à son architecture. En 1931, au moment de la construction de l'immeuble Clarté, la fabrique de papiers peints Salubra SA lui avait passé commande d'une collection d'échantillons de couleurs, offrant ainsi un débouché commercial à ses recherches. A Clarté, la polychromie fait partie intégrante de la cohérence architecturale. A l'extérieur, la couleur des matériaux souligne l'architecture : la minéralité du travertin qui contraste avec les pans en briques de verre ; le « vert wagon » foncé de la structure métallique qui se fond dans les reflets changeants des vitrages ; le bois des stores. Dans les halls d'entrée et les cages d'escalier, différentes teintes jouent avec l'espace et la lumière : brun foncé pour la serrurerie et les piliers métalliques du hall, « vert marin », brun clair, beige, bleu pour les pans de mur et les plafonds, gris pour la structure métallique de l'escalier. A l'intérieur des logements, l'utilisation des papiers peints Salubra était, à l'origine, imposée aux locataires qui conservaient toutefois le libre choix des couleurs, selon les cartes combinatoires du catalogue[16].

Au cours des ans, la cohérence polychromique disparut totalement sous les multiples couches des repeints successifs. Retrouver les couleurs d'origine s'est avéré complexe, car les photographies d'époque étaient en noir et blanc. Les seules connaissances chromatiques fiables étaient données par les papiers peints des appartements. Pour les façades et les parties communes, les archives ne comportaient aucune information. Les questions qui se posaient au sujet de l'aspect des surfaces ont conduit à lancer, dès 2007, une campagne de sondages, d'investigations et de documentation des revêtements peints, à la demande de l'Office du patrimoine et des sites. La présence de toutes les couches de peinture a permis de retrouver, puis de documenter les informations chromatiques du premier état de l'immeuble, grâce aux sondages stratigraphiques, dont quelques séquences ont été confirmées au microscope par le laboratoire de conservation et de restauration des peintures des Musées d'art et d'histoire de Genève, recherche menée par Anne Rinuy, assistante conservatrice.

A l'extérieur, les premières teintes appliquées aux parties métalliques ont été recherchées dans les endroits les moins exposés à la lumière et les mieux protégés des intempéries, notamment dans

1
Polychromie façade sud, 24 août 2009.
2
Fragments de papiers peints de la première série Salubra des appartements de Clarté, réunis en 1976 par Arthur Rüegg.

1

les caissons de stores, où les couleurs d'origine apparaissaient encore. Ces tonalités de références ont été documentées par des prises de vues photographiques en couleur; les descriptions et le code des couleurs ont été établis avec le nuancier colorimétrique standard international NCS (Natural Color System®©, du Scandinavian Colour Institute, à Stockholm). Cette recherche a été effectuée par l'atelier Saint-Dismas SA, dirigé par Eric-James Favre-Bulle[17].

A la lumière des résultats, révélant la richesse et les subtilités de la polychromie que les rénovations antérieures avaient fait disparaître, la décision fut prise de restituer à l'identique les couleurs d'origine.

Arthur Rüegg, auteur de *Le Corbusier – Polychromie architecturale*[18], première réédition des *Claviers de couleurs Salubra*, a contribué à l'identification de certaines couleurs d'origine, ainsi qu'au choix des nouvelles couleurs.

Les couleurs extérieures

Le «vert wagon»

Le «vert wagon» est un vert foncé, typique des constructions industrielles de l'époque, appliqué aux wagons de chemin de fer et aux tramways. A l'origine, toutes les parties métalliques extérieures de l'immeuble Clarté, telles que la structure porteuse, les serrureries des fenêtres, la surface extérieure des parapets des balcons, les caissons et coulisseaux de stores, étaient recouvertes d'une peinture à l'huile «vert wagon».

En 2007, ces parties métalliques étaient recouvertes d'un brun foncé, principale modification apportée lors de la restauration de 1975-1977. Plusieurs sondages ont été nécessaires pour retrouver la couleur d'origine.

Sur les parties métalliques extérieures, il a été décidé de reproduire une couleur correspondant à celle d'origine. Par sa tonalité très foncée, le «vert wagon» renforce le caractère lisse de la façade de verre et de métal, et rétablit, de façon manifeste, la cohérence et l'esthétique voulues par les architectes.

Pour faciliter la pose de la peinture au cours du chantier, les différentes couches de peinture ont été différenciées par leur couleur: d'abord le rouge époxy, puis le gris et, enfin, la première couche de peinture polyuréthane, légèrement différente de la quatrième et dernière couche «vert wagon».

2

Le « vert marin »

Le « vert marin » est un vert clair, utilisé pour l'extérieur des garages (toutes les serrureries, y compris les portes légères en tôle) ; cette couleur a également été retrouvée sur les faces extérieures du « wagon » (serrurerie et parties crépies). Ce vert se voyait aussi à l'intérieur, dans les halls d'entrée. Les surfaces extérieures du « wagon », qui avaient été peintes en blanc, ont retrouvé leur couleur « vert marin ».

Le « bleu clair »

La face intérieure des châssis de façade, tout comme l'intérieur des parapets et les consoles des balcons, vus depuis les appartements, étaient, dès l'origine, peints en « bleu clair », ainsi que l'ont attesté les sondages menés sur place. Le « bleu clair » revêtait une importance particulière, car il créait un lien entre l'intérieur (les appartements) et l'extérieur (les balcons), peut-être pour se confondre avec le ciel et augmenter la luminosité des logements.

Sur les photos anciennes en noir et blanc, il a été constaté que les panneaux constituant les plafonds des balcons étaient revêtus d'une peinture brillante de couleur claire. Mais ceux-ci ayant été enlevés lors de la restauration de 1953-1954, il ne restait plus aucune trace matérielle permettant d'identifier la couleur d'origine.

Au moment de la restauration de l'immeuble, la partie visible des dessous des balcons était constituée de la sous-face des lames en bois, produisant un effet esthétique très éloigné de l'aspect d'origine. Pour revenir aux teintes d'origine, la face intérieure des châssis de façade, dans les appartements, ainsi que l'intérieur des parapets et les consoles des balcons ont été repeints en « bleu clair ». Cette même couleur a également été adoptée pour la nouvelle sous-face en tôle des balcons, bien qu'il n'ait pas été possible d'attester que cette intervention corresponde à l'état d'origine.

Autres teintes extérieures

Les châssis en bois des portes-fenêtres des balcons (partie vitrée en verre armé), les châssis fixes ainsi que les intercalaires des verres isolants des coulissants ont été peints en brun. Un joint en silicone noir a été utilisé sur le pourtour des verres à l'extérieur et gris à l'intérieur.

1

2

1
Le « vert marin » du « wagon » restauré, côté sud, 2010.

2
Le « bleu clair » des châssis de fenêtres et d'une porte-fenêtre ainsi que des parapets du balcon, vu depuis l'intérieur d'un appartement.

3
Le « vert marin » des garages.

Après l'étude des photos anciennes en noir et blanc et selon la valeur des gris, il a été déduit que les toiles de tente étaient à l'origine assez claires, peut-être d'un rose un peu délavé, un « standard » de l'époque qui tournait plutôt vers l'écru.

Les toiles de tente, avant la restauration, étaient d'un jaune soutenu. Elles ont toutes été remplacées et ont retrouvé une teinte proche de celle d'origine. La couleur des stores est celle du bois naturel verni.

16 Le Corbusier, *Salubra, claviers de couleur*, Editions Salubra, Bâle, 1931 ; puis, *Salubra, claviers de couleur* (2e série), 1959 ; rééditions en 1997, 2002 et 2015 : Arthur Rüegg, *Le Corbusier – Polychromie architecturale*, Birkhäuser, Bâle.

17 Voir tableaux synoptiques des couleurs à la fin de ce chapitre.

18 Arthur Rüegg, *Le Corbusier – Polychromie architecturale*, Birkhäuser, Bâle, 1997 [Le Corbusier, *Claviers de couleurs*, Salubra, 1931].

3

Les couleurs intérieures

« Nous avons poursuivi les recherches de polychromie destinées à manifester l'intention de lumière qui est à la base de nos recherches architecturales. [...] La couleur qui qualifie les murs suivant qu'ils sont en pleine lumière ou en pénombre peut conduire l'œil à travers les espaces compliqués dus au plan et étendre loin l'impression d'espace : le rouge ne conserve ses qualités qu'en pleine lumière, le bleu vibre dans la pénombre, etc. : physique de la couleur. Physiologie des sensations : rouge, bleu, jaune, etc., sensations déterminées. Ombre, pénombre, lumière : idem. On peut composer architecturalement sur ces bases-là. »[19]

Le « vert marin »

Le « vert marin » se trouvait sur les radiateurs et sur les plafonds des serres abritant des plantes, qui étaient situées de part et d'autre des sas d'entrée, ainsi que sur toute la paroi supportant les boîtes aux lettres.

Le brun, le gris, le bleu et le beige

Le brun foncé constituait la couleur « qui tranche », celle qui apportait du contraste. Appliquée sur les poteaux métalliques des halls d'entrée, cette couleur soulignait ainsi la structure principale du bâtiment. Elle se retrouvait sur les châssis métalliques des entrées d'immeuble ainsi que sur les radiateurs des halls et sur les deux portes intérieures desservant les locaux de service proches des entrées. Dans les cages d'escalier, le brun foncé, posé sur l'âme et l'intérieur de la semelle de la poutre en acier supportant les paliers, renforçait la linéarité de l'ossature du bâtiment. La même couleur recouvrait les chambranles métalliques des portes palières des appartements.

Un gris moyen se retrouvait sur les parties métalliques des cages d'escalier (balustrade et structure, à l'exception de la main courante en métal chromé), sur la face des ascenseurs ainsi que sur les portes métalliques intégrées dans le pan sud en briques de verre, au fond des halls d'entrée des immeubles. Sur les paliers, le gris moyen délimitait les têtes de dalles, un étage sur deux, il recouvrait le mur semi-circulaire des escaliers saillants des petits appartements en duplex et se prolongeait sur les plafonds plâtrés des paliers des étages correspondants. Dans les locaux de service du

1

1
Une des parois du hall d'entrée, « vert marin ».
2
Cage d'escalier, après restauration, brun, gris, bleu, beige.

rez-de-chaussée, un gris légèrement plus clair couvrait les parois des couloirs traversants est-ouest et de la buanderie.

Les parois encadrant les volées d'escalier se distinguaient par une peinture bleue, appliquée également sur le plafond sud des halls d'entrée et sur les murs des escaliers conduisant au « wagon » de l'attique.

Un beige avait été appliqué dans les halls, sur la paroi opposée à celle supportant les boîtes aux lettres, prolongeant ainsi, à l'intérieur, l'effet du travertin plaqué sur le socle de l'immeuble. Dans les étages, la couleur beige recouvrait toutes les parois bordant les paliers et les puits de lumière, y compris les châssis métalliques vitrés des salles de bains des duplex donnant sur les cages d'escalier. Les grands plafonds nord des halls d'entrée, celui du couloir nord des espaces communs centraux ainsi que les plafonds du 8e étage avaient reçu une teinte brun clair.

Dans les parties communes et les cages d'escalier, la polychromie d'origine a été rétablie.

Un gris moyen a également été appliqué sur la structure des verrières surplombant les cages d'escalier, créées dans les années 1975-1977 pour remplacer les dalles de verre d'origine.

19 Le Corbusier, « Le pavillon de l'Esprit Nouveau », in Charles-Edouard Jeanneret (Le Corbusier), *Almanach d'architecture moderne*, Editions Crès, Paris, 1925 ; réédition par Roberto Gabetti, Bottega d'Erasmo éd., Turin, 1975, p. 146.

2

Tableau synoptique de l'aspect d'origine (1930-1932) – Rue Saint-Laurent n°s 2 et 4, extérieur

surface peinte	couleur ~	description
façades métalliques, en général du 1er au 8e étage		vert wagon
façades, verrières, châssis, faces extérieures		vert wagon
façades, galeries, faces extérieures		vert wagon
façades, galeries structures (métal)		vert wagon
façades, caissons et coulisseaux des stores		vert wagon
façades, galeries, mains courantes		vert wagon
façades, galeries, séparations, parties supérieures		vert wagon
tranches des châssis vitrés (voir note 1)		vert wagon
tranches des portes des galeries et guichets ouvrants (voir note 2)		vert wagon
perrons nord, portes d'entrées		vert wagon
perrons nord, portes latérales		vert wagon
perrons nord, châssis vitrés, concierge, etc.		vert wagon
rez-de-chaussée, vitrines magasin ouest		vert wagon
rez-de-chaussée, châssis de fenêtres, locaux nord		vert wagon
commerce ouest, vitrines, niches concaves		vert wagon
terrasse, 9e étage ouest, garde-corps (voir note 3)		v. w., puis blanc
façade nord, marquises porches d'entrées n°s 2 et 4		vert marin
dessous des dalles, commerces nord-ouest		vert marin
garages sud, huisseries métalliques dormantes		vert marin
garages sud, portes métalliques basculantes		vert marin
garages sud, façade maçonnée est		vert marin
buanderie, mur bahut sud		vert marin
façade ouest, 8e étage, pignon		vert marin
terrasse, 9e étage, mur parapet est et retours nord et sud		vert marin
façades, 9e étage, wagon		vert marin
façades, 9e étage, wagon, châssis vitrés		vert marin
façades, 9e étage, wagon, portes		vert marin
façades, 9e étage, wagon, tour centrale		vert marin
façades, 9e étage, wagon, échelle métallique		vert marin

surface peinte	couleur ~	description
façades, galeries, face intérieure des garde-corps		bleu clair
galeries, séparations, parties inférieures		bleu clair
ébrasements portes des galeries et guichets ouvrants (voir note 4)		bleu clair
plafond des galeries (panneaux peints, supprimés)	?	bleu clair ?
garages, les deux à l'est, maçonneries		gris moyen
garage, les deux à l'est, huisserie dormante		gris moyen
mur est du 1er au 8e étage, faces nord, sud et ouest		gris moyen
terrasse, 9e étage, façades des puits de lumière (escaliers)		gris foncé
terrasse, 9e étage, façades des sommets des ascenseurs		gris foncé
terrasse, 9e étage, cheminées, parties ajourées (voir note 5)		gris foncé
façade est du rez-de-chaussée au 9e étage, crépi		gris moyen
mortier de joint des briques de verre (voir note 6)		gris moyen
placages de travertin, façades nord, ouest et sud (voir note 7)		beige clair
garages, façade ouest, placage de travertin (voir note 7)		beige clair
verrières, intercalaires en bois entre les vitres		brun clair
tête de dalle, derrière les verres armés		brun clair
marquises porches d'entrées n° 2 et 4, sommiers nord		ocre jaune
terrasse, 9e étage, cheminées (voir note 8)		blanc
terrasse, 9e étage, cadre TSF, ouest (voir note 9)	±, + brillance	gris
antirouille brun appliqué à l'usine		ocre rouge
antirouille orange appliqué sur le chantier		orange vif
axe des stores pare-soleil en toile		beige rosé

Notes:

1 pourtours extérieurs
2 uniquement sur les châssis mobiles
3 surpeint très clair avant 19.10.1932
4 sur les châssis dormants
5 en place le 19.10.1932
6 mortier de construction non peint
7 pierre naturelle
8 peintes en blanc avant le 19.10.1932
9 peinture métallisée à l'aluminium
10 sauf la main courante chromée
11 couleur documentée par des photographies
12 sur les paliers
13 en complément des éléments métalliques
14 créé en 1975/76, premier état non conservé
15 à l'extérieur des appartements
16 à l'intérieur des appartements
17 dans les cages d'escaliers
18 tout en haut, sous le vitrage
19 encadrements des puits de lumière
20 au centre, sur le paillasson, dans le caisson
21 non peints, couleur naturelle du mortier
22 plâtre lissé, non peint
23 non peint, couleur naturelle du plâtre
24 châssis métalliques
25 sauf les cuisines des loges des concierges
26 dans les appartements
27 visible sur les photos du 12 juin 33 et fév. 34
28 avec réserves
29 pierre naturelle avec veinages
30 non peints, couleur des matériaux

Source: Atelier Saint-Dismas SA

Tableau synoptique de l'aspect d'origine (1930-1932) – Rue Saint-Laurent n°s 2 et 4, communs

surface peinte	couleur ~	description
cages d'escaliers, éléments métalliques (voir note 10)		gris moyen
ascenseurs, profil métallique angle avec parois nord		gris moyen
ascenseurs, portes, faces extérieures (voir note 11)	remplacées 1975	gris moyen
du 2e, 4e et 6e étage extérieur des escaliers hélicoïdaux (voir note 12)		gris moyen
plafonds plâtrés du 1er, 2e, 4e et 6e étage		gris moyen
paliers intermédiaires, plinthes peintes, paroi sud (voir note 13)		gris moyen
puits de lumière, DIN nord-sud faces supérieure et inférieure		gris moyen
puits de lumière, paroi sud, têtes de dalles peintes		gris moyen
puits de lumière, 8e étage, corniche supérieure en bois		gris moyen
8e étage, traverse du monte-charge à bras, sur DIN supérieur		gris moyen
8-9e étage, escaliers métalliques accès «wagon»		gris moyen
halls, portes au sud dans plots de verres		gris moyen
rez-de-chaussée couloir nord, portes, châssis vitrés et armoires		gris moyen
caves orientales, couloir est-ouest, portes métalliques		gris moyen
buanderie, dos de la porte de communication		gris moyen
buanderie, face intérieure de la façade métallique		gris moyen
garages, dos des portes métalliques basculantes		gris moyen
garages, faces des portes métalliques intérieures		gris moyen
garages, dos des portes métalliques intérieures		gris moyen
puits de lumière, voûtes, parties métalliques (1975) (voir note 14)	créé en 1975	gris moyen
entrées nord, portes et châssis vitrés, intérieurs		brun foncé
entrées nord, face extérieure des portes intérieures		brun foncé
halls, sas d'entrées, châssis des caissons lumineux		brun foncé
halls, piliers métalliques		brun foncé
halls, portes du côté nord avec locaux est et ouest		brun foncé
halls, radiateurs		brun foncé
escaliers, puits de lumière, DIN nord-sud		brun foncé
portes d'appartements, chambranles métalliques		brun foncé
cages d'escaliers, réchampis des dévaloirs à ordures		brun foncé
halls d'entrées, parois en face des boîtes aux lettres		beige
étages, paroi nord		beige
étages, n° 2 paroi ouest; n° 4 paroi est		beige
cages d'escaliers, puits de lumière, paroi sud		beige
châssis métalliques vitrés des salles de bains (voir note 15)		beige
loges des concierges, châssis vitrés des cuisines (voir note 16)		beige
ébrasements des portes dans les parois nord, ouest et sud (voir note 17)		beige
puits de lumière, 8e étage, parois «extérieures» (voir note 18)		beige

surface peinte	couleur ~	description
cages d'escaliers, parois est, sud et ouest		bleu clair
8-9e étage, escaliers accès wagon, parois		bleu clair
parois des escaliers, ébrasements des portes est et ouest		bleu clair
puits de lumière, 8e étage, haut des parois des escaliers		bleu clair
halls, plafonds au rez-de-chaussée, sud		bleu clair
halls, parois du côté des boîtes aux lettres		vert marin
halls, serres, plafonds		vert marin
halls, serres, plafonds, châssis métalliques (voir note 19)		vert marin
halls, serres, radiateurs		vert marin
halls, sas d'entrées, plafonds des caissons lumineux (voir note 20)		vert marin
buanderie parois (mortier de ciment taloché) (voir note 21)		gris
caves est, parois intérieures (caves) crépies (voir note 21)		gris
garages, parois (mortier de ciment taloché) (voir note 21)		gris
garages, sols, chapes au mortier de ciment (voir note 21)		gris
halls, mortier de joints des parois sud en briques de verre (voir note 21)		gris
caves orientales, couloir nord-sud, parois lissées (voir note 22)		blanc
caves orientales, cloisons intérieures plâtrées (voir note 23)		blanc
caves orientales, plafonds plâtrés (dans les caves) (voir note 23)		blanc
buanderie, plafond lissé au plâtre (voir note 23)		blanc
commerces nord-ouest, intérieur, baies et portes vitrées (voir note 24)		bleu clair
rez-de-chaussée nord, appartements et locaux, châssis vitrés (voir note 25)		bleu clair
du 1er au 9e étage, châssis métalliques des verrières (voir note 26)		bleu clair
halls d'entrées, plafonds nord		beige
8e étage, plafond sur les escaliers (au sud)		beige
rez-de-chaussée, couloir nord, plafond		beige
cages d'escaliers, mains courantes métalliques	±, + brillance	chromée
puits de lumière, luminaires tubulaires métalliques	±, + brillance	chromé
communs centraux, couloir est-ouest, parois		gris clair
caves est, couloir est-ouest, parois		gris clair
buanderie, face sud du sèche-linge et ses coulisses		gris foncé
paliers, plinthes en carreaux gris		noir
portes d'appartements, faces teintées et vernies (voir note 27)		brun
hall n° 2, porte nord-est, inscription CONCIERGE		ocre jaune
halls, serres, bacs à eau, parois intérieures		bleu
caves, portes des caves (deux faces) (voir note 28)		beige
halls, serres, parois, placages de travertin		beige clair
rez-de-chaussée, couloir nord, plafond (voir note 29)		beige
caves, portes des caves (deux faces) (voir note 30)		beige

	N°	Echantillon	Stratigraphie: succession de couches de l'extérieur à l'intérieur (vue en lumière normale et UV)	MEB	Couleur originale
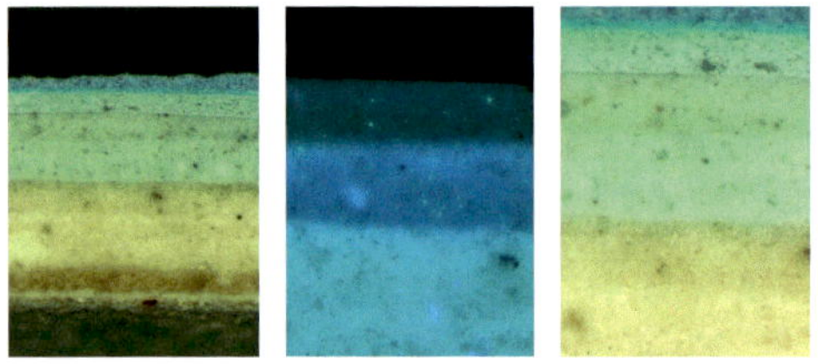	001	Cage d'escalier au n° 2, palier entre le 7e et le 8e étage, mur sud, fond sur plâtre	Succession de bleus (1, 2), puis verts pâles (3, 4 ont des liants différents en UV) sur plâtre (5abc, 6), constitué de zones. 5c contiendrait un apprêt?	–	4ab
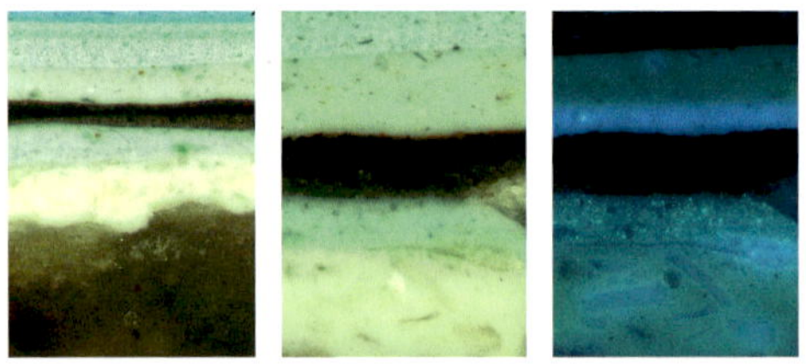	002	Cage d'escalier au n° 2, palier entre le 7e et le 8e étage, mur est, paroi nord du dévaloir à ordures	Succession de couches bleues (1, 2, 3), puis vertes (4, 5), puis sombre (6 abc), bleu turquoise pâle (7), plâtre (8) sur colle transparente (9)?	–	7; 6 pour le dévaloir
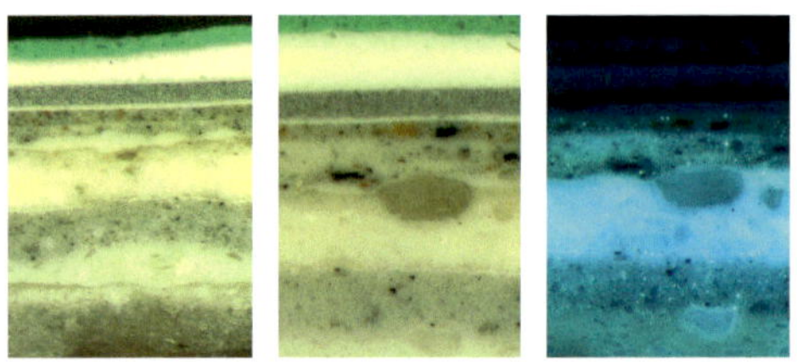	003	Cage escalier au n° 2, 6e étage, paroi ouest, arrondi extérieur du mur de l'escalier en colimaçon	Vert intense (1) sur blanc-beige (2), puis gris moyen (3a, b sous-couche même liant en UV), beige-gris moucheté (4a), beige fin, sous-couche (4b), beige grossier (5), gris clair (6), beige (7) sur plâtre (8)	–	6
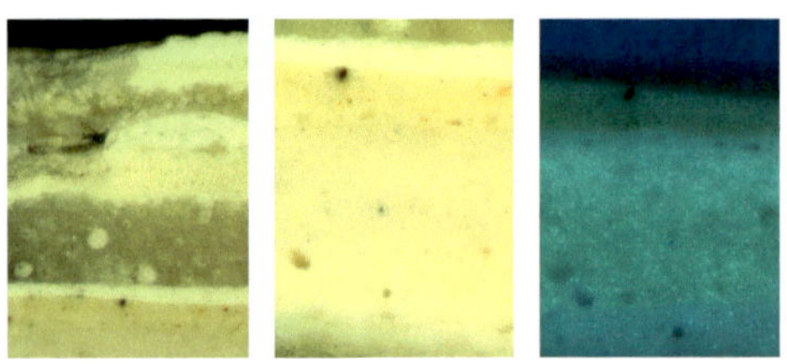	004	Cage escalier au n° 2, 1er étage, paroi nord, fond sur plâtre	Succession de couches beige et blanches, finalement beige sur plâtre (9, 10)	–	8ab
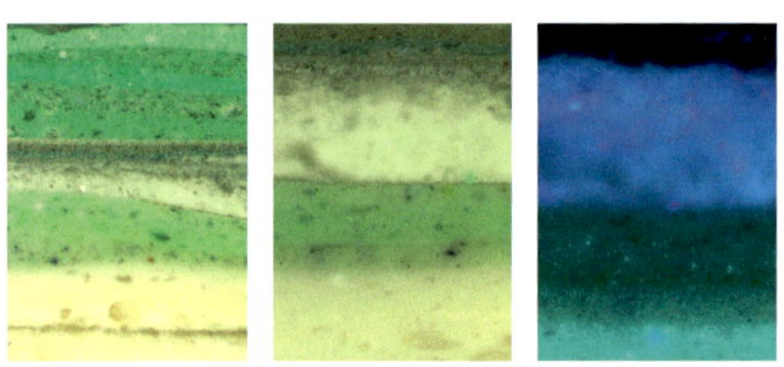	005	Hall d'entrée au n° 2, paroi est, fond sur plâtre	Succession de 4 couches dans les tons turquoise et verts (1 à 5), puis de gris sur du blanc grossier (6, 7, 8, 9), de verts (10ab), de beige (11ab) sur une couche de colle? transparente sur plâtre (12)	–	10 ab

	N°	Echantillon	Stratigraphie : succession de couches de l'extérieur à l'intérieur (vue en lumière normale et UV)	MEB	Couleur originale
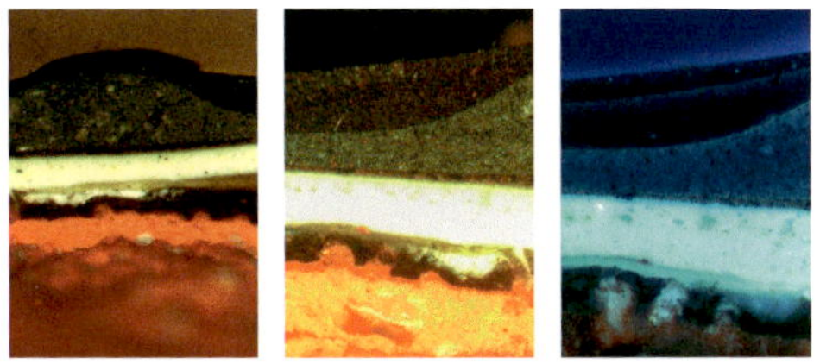	006	Hall d'entrée au n° 2, pilier central en fer	Noir (1), gris foncé (2), noir fin (3), blanc-beige (4), couche transparente d'apprêt (5), brun (6), minium (antirouille) sur le métal	–	6
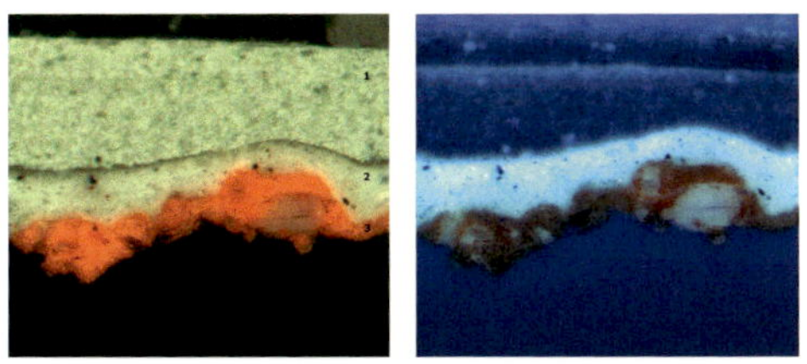	007	Hall d'entrée au n° 2, ferronnerie de l'escalier au sud de la structure	Gris métallique (1), gris mat clair (2), minium (antirouille) sur métal	–	2
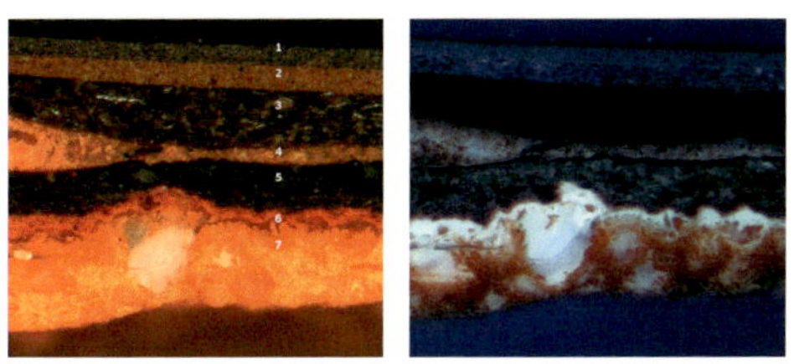	008	Balcon nord, grand duplex au 3e étage, au n° 2, façade nord, paroi en fer	Noir mat (1), brun mat (2), couche grossière noire (3), minium ? (4), vert foncé (5), quartz, sulfate de baryum + colorant organique, rouge sous-couche (6), minium + oxyde de fer, minium (antirouille) sur fer	(5) Si, Ba, S, (K) (6) Fe, Pb, (7) Pb	5
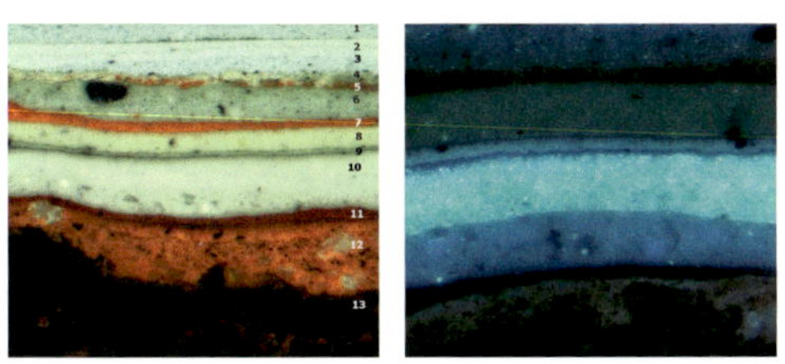	009	Balcon nord, grand duplex au 3e étage, au n° 2, intérieur balcon en fer, côté ouest	Succession de turquoises (1, 2, 3, 4), antirouille (minium) (5), turquoise (6 ab), minium (7), vert pâle (8), sous-couche (9), vert turquoise pâle (10a = vert2 : blanc de zinc + colorant organique), (10b = vert1 : sulfate de baryum (gros grains) + blanc de zinc + colorant organique vert turquoise) minium (11), minium + rouille (12), fer et rouille (13)	10b = vert1 : Zn, S, Ba) 10b grain blanc : S, Ba) (10a = vert 2 : Zn)	10 ab
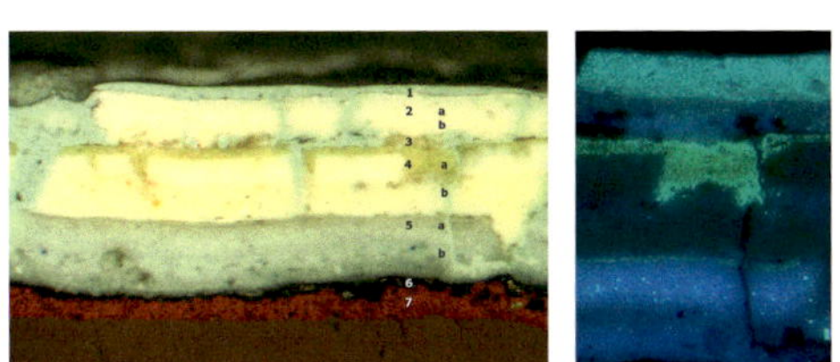	010	Etude du grand duplex au 3e étage, au n° 2, intérieur nord, châssis de fenêtre	Bleu, cette couche s'infiltre dans les couches inférieures craquelées (1) sur blanc (2), puis couche transparente jaunâtre (3), beige (4 ab) sur bleu-gris (5 ab) noir fin (6), rouge sombre (7) minium + ocre ?	–	5 ab

	N°	Echantillon	Stratigraphie : succession de couches de l'extérieur à l'intérieur (vue en lumière normale et UV)	MEB	Couleur originale
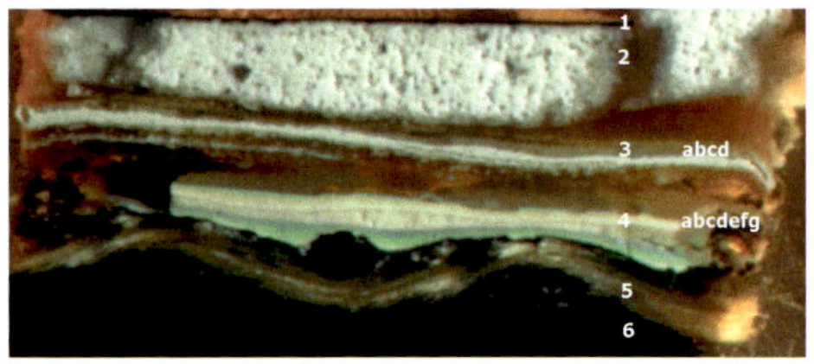	011	Etude du grand duplex, 3e étage, au n° 2, pièce nord-ouest, pilier sud	Peinture noire (1), couche blanche (2), 3 couches de papier grossier (3 abc) jute ? chacune peinte en blanc, 7 couches de peinture très fines : verte, beige, deux blanches différentes, bleu pâle, vert pâle, blanche (4 abcdefg), g = sous couche du vert f, toile de jute ? peinte en brun foncé (5), rembourrage de crins (cheval, bœuf, etc.) noir, blanc, jute, coton + ? (6) Résumé : La colonne a été entourée d'un rembourrage fait de crin de bœuf, cheval, fibres (tout venant), puis recouverte d'une toile de jute peinte en noir, puis en différentes couleurs, encollée et recouverte de papiers peints en blanc, et finalement recouverte d'une couche blanche épaisse et peinte en noir	–	foncé (5)
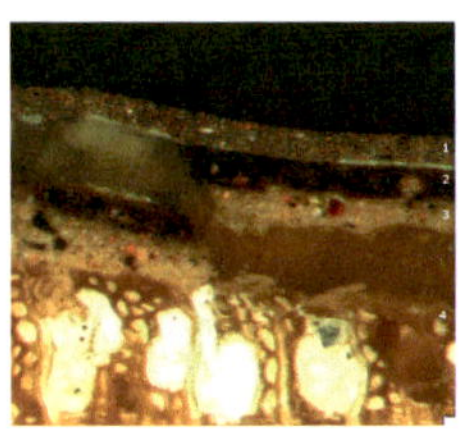 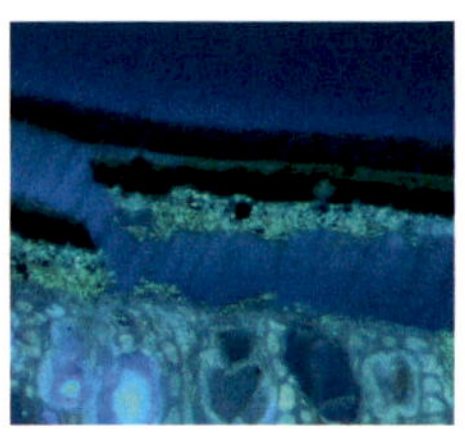	012	Grand duplex, 2e étage, au n° 2, intérieur de la porte en bois dans le réduit sous l'escalier qui mène au 3e étage	Brun sombre (1), brun rouge chaud (2), sous-couche beige (3) (bouche-pores ?), bois (4)	–	2

Source : Anne Rinuy et Martine Degli Agosti, *Examens stratigraphiques des prélèvements 001-012*, laboratoire des Musées d'art et d'histoire, Genève, octobre 2006, n° dossier du laboratoire : HI 2006-304.

p. 149
Rue Saint-Laurent n° 2, 8e étage, vue d'un palier, 8 avril 2011.

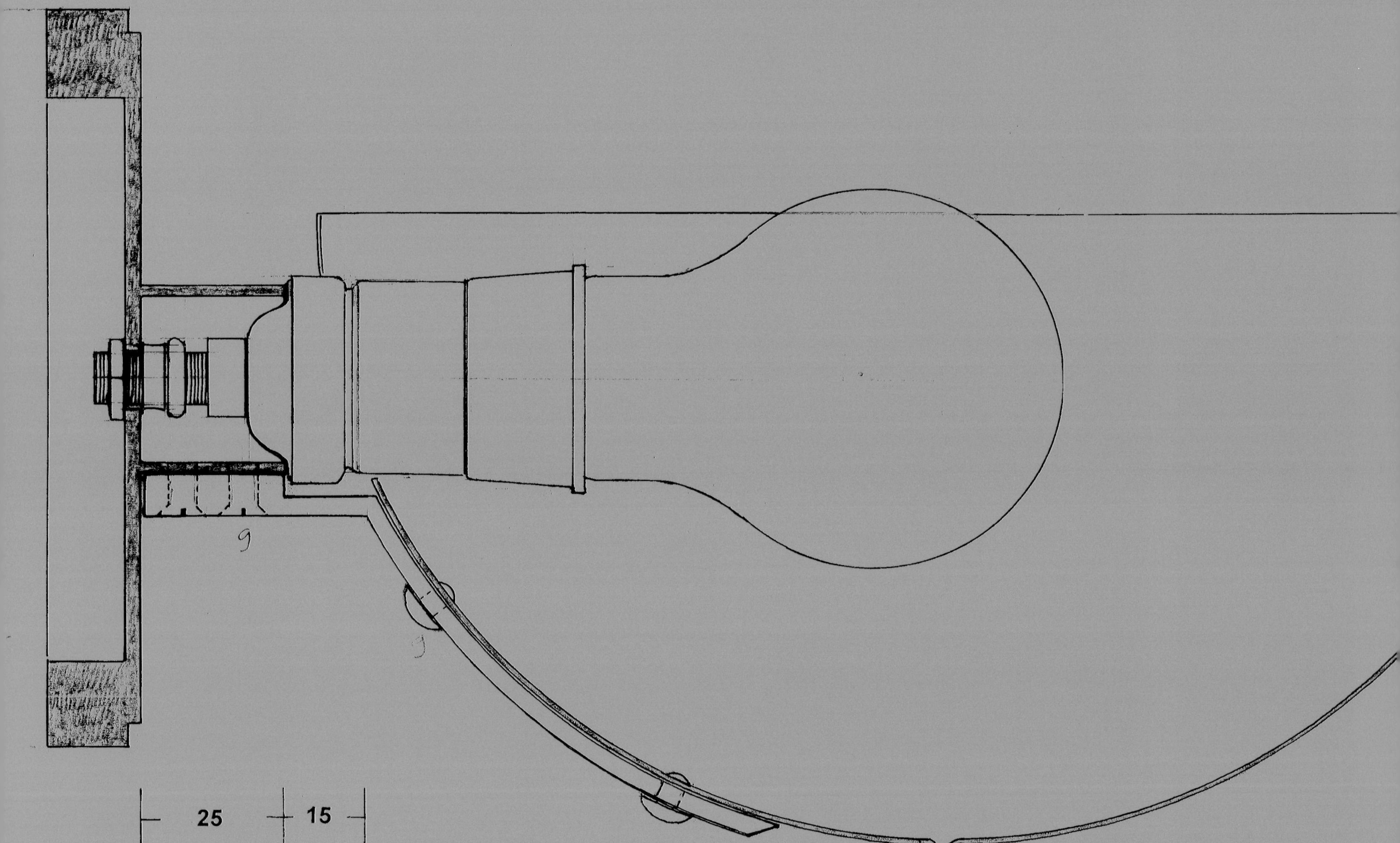

profil 20 x 3.5

16

ANNEXES

Chronologie

Catherine Courtiau

1925

Pavillon de l'Esprit Nouveau réalisé par Le Corbusier et Pierre Jeanneret à l'Exposition internationale des Arts décoratifs et industriels modernes à Paris. Cellule entière de « l'immeuble-villas » avec jardin suspendu, concept préfigurant les projets genevois. Peut-être la première rencontre avec Edmond Wanner, exposant lauréat.

1926

Le père de Le Corbusier, Georges-Edouard Jeanneret, s'éteignit le 13 janvier à Corseaux, dans la villa « Le Lac », la petite maison au bord du Léman que le fils venait de construire pour ses parents. Sa mère, Marie-Charlotte-Amélie Jeanneret-Perret, y vécut jusqu'à son décès le 15 février 1960, à l'âge de 100 ans. Son frère Albert y demeura de 1939 à 1971.

1927

Exposition de la Cité Weissenhof (Weissenhofsiedlung) organisée par le Deutscher Werkbund à Stuttgart. Le Corbusier et Pierre Jeanneret y construisirent deux maisons d'habitation. Edmond Wanner vint visiter l'exposition. Les « cinq points d'une architecture nouvelle » furent énoncés dans la publication de l'exposition.

1928

Signature le 12 avril du contrat entre Le Corbusier et l'entrepreneur et propriétaire foncier Edmond Wanner[1], Le Corbusier et Pierre Jeanneret établissant les premiers projets de lotissements à l'Athénée. Wanner se réservait le droit d'étudier les détails, soumis ensuite aux architectes, et d'élaborer les soumissions, la conduite ainsi que la surveillance des travaux et la vérification des comptes.

Il s'agissait de créer des « lotissements fermés à alvéoles » ou « immeubles-villas ».

Les architectes proposèrent un premier type d'immeuble avec couloir central, une rue intérieure utilisée plus tard à la Cité radieuse de Marseille.

Le deuxième type proposé consistait à créer des immeubles à coursives, appelées « galeries ouvertes », comportant une succession de petits appartements à double hauteur. Wanner prévoyait l'utilisation du Solomite[2], dont il était le concessionnaire, soit des panneaux isolants constitués de paille compressée liée par des fils de fers. Une correspondance entre Meyfarth[3], un des directeurs des Ateliers de Sécheron, et Wanner permet de déduire qu'il s'agissait sans doute du premier accord conclu entre ces entrepreneurs pour procéder à la fabrication industrielle du Solomite, mais aussi pour appliquer la soudure à électrodes Exotherme des structures métalliques, technique inventée par Sécheron.

En juin, Wanner annonça à Le Corbusier le changement de terrain, notamment pour des raisons financières. Il proposa des terrains à la Terrassière appartenant à sa mère[4].

Les premiers projets prévoyaient le regroupement de quatre appartements autour d'une cage d'escalier centrale combinée avec des jardins suspendus de deux niveaux, plans pouvant se répéter à l'infini, à l'horizontale comme à la verticale.

1929

Construction de la villa Ruf au Grand-Saconnex, au chemin des Manons 12, pour un ingénieur des Ateliers de Sécheron, Jean Ruf. Francis Quétant fut finalement chargé de sa réalisation, alors que Le Corbusier et Pierre Jeanneret avaient conçu des plans et des croquis. Plusieurs protagonistes de l'immeuble Clarté s'y retrouvèrent: Edmond Wanner et son employé Francis Quétant, avec la collaboration de Boris Nazarieff. Certains éléments constructifs également appliqués à Clarté furent le Solomite, les fenêtres en longueur, l'escalier métallique en colimaçon et le toit-terrasse.

1930

Dans un premier temps, Le Corbusier et Pierre Jeanneret avaient repris, pour l'immeuble Clarté, l'idée d'un couloir central, en alignant les balcons des deux façades longitudinales au même niveau. Le projet évolua et les dispositions des galeries furent décalées, permettant ainsi à chaque logement, duplex ou d'un niveau, traversant ou mono-orienté, de bénéficier d'un balcon. Le couloir médian fut abandonné au profit d'une vaste cage d'escalier centrale pour chaque allée du double immeuble. Enfin, le 30 août, Edmond Wanner déposa la première requête en autorisation de construire (n° 1004).

1931

L'autorisation de construire fut accordée le 30 mai 1931, sous réserve de quelques modifications, notamment celle de l'emplacement des chambres de bonnes au plain-pied. Le gabarit dépassait la hauteur de 21 m imposée par la loi dans cette zone, mais de subtiles modifications des plans et du calcul du nombre d'étages (retraits des façades des derniers niveaux) permirent d'y remédier. Wanner demanda à Le Corbusier de dessiner, au dernier niveau, des ateliers d'artistes transformables en appartements dès l'obtention de l'autorisation d'habiter. L'attique ou « wagon », disposé en retrait des façades, bénéficiant ainsi de vastes terrasses destinées à l'origine à tous les habitants, fut loué à Francis Quétant. L'occupation illégale de cet espace comme habitation valut à Wanner une longue procédure juridique qui se solda cependant par un arrangement très avantageux pour le maître de l'ouvrage[5].

Le plan d'aménagement adopté le 2 juin par le Conseil d'Etat prévoyait le lotissement de l'ensemble du quartier, dont le double immeuble Clarté (voir plan pp. 22-23).

Mais le terrain du triangle de Villereuse, constitué de remblais, posait problème et il fallut faire appel à un spécialiste pour la construction des fondations et du radier. L'ingénieur Robert Maillart fut chargé de réaliser les plans[6].
A la suite du montage de l'ossature métallique, Edmond Wanner préconisa de monter les planchers/dalles de haut en bas, mais après un accident, ce procédé fut inversé.
Un premier rapport de Maurice Brémond, daté du 15 octobre 1931, expertise effectuée à la demande de John Torcapel, mit en question la solidité de la structure des galeries extérieures.

1932/33

Deuxième rapport d'expertise de Maurice Brémond. La responsabilité des défauts dans la structure des galeries fut renvoyée de Wanner à Torcapel et de Torcapel à l'entreprise Toso-Badel qui travaillait sous ses ordres.
Pierre Scheidegger, architecte, responsable de la succursale de Wohnbedarf à Zurich sous l'enseigne « Ameublement-Typ », occupa l'arcade du rez-de-chaussée du côté Adrien-Lachenal de juin 1932 à juillet 1933. Cette succursale organisa une exposition du 25 mai au 15 juin 1932, qui fut répartie sur deux étages au n° 4 de la rue Saint-Laurent. Divers ensembliers, tels Gustave-Adolphe Hufschmid ou Else Hamann, meublèrent alors plusieurs appartements.
En août 1932, ce fut la fin du chantier.
S'ensuivirent des campagnes de photos de Paul Boissonnas et de Frank-Henri Jullien, à la demande de Wanner en 1932 et 1933, et de Hans Finsler pour Wohnbedarf en 1933. L'année suivante, Mme Meyfarth commanda une nouvelle série de photos à Jullien.

1953/54

Rénovation de Clarté par l'architecte Marc-Joseph Saugey. Saugey assista, avec Pascal Häusermann et Bruno Camoletti, à une conférence de Le Corbusier. Il le questionna sur la couleur des balcons. Le Corbusier répondit à Saugey qu'il pouvait faire comme il voulait, que l'immeuble devait vivre, qu'il fallait assurer une liberté dans l'organisation des appartements et des sols, suffisamment solides pour y disposer les parois où l'on voulait. Il s'agissait de ne pas figer le bâtiment[7].
En novembre 1953, Saugey déposa une requête pour l'aménagement de quatre magasins, à l'emplacement de l'actuel restaurant[8]. Saugey recouvrit les verrières d'un shed en toiture, ajouta des couvertes de ferblanterie, en raison de problèmes d'étanchéité, et couvrit d'asphalte les sols en bois des galeries.
Selon les informations complémentaires d'Eric-James Favre-Bulle de l'atelier Saint-Dismas, Saugey commanda à Georges Aubert, artiste peintre et ami d'enfance de Le Corbusier, deux grandes peintures murales d'expression abstraite, réalisées en 1953 dans les halls d'entrée, face aux boîtes aux lettres. Ces œuvres disparurent lors des travaux de 1975-1977.

1968

Menacé de démolition pour des raisons spéculatives, l'immeuble Clarté fut racheté par la Fédération des architectes suisses (FAS), soit par environ 60 architectes actionnaires.

1975-1977

Interventions de Pascal Häusermann et de Bruno Camoletti[10] qui, en 1975, achetèrent la majorité des actions de Clarté, grâce à leurs contacts avec les banques, notamment avec René Weibel, patron de Rentenanstalt.
Le 25 août 1975, Bruno Camoletti déposa une requête (D68816) en autorisation de construire, laquelle fut accordée le 15 octobre de la même année.
Lors des travaux de restauration, les architectes procédèrent aux rénovations techniques (chauffage, électricité, réseau sanitaire), au remplacement des plots de verre en cul de bouteille des cages d'escalier par des dalles de verre carrées, à la division en deux logements du « wagon » en attique[11]. Ils supprimèrent l'asphalte et le fibro-ciment posés par Saugey sur les lattes en bois des balcons qui, par manque d'air, pourrissaient le bois. Ils remplacèrent les toiles de tente et les stores en bois, supprimèrent également le four à incinération des ordures. Le chauffage au charbon fut remplacé par un dispositif au mazout. Les architectes créèrent un restaurant au rez-de-chaussée, sur l'emplacement occupé par des arcades et deux garages.
Cette restauration, couronnée de succès, se déroula sans trop de contraintes. Häusermann et Camoletti avaient les mains libres et pouvaient prendre des décisions rapides. Ils bénéficiaient de contacts avec Charlotte Perriand, Edmond Wanner et John Torcapel.

1982

Première monographie sur l'immeuble Clarté[12].

1986

12 novembre : classement de l'immeuble Clarté comme monument historique par le Conseil d'Etat du canton de Genève (MS-c 219).

1987

Du 5 au 30 mai : exposition dans l'immeuble Clarté « Le Corbusier à Genève 1922-1932 », accompagnée d'une publication.

2003

9 décembre : mandat de la Fondation de valorisation des actifs de la Banque cantonale de Genève pour l'étude de la restauration de l'enveloppe de l'immeuble.
16 décembre : rapport de la Commission fédérale des monuments historiques, avec ses recommandations.

2004

7 septembre : l'assemblée générale de la communauté des copropriétaires de l'immeuble Clarté décide de reprendre l'étude des architectes financée par la Fondation de valorisation et de donner suite au mandat pour l'étude définitive en vue de la demande d'autorisation de construire.
17 décembre : requête en autorisation de construire.

2005

24 juin : autorisation de construire accordée.

2006

Janvier : prototype de restauration de façade (duplex sud, 2e étage, au n° 4).
De 2003 à 2006, l'architecte Laurent Chenu réalise un inventaire exhaustif des relevés et plans de Clarté, sur mandat de la Direction du patrimoine et des sites, Etat de Genève.

2007

Janvier : prototype de restauration de balcon.
4 juin : début du chantier de restauration par la pose des échafaudages.

2010

En été, achèvement des travaux de restauration extérieure.

2011

Cloisonnement pour la protection contre le feu au rez-de-chaussée selon la mise aux normes de sécurité.

2012

Travaux de garantie sur les stores à rouleaux des duplex, remplacement des coulisseaux.

2016

Inscription sur la liste du patrimoine mondial de l'UNESCO.

1 12 avril 1928 – Contrat entre Edmond Wanner et Le Corbusier et Pierre Jeanneret (FLC, Paris, H2-18-25) : Construction de 75'000 m^3 de bâtiments jusqu'à fin 1929. Versement de fr. 5000.– pour les premiers projets permettant d'engager des pourparlers avec des groupes financiers.

2 27 février 1928 – Edmond Wanner à Le Corbusier (FLC, Paris, H2-18-6) : Construction des immeubles par des sociétés séparées pour chacun d'eux. « Les deux principales seront la Société Anonyme des Produits Solomite, dont pour le moment je suis seul responsable, et Wanner et Cie, affaire où je suis avec mon oncle [Félix Wanner], qui est très loin de me suivre au point de vue idée architecturale. … Les constructions sont faites par moi, agissant comme propriétaire et entrepreneur général des immeubles. Les constructions me sont commandées par un client ou par un architecte, moi agissant comme entrepreneur général et construisant d'après vos plans. … Je suis à la recherche d'un terrain bien placé. »

3 9 mars 1928 – Meyfarth à Wanner (Archives de la Ville de Genève, Séries continues, SD 4.44) : « Location à Wanner d'une parcelle de terrain, avec accès à la voie ferrée de raccordement CFF, avenue Blanc [Ateliers Sécheron], pour l'édification d'un bâtiment léger en Solomite en vue du traitement de la paille qui permettra la construction de plaques dites de Solomite. » Information aimablement transmise par Philippe Velay. – En février 1934, Mme Meyfarth commanda plusieurs prises de vue de l'immeuble au photographe genevois Frank-Henri Jullien.

4 19 juin 1928 – Edmond Wanner à Le Corbusier (FLC, Paris, H2-18-29) : « La construction de l'ensemble des lotissements projeté serait d'un très grand intérêt, mais l'importance de l'opération qui serait d'environ 6 mio de francs suisses me paraît pour l'instant peu réalisable, du fait que je n'ai pas à produire de modèles de ce genre de construction. Par contre, comme je vous l'ai dit, je disposerais d'un terrain où je voudrais faire des constructions relativement bon marché dans l'ordre de 4 à 5 pièces. Dans mon idée, je désirerais pour cette année mettre en train un groupe de 4 bâtiments de luxe et un ensemble d'éléments de petits appartements (ces derniers sur le terrain dont je vous ai parlé). »

5 Initialement, il était prévu une amende de fr. 500.– et une redevance annuelle de fr. 4000.– dès 1931 et ce, pendant 30 ans, et la suppression des constructions amendables. Finalement, cette pénalité fut réduite à une amende de fr. 100.– et à une redevance de fr. 1000.– pour 1932 seulement et le maintien des constructions !

6 Plans datés du 18 mars et modifiés le 30 avril et le 30 juin 1931.

7 Rencontre avec Pascal Häusermann le 10 avril 2008.

8 Renseignement de Philippe Velay.

9 Information de Maurice Besset. – Stéphanie Pallini, « Georges Aubert, un relais de purisme en Suisse romande », in *Le Corbusier – La Suisse, les Suisses*, Paris, 2006, p. 144.

10 Rencontre avec Pascal Häusermann et Bruno Camoletti le 21 mai 2008.

11 Par la suite, ces logements en attique furent peu à peu laissés à l'abandon. Leur état devint alarmant, en particulier en raison de la dégradation de l'étanchéité et de la structure de la toiture.

12 Parue sous les auspices de la Société d'histoire de l'art en Suisse dans la série des Guides de monuments suisses, série 32, n° 319 : Catherine Courtiau, *L'immeuble Clarté Genève. Le Corbusier – 1931/32*, Berne 1982.

Règlement de la copropriété 2008

Extraits: articles concernant la maintenance et la conservation

Edition 1997, élaborée par le Groupement des propriétaires d'appartement (GPA) de la Chambre genevoise immobilière (CGI) et la Société des régisseurs de Genève (SR)

(...)

Article 4 – Parties privées

Le droit exclusif s'exerce en général sur tout élément de construction ou toute installation situé à l'intérieur des locaux, susceptible d'être modifié ou supprimé sans compromettre l'existence, la solidité, la structure ou l'aspect intérieur ou extérieur du bâtiment, sans endommager les parties communes, ni restreindre l'exercice des droits identiques des autres copropriétaires. Il porte notamment sur:

a) le sol, la chape, le parquet, le carrelage ou tout autre revêtement, à l'exclusion de la dalle et de son isolation, ainsi que des serpentins de chauffage par le sol;

b) le plafond et son revêtement, non compris les matériaux d'isolation et les éléments de support de la dalle supérieure;

c) les cloisons et autres séparations, à l'exclusion des murs de façade, des murs porteurs qui traversent les parts de copropriété, des murs de séparation des parts et des courettes et gaines diverses qui traversent le lot exclusif;

d) tous les équipements de menuiserie intérieure et extérieure, y compris la ou les portes d'accès aux parties privées, les fenêtres et portes-fenêtres, ainsi que les revêtements et balustrades des terrasses et balcons;

e) les installations de stores, volets, toiles de tente et leurs mécanismes;

f) les installations sanitaires et la robinetterie;

g) les installations électriques, de radio, de télévision, de téléphone, d'interphone, de télé réseau, etc.;

h) les compteurs individuels de chaleur, les vannes et le revêtement, notamment la peinture des installations de chauffage;

i) les installations de cuisine;

j) les tuyaux, gaines, canalisations, conduites et lignes de toute nature depuis leurs embranchements, affectés à l'usage exclusif des parts de copropriété, à l'exclusion de ceux de transit;

k) les cheminées individuelles, leurs conduits, les souches et la ferblanterie.

Article 5 – Parties communes

En règle générale, sont des parties communes tous les éléments de l'immeuble ainsi que les installations et les accessoires qui les équipent qui ne sont pas grevés d'un droit exclusif. Il s'agit notamment de:

a) la totalité du bien-fonds ou du droit de superficie: les murs, les clôtures, les grilles et les portails qui délimitent la propriété; les aménagements extérieurs;

b) en règle générale, le gros-œuvre du bâtiment (soit, notamment, balcons et terrasses qui ne sont pas réservés à l'usage exclusif d'une part de copropriété, dalles, toiture, etc.) ainsi que son étanchéité et son isolation;

c) les fondations, les murs de façades et leurs accessoires, ainsi que les murs porteurs et les murs de séparation des parts;

d) les entrées et couloirs des bâtiments, les escaliers, les cages d'escaliers, les paliers d'étages;

e) les locaux, courettes, gaines et canaux de ventilation et de cheminée qui ne sont pas réservés à l'usage exclusif d'une part de copropriété;

f) les installations et conduits assurant le chauffage, la climatisation et la production d'eau chaude de l'ensemble du bâtiment;

g) les tuyaux, gaines, canalisations, conduites et lignes de toute nature depuis et y compris leur raccordement au réseau public jusqu'au point d'embranchement des réseaux des parts de copropriété;

h) les ascenseurs, leur cage et leurs accessoires;

i) les installations de vide-ordures et les locaux réservés à leur usage, les garages à vélos et à poussettes, les buanderies et leur équipement, les compteurs et antennes collectifs de toute nature, les locaux des services industriels, l'abri PC avec ses accessoires, les installations électriques, la ferblanterie, la serrurerie, la menuiserie, la vitrerie, les boîtes aux lettres et les autres équipements et accessoires des parties communes;

j) le logement du concierge et ses annexes, s'ils sont prévus et mentionnés dans le cahier de répartition de la copropriété.

Chapitre III – Droits et obligations des copropriétaires

A. Parties privées

Article 6 – Utilisation

Chaque copropriétaire est libre d'user comme il l'entend des locaux sur lesquels il détient un droit exclusif, mais dans la mesure seulement où il ne porte atteinte ni aux droits identiques des autres copropriétaires, ni aux intérêts de la communauté des copropriétaires.

Toutefois, il ne doit pas:

a) changer la destination des locaux sur lesquels il détient un droit exclusif, sans l'assentiment de l'Assemblée générale des copropriétaires pris à la double majorité stipulée à l'article 37 du présent règlement;

b) surcharger le sol de ses locaux;

c) déposer dans l'immeuble des substances inflammables ou explosives;

d) provoquer de l'humidité ou une inondation (en particulier, en lavant à grandes eaux);

e) laisser apparaître aux fenêtres, balcons, parties extérieures des locaux, aucune inscription de quelque nature que ce soit;

f) modifier l'aspect extérieur des locaux;

g) installer tout objet sur les balcons et loggias susceptible de dépasser la hauteur du garde-corps, notamment des antennes paraboliques.

Il peut, sous les mêmes réserves, aménager ses locaux comme il lui plait, à l'exception de tout ce qui est situé dans les parties extérieures visibles, telles que loggias, terrasses, toiles de tente, etc., qui doivent être maintenues dans leur configuration et destination initiales.

Les copropriétaires de droits exclusifs en attique doivent notamment :
h) ne pas entreprendre de travaux ou procéder à des installations qui peuvent porter préjudice à l'étanchéité de la dalle de toiture ou surcharger celle-ci;
i) effectuer leurs plantations uniquement dans des bacs munis d'une protection anti-racines et veiller à ce que la végétation ne dépasse pas une hauteur de quatre mètres et ne déborde pas en façade.

Les copropriétaires de droits exclusifs sur des jardins en rez-de-chaussée doivent notamment :
j) s'abstenir de toute utilisation abusive du jardin entraînant des nuisances importantes pour les autres copropriétaires ;
k) pour les jardins se trouvant au-dessus du garage commun, ne pas planter d'essences autres que des petits arbustes dont les racines ne risquent pas d'endommager l'étanchéité de la structure du garage.

Les portes donnant accès aux parties privées, les fenêtres, les stores, les volets, etc., sont maintenus en bon état par les copropriétaires respectifs.
Toutefois, la réfection de la peinture des menuiseries extérieures ou le remplacement de l'un ou l'autre de ces éléments peut faire l'objet d'une opération d'ensemble décidée à la majorité simple prévue par l'article 36 du présent règlement.

Les propriétaires et ayants droit des caves, garages et locaux divers situés dans les abris qui peuvent être réquisitionnés par les autorités compétentes, doivent se conformer strictement aux prescriptions et injonctions de celles-ci.

Article 7 – Aménagement
Sous les réserves énoncées dans le présent règlement, chaque copropriétaire aménage librement sa ou ses parties privées, sous sa propre responsabilité.
Le copropriétaire qui entend procéder à des travaux autres que l'entretien courant est tenu d'informer préalablement par écrit l'administration de leur nature et de leur déroulement en vue d'obtenir son autorisation. Il doit également s'engager à prendre toutes les mesures propres à éviter et à limiter au maximum les nuisances et les dégâts aux parties communes et aux parties privatives des autres copropriétaires. En cas de dégâts, il assume la responsabilité de la remise en l'état.
L'administrateur doit délivrer l'autorisation, pour autant que les travaux envisagés ne portent pas atteinte aux parties communes, aux droits exclusifs d'autres copropriétaires et n'entraînent aucune augmentation des charges de copropriété. S'il le juge nécessaire, l'administrateur peut consulter le Conseil de copropriété ou l'Assemblée des copropriétaires pour déterminer si ces conditions sont remplies.

Les travaux doivent être effectués durant les heures officielles d'ouverture de chantier, selon le Règlement du Département des travaux publics en vigueur. L'administrateur peut subordonner l'octroi de l'autorisation au dépôt d'une garantie.

Le copropriétaire concerné devra en outre obtenir toutes les autorisations légales nécessaires avant de commencer leur exécution.

Article 8 – Entretien et réparation
Chaque copropriétaire est tenu d'entretenir et de réparer sa ou ses parties privées de manière à assurer le bon état du bâtiment ; il supporte seul ces frais d'entretien et de réparation.

Les copropriétaires des balcons, terrasses, jardins, etc., devront assumer, en tout temps et à leurs frais, l'entretien de ceux-là.

Il en va de même pour les terrasses en attique en droit exclusif ou en servitude d'usage pour lesquelles les copropriétaires doivent veiller particulièrement à la sauvegarde de l'étanchéité sur la dalle toiture en assurant à leur frais un entretien régulier, notamment désherbage et drainage des écoulements.

Stipulations particulières et dérogations – détail
(...)
Dispositions particulières concernant l'entretien de l'immeuble ou interventions sur celui-ci et prescriptions relatives à la sécurité :
Il est rappelé que l'immeuble a été classé au titre de monument historique par arrêté du Conseil d'Etat genevois le 12 novembre 1986 et que toute intervention, même d'entretien, est soumise aux articles 10 et suivants de la Loi sur la protection des monuments, de la nature et des sites.

Dans le cadre de la restauration de l'immeuble effectuée durant les années 2007 à 2009, il apparaît nécessaire de prendre des dispositions particulières visant à assurer la pérennité de l'immeuble.

Article 57 – Entretien particulier de l'immeuble assuré par la Communauté des copropriétaires et pris en charge par elle, ceci en dérogation de certaines prérogatives privatives :
a) Travaux à effectuer selon une périodicité annuelle :

— contrôle des balcons avec nettoyage des tôles porteuses sous les caillebotis,
— contrôle de l'état des naissances d'eau pluviale et des caniveaux, nettoyage et remise en état si nécessaire, ceci en toiture, terrasses 8e étage et terrasses 1er étage,
— contrôle des stores bois et toiles de tente, soit contrôle, entretien et réparation si nécessaire des motorisations, mécanismes et coulissants.
Le changement de tablier de store et de toile de tente reste du domaine privatif selon l'article 4 al. e) mais doit respecter les matériaux et couleurs existants dans l'immeuble.
b) Travaux à effectuer selon une périodicité quinquennale au moins:
- contrôle approfondi des joints d'étanchéité en façade et remise en état si nécessaire,
- contrôle de l'état de la peinture en façade, plus particulièrement dans les zones sensibles, soit tous les éléments porteurs des balcons et pieds des porteurs à chaque niveau.

Article 58 – Travaux effectués par les propriétaires
a) touchant la façade: Il est rappelé que l'entier de la façade est partie commune de par sa conception.

Toute intervention sur la façade (perçage, sorties de ventilations à travers les verres – modification d'ouverture notamment) est soumise à autorisation auprès de l'administration de la copropriété, ceci sous réserve des dispositions légales applicables à l'immeuble classé.

Pour autant que la loi l'y autorise, toute autorisation sera conditionnée au fait que l'étanchéité de la façade ne soit pas compromise, que la pérennité de l'immeuble ainsi que sa substance patrimoniale, sur la zone touchée, ne soit pas mise en péril.

b) dans les lots de copropriété: Les éléments d'installations intérieures proches de la façade doivent être amovibles ou démontables afin de permettre l'accès à celle-ci pour tous travaux d'entretien ou de remplacement de vitrages.

Les Principes de conservation des espaces intérieurs – Règles d'intervention à l'attention des propriétaires – édictés par le Département des Constructions et des Technologies de l'Information – Office du patrimoine et des sites en date du 18 janvier 2008 et validé par la Commission des monuments et des sites le 29 janvier 2008 fait partie intégrante du règlement d'administration et d'utilisation.

Les copropriétaires doivent respecter ses prescriptions quant à tout travail effectué dans les parties privatives et sous réserve des dispositions légales en vigueur applicables à l'immeuble classé.

Article 59 – Prescriptions de sécurité – normes
a) résistance aux charges des balcons, terrasses et intérieurs: Toute pose d'éléments particuliers tels que bacs à fleurs, jacuzzi, aquarium ou autre élément de poids ne doit pas excéder la charge de deux cents kilos au mètre carré.
b) sécurité incendie: Les parties communes seront dotées d'extincteurs en suffisance pour respecter les exigences de protection incendie ressortant de l'autorisation de construire délivrée pour les travaux de restauration de 2007-2009.

Ces équipements devront rester en état de fonctionnement en permanence.

En cas de restauration à l'intérieur des lots de copropriété, les piliers porteurs visibles doivent être peints avec une peinture de protection contre le feu dite peinture intumescente d'une résistance de 60 minutes.

Lors de travaux, les précautions utiles doivent être prises face aux charpentes bois et à la paille d'isolation existante.

L'installation électrique de l'immeuble, lors de la restauration 2007-2009, est totalement refaite et aux normes en la matière, ceci avec l'alimentation des lots de copropriété jusqu'au tableau de distribution intérieur. La mise aux normes de l'installation intérieure de chaque lot est du ressort et de la responsabilité de chaque copropriétaire concerné.

Extraits du cahier d'inventaire réalisé par l'Atelier d'architectures Laurent Chenu

Direction du patrimoine et des sites, Etat de Genève, mars 2006

Présentation du cahier d'inventaire, par Sabine Nemec-Piguet

La sauvegarde de l'immeuble Clarté, classé monument historique en 1986, porte autant sur son enveloppe extérieure que sur ses espaces intérieurs, communs et privés. Depuis sa construction en 1932, Clarté a subi de multiples interventions. Si les travaux sur les façades et la toiture ont été assez bien documentés, ceux concernant les logements n'ont fait l'objet d'aucun suivi à l'échelle de l'immeuble. Diverses transformations, relevant principalement d'un entretien courant, ont été conduites dans les appartements: rénovations de cuisines et de salles de bains, réfection des revêtements intérieurs, quelques cas de modifications typologiques importantes. Les autorisations de travaux ont été délivrées au cas par cas, sans règles applicables à l'ensemble. Impossible dès lors d'estimer l'impact des interventions sur la valeur architecturale de l'édifice. Pour remédier à cette situation, un inventaire complet des travaux intérieurs a été dressé, appartement par appartement, afin d'évaluer l'état de conservation des typologies et de la substance d'origine et dans le but de fixer précisément les règles de protection applicable à un monument historique d'importance internationale, dont la fonction d'habitation impose des contraintes d'usage.

L'étude a démarré en 2003 et s'est terminée en 2006. Elle s'est déroulée en deux phases. Dans un premier temps, la réunion et la consultation des documents d'archives ont permis de dresser un relevé «conforme à l'état d'origine». Dans un deuxième temps, une visite systématique des appartements a été effectuée, en présence du locataire ou du propriétaire, pour consigner les changements intervenus depuis la construction. Les visites se sont déroulées entre le 20 mai et le 11 août 2003. Sur un total de quarante-sept appartements, quarante ont été accessibles, mais chaque type d'appartement a cependant pu être visité et relevé. Ce travail systématique et rigoureux n'a été possible que grâce à l'accueil et à la disponibilité des habitants, locataires et propriétaires.

Le cahier d'inventaire comprend les documents décrits ci-dessous:

1) Une liste complète des plans d'archives disponibles. Y figurent notamment les références du fonds John Torcapel conservé à l'institut gta de l'Ecole polytechnique fédérale de Zurich.
2) Un dossier des plans par étage «conformes à l'état d'origine» au moment de la construction de l'immeuble en 1932. Ces plans ont été reconstitués à l'échelle 1:100, à partir des documents d'archives.
3) Un compte-rendu des visites d'appartement, comprenant une fiche documentaire de chaque appartement visité, un état des lieux, un descriptif, des photographies (état 2003).
4) Un relevé de chaque appartement visité à l'échelle 1:50, avec description des matériaux (état 2003).
5) Un plan des appartements (échelle 1:50) et un plan des étages (échelle 1:100) où sont consignées toutes les interventions intervenues entre 1932 et 2003, en référence au plan d'origine, selon les couleurs conventionnelles (rouge: ajout; jaune: suppression). Cette documentation n'existe que pour les appartements visités.

Cet état des lieux rigoureusement documenté a permis de procéder à une estimation du degré d'altération et de conservation des valeurs patrimoniales intérieures. A partir de cette analyse, il a été possible de définir des règles d'intervention applicables désormais dans les appartements de l'immeuble Clarté.

Ce cahier d'inventaire constitue un instrument de suivi indispensable à la conservation d'un immeuble classé. Il est mis à disposition des maîtres de l'ouvrage et de leurs mandataires. Le cahier des charges de sauvegarde a été intégré dans le règlement de la copropriété, portant ainsi à la connaissance de chaque propriétaire les règles d'intervention admises.

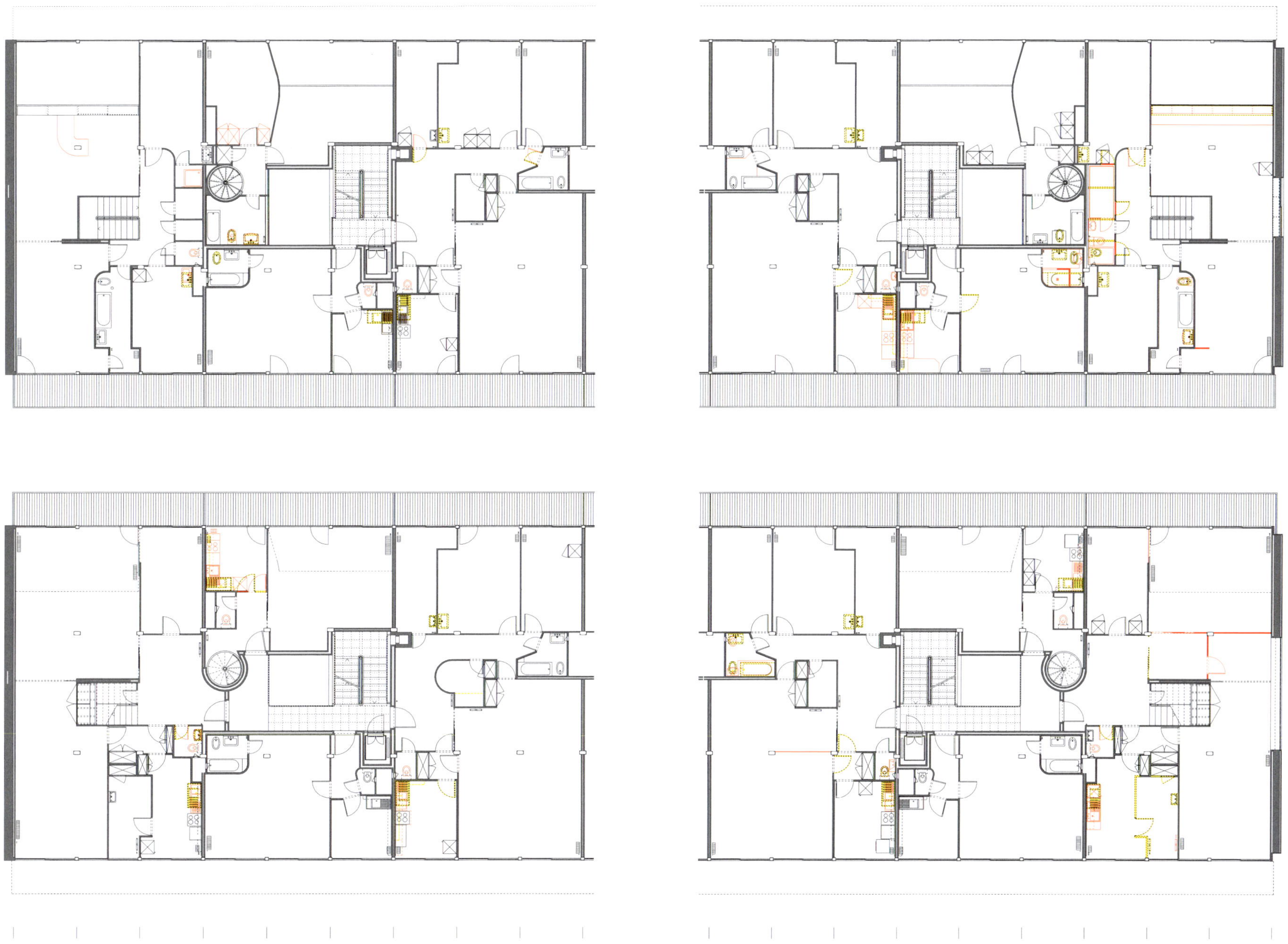

A gauche : rue Saint-Laurent n° 4, 3ᵉ étage et 2ᵉ étage. A droite : rue Saint-Laurent n° 2, 3ᵉ étage et 2ᵉ étage. Choix de plans de modifications et transformations des appartements par étage, dessinés à l'échelle 1:100, janvier 2004. En noir, état d'origine inchangé ; en rouge, transformation par ajout ; en jaune, transformation par suppression.

Principes de conservation des espaces intérieurs – Règles d'intervention à l'attention des propriétaires

Annexés au Règlement de copropriété 2008

Office du patrimoine et des sites de l'Etat de Genève, le 18 janvier 2008 – Validé par la CMNS, le 29 janvier 2008

Sauvegarde

L'immeuble Clarté est une réalisation unique dans l'œuvre de Le Corbusier. C'est, en Europe, un des bâtiments les plus représentatifs du Mouvement moderne qui révolutionna l'architecture, l'urbanisme et les arts décoratifs après la Première Guerre mondiale. Il est en voie d'inscription sur la liste du patrimoine mondial de l'UNESCO.

L'immeuble qui avait souffert d'un grave défaut d'entretien a fait l'objet en 2007-2009 d'une restauration dans les règles de l'art grâce aux efforts de la copropriété et avec une aide financière importante du Canton de Genève et de la Confédération sous la protection desquels il se trouve placé.

Afin de pérenniser ces efforts et de conserver le bâtiment dans sa substance formelle et matérielle qui constitue son identité patrimoniale et lui donne sa valeur culturelle, un cahier des charges de sa conservation est établi en complément des dispositions légales de sauvegarde prévues par l'arrêté de classement.

Conditions de la sauvegarde

La valeur des différents logements qui composent l'immeuble tient à leur diversité (8 types différents) et aux qualités volumétrique, spatiale, matérielle, chromatique et d'usage de chaque type, ainsi que de leurs articulations entre elles.

Si, sur la base de la reconnaissance de ces valeurs, on peut admettre quelques modifications mineures ou remplacements ponctuels, notamment d'équipements sanitaires et de cuisine, l'agrandissement par décloisonnement des locaux n'est pas souhaitable.

La comparaison entre l'état de conservation des appartements n'ayant pas subi ce type de transformation et ceux qui ont été parfois lourdement transformés démontre que des exigences toujours plus accrues en matière de mode de vie et de conditions de confort provoquent, la plupart du temps, des altérations irréversibles de typologies et des qualités énoncées précédemment, et entraînent la perte irréversible de ses qualités stylistiques, architecturales et patrimoniales.

Les règles énoncées ci-dessous ont pour but de préserver l'authenticité de l'édifice en assurant la pérennité des caractères originels propres à chaque type d'appartement. Elles sont destinées à orienter le propriétaire qui souhaiterait faire des travaux dans son appartement.

Chacune des conditions de sauvegarde doit être considérée solidairement des autres. Il ne s'agit pas, ici, de dresser simplement une liste des seuls points à respecter, mais bien de proposer aux propriétaires les éléments cadres d'une attitude de projet de sauvegarde dynamique et cohérente.

Les principes énoncés sont fondés sur une analyse détaillée de tous les appartements effectuée en mars 2006 par l'atelier d'architecture Laurent Chenu sur mandat de l'Office du patrimoine et des sites. Ils se fondent sur les propriétés architecturales de l'édifice identifiées à travers les composantes caractéristiques de ce type d'ouvrage de la période du Mouvement moderne.

Règles d'interventions

a) Schéma directeur de l'immeuble

Contraintes: Le plan de l'immeuble Clarté n'est pas à proprement parler un «plan libre». La structure des logements, l'ordre des travées, le choix des différentes grandeurs et dispositions des appartements structurent fortement l'architecture intérieure et extérieure de l'immeuble. L'organisation en 3 travées distinctes autour de la cage d'escalier renforce la définition typologique claire et unique de l'immeuble.

Conditions: Maintien des partitions par travée. Aucun percement entre les travées ou entre les appartements ne peut être admis.

b) Types d'appartements et circulations intérieures

Contraintes: La structure de l'espace de chaque appartement est donnée par la distribution claire entre espace jour et espace nuit. Cette distinction structure la circulation à travers l'appartement et favorise la déambulation dans le logement.

Conditions: Maintien de la distinction entre l'espace jour et l'espace nuit. Maintien de la circulation propre à chaque type d'appartement.

c) Cloisonnements

Contraintes: Le dimensionnement des espaces du logement est fondé sur un rapport clair entre le cloisonnement et la structure intérieure de la façade. Les modifications des positions des murs intérieurs ne sont pas possibles, car elles répondent à des propriétés internes à chaque typologie et à chaque groupe fonctionnel de pièces (jour-nuit).

Conditions: Maintien de la position du cloisonnement à l'intérieur de chaque groupe fonctionnel de pièces. Maintien du rapport entre les cloisons, la structure et les façades.

d) Rangements

Contraintes: Chaque type d'appartement développe des espaces de rangement qui lui sont spécifiques. Réduits, armoires intégrées, armoires «mobiles» constituent la diversité et la particularité d'usage et de fonctionnement du logement. Ils structurent la typologie de chaque logement.

Conditions: Maintien de la diversité et de la position des espaces de rangements.

e) Locaux sanitaires

Contraintes: C'est la partie la plus sensible du logement dans sa pérennité et le lieu de la plupart des interventions réalisées jusqu'ici. Changement de robinetterie, remplacement des carrelages et des faïences, agrandissement de la surface «bains», ces pièces et leurs équipements sont soumis à une mise à jour constante des exigences de confort.

Conditions: Possibilité de remplacer et de supprimer les appareils sanitaires, les carrelages et les faïences (pour autant qu'ils ne soient pas d'origine ou que les originaux ne soient pas en bon état de conservation) après consultation préalable des services de l'Office du patrimoine et des sites.

f) Cuisines

Contraintes: Comme les locaux sanitaires, les cuisines constituent un espace sensible de l'appartement où de nombreuses interventions ont eu lieu jusqu'ici: ouverture ou suppression du cloisonnement, remplacement du mobilier, ajout d'équipements, répondant au souci d'une mise à jour des conditions d'habitabilité du logement.

Conditions: Possibilité de remplacer le mobilier de cuisine, les carrelages et les faïences (pour autant qu'ils ne soient pas d'origine ou que les originaux ne soient pas en bon état de conservation) après consultation préalable des services de l'Office du patrimoine et des sites. Maintien de la surface de la cuisine avec la possibilité d'ouvrir une porte sur l'espace de séjour pour certains types d'appartements.

g) Façades, menuiseries, serrurerie, revêtements intérieurs, couleurs

Contraintes: Les interventions successives de rénovation, de transformation ont heureusement permis de conserver une proportion importante des menuiseries, de la serrurerie intérieure et des revêtements d'origine restaurés ou remplacés à l'identique. Tous les types de portes (palières, pleines, vitrées, coulissantes), les armoires, les escaliers, les parquets (dimensions et essence), les carrelages et les faïences (types, teintes et matériaux), les papiers peints (texture et teinte) et les peintures (caractéristiques et teintes) sont présents dans la plupart des appartements. Toutefois, de nombreuses parties fixes inférieures des vitrages ont été peintes ou occultées du côté intérieur.

Conditions: Maintien et, si nécessaire, restauration des menuiseries, des serrureries intérieures et des revêtements (pour autant qu'ils ne soient pas d'origine ou que les originaux ne soient pas en bon état de conservation) après consultation préalable des services de l'Office du patrimoine et des sites ou de l'architecte responsable de la restauration.

Veiller notamment aux conditions suivantes:

1) Les travaux touchant la façade sont de la responsabilité de la communauté des copropriétaires. En cas d'accident nécessitant le remplacement de verres transparent, il est impératif d'utiliser du verre isolant clair avec intercalaire brun selon les spécifications de l'architecte responsable de la restauration ou de l'administration de la copropriété.

Les verres armés anciens d'origine en bon état doivent impérativement être conservés, car ils sont d'un modèle devenu introuvable. En cas de nécessité de remplacement, il convient de vérifier si le verre armé ancien cassé ne peut pas être partiellement réutilisé, par exemple pour des contrecœurs de cuisines ou des portes de balcons. Le remplacement doit être effectué au moyen d'un modèle standard selon les spécifications de l'architecte responsable de la restauration ou de l'administration de la copropriété.

Les vitrages de façade ou intérieurs, mobiles ou fixes, ne peuvent en aucun cas être occultés au moyen de panneaux, doublages, revêtements peints, verres à couches réfléchissantes (même films rapportés). Les meubles fixes ne doivent pas être accolés à la façade vitrée d'une manière qui empêcherait son entretien. Le système retenu pour la restauration des façades lors des travaux de 2007-2008 doit être strictement observé.

Les masticages et peintures en façade doivent être effectués selon les couleurs et spécifications données par l'architecte responsable de la restauration ou l'administration de la copropriété.

Les ferrements d'origine de la façade, poignées, guichets, loquets, seuils, poulies de stores, cordelettes, etc., doivent impérativement être conservés et entretenus.

2) Toute modification ou remplacement de porte palière devra obligatoirement se conformer au modèle fourni par l'architecte responsable de la restauration ou par l'administration de la copropriété.

3) Les radiateurs d'origine font partie intégrante des aménagements caractéristiques du bâtiment et sont à conserver.

En cas de remplacement inévitable pour cause de défectuosité ou pour remplacer un dispositif déjà modifié, la préférence sera donnée à un modèle dont les références seront fournies par l'architecte responsable de la restauration ou par l'administration de la copropriété.

4) Le choix des couleurs (composition chromatique) joue un rôle primordial dans l'œuvre de Le Corbusier, dans l'immeuble CLARTÉ comme dans ses autres réalisations. Les couleurs des façades et des parties communes ont été attentivement et soigneusement restituées lors de la restauration de 2007-2009.

Leur conservation est impérative. La couleur intérieure de la façade (gris – bleu ciel) fait partie de celle-ci et doit donc être maintenue.

Il en est de même des papiers peints «Salubra» utilisés par Le Corbusier. L'architecte responsable de la restauration ou l'administration de la copropriété tiennent à disposition des copropriétaires le dossier d'analyses chromatiques et la palette de couleurs et de papiers convenant pour d'éventuelles restaurations intérieures.

5) Tous les éléments d'aménagement intérieur d'origine (lavabos, robinetterie, menuiseries, armoires, tringles à rideaux, plinthes et contre-plinthes contre la façade, etc.) doivent être conservés et entretenus dans les règles de l'art. Les éléments obsolètes au point de devoir être remplacés seront récupérés par l'administration de la copropriété en vue d'une éventuelle remise en état et réutilisation. A cette fin, l'administration de la copropriété doit impérativement être contactée avant toute évacuation d'éléments d'aménagement intérieur d'origine.

6) Les éventuelles installations ponctuelles d'air conditionné doivent rester invisibles de la rue. A cette fin, il est recommandé de disposer les appareils sur le sol des balcons, latéralement, contre les séparations.

h) Plans d'origine
Contraintes : Certains appartements ont été lourdement transformés. Ces transformations ne sauraient justifier de nouvelles interventions qui éloigneraient encore davantage l'appartement de son état d'origine.
Conditions : En cas de travaux importants prévus dans un appartement transformé, s'efforcer de rétablir les dispositifs de distribution spatiale et les éléments d'aménagements d'origine.

Une documentation bibliographique, photographique et un inventaire détaillé de tous les appartements peuvent être consultés auprès de l'Office du patrimoine et des sites, Etat de Genève.

Construction de 1931-1932

Données techniques

Adresse
rue Saint-Laurent 2-4,
rue Adrien-Lachenal 5, Genève

Plan d'aménagement
plan n° 1137-68, adopté par le Conseil d'Etat le 2 juin 1931

Surface de la parcelle
1501 m^2

Emprise au sol
1187 m^2

Nombre de niveaux
8 niveaux + attique et toiture-terrasse avec « wagon »

Permis de construire
N° 1004, autorisation du 30 mai 1931
propriétaire : SI La Clarté
requérant : Edmond Wanner

Liste des protagonistes

Le Corbusier et Pierre Jeanneret
concepteurs des immeubles

Edmond Wanner
maître de l'ouvrage, propriétaire foncier, entrepreneur et concepteur de divers éléments constructifs

Robert Maillart
ingénieur des fondations et du radier

John Torcapel
architecte mandataire, responsable du suivi des travaux

Francis Quétant
architecte, collaborateur d'Edmond Wanner, chargé des études et devis

Boris Nazarieff
contremaître

Delessert & Mouchet
géomètres

Entreprises

Badel
entreprise genevoise d'électricité fondée en 1903 par Félix Badel, auj. Badel & Cie : électricité, téléphone, force motrice

Drivet
pieux armés pour fondations

Alfred Eypper
carrelages, parquets

Geneux-Dancet
couverture, « wagon »

H. Grandchamp & Co
(anc. Maison Buscarlet)
pose des papiers peints Salubra unis

« Kernerator »
compagnie d'hygiène, Paris, licence de la Kerner Incinerator Co et des Etablissements Ch. Blanc
Une gaine était destinée à l'incinération des déchets, dont les dévaloirs ou vidoirs étaient placés sur chaque palier des cages d'escalier. Cette installation fut supprimée durant les travaux de 1977, à la suite d'un tragique événement porté aux assises genevoises.

W. Krebs & Co, Berne
« Spezialgeschäft für modernen Küchenbedarf »
armoires, casiers, buffets de cuisine « Einfach », proposés par Edmond Wanner en février 1928

Louis Magnin
ferblanterie

Louis Meid
vitrerie, pose des vitrages, des fenêtres coulissantes, des dalles et plots de verre Saint-Gobain

Salubra, Grenzach (Allemagne)
papiers peints, claviers de couleurs élaborés par Le Corbusier en 1931 et en 1957-1959

SA des Ateliers de Sécheron
soudure autogène électrique à l'arc, selon le système « Exotherme »

Solomite SA (Edmond Wanner)
isolation des planchers par des panneaux de paille compressée

F. P. Soudan
charpente, poutraison, menuiserie, « wagon », monte-charge, escaliers

B. Toso-Badel
planchers des galeries

Vaucher & Cie
maçonnerie, béton armé

[Edmond] Wanner & Cie
charpente métallique, ferronnerie, serrurerie, Solomite, Arki

Société française des ateliers Wanner (Neuilly-sur-Seine)
portes basculantes « Eclair », construites notamment pour les portes des garages situés au rez-de-chaussée du côté sud de l'immeuble Clarté ainsi que pour l'immeuble rue des Tourelles et rue Nungesser et Coli

Charles Zanello
plâtrerie

Données techniques

Données cadastrales
bâtiment C95 et 928, parcelle 727, feuille 13, commune de Genève, Eaux-Vives

Mesure de protection
bâtiment classé, par arrêté du Conseil d'Etat du 12 novembre 1986, MS-c 219; protection fédérale du 14 mai 2007, PF n° 2014; inscrit sur la liste du patrimoine mondial de l'UNESCO en 2016

Propriétaires
communauté des copropriétaires de l'immeuble Clarté

Gestion
Jean Simonin SA, gérance immobilière, Genève

Inventaire-relevé des façades
Relevé d'étude en vue d'une hypothèse de conservation et de restauration, 1992-1993. Echelle: 1:20. Architectes: Inès Lamunière et Patrick Devanthéry. Mandat de l'Office du patrimoine et des sites

Inventaire-relevé des appartements
Cahier d'inventaire et relevé des appartements, mars 2006. Echelle: 1:100. Architecte: Laurent Chenu. Mandat de l'Office du patrimoine et des sites

Concept de la restauration
Office du patrimoine et des sites, Fondation Le Corbusier, Arthur Rüegg, Jacques-Louis de Chambrier

Architectes de la restauration
direction des travaux: Jacques-Louis de Chambrier, architecte EPFZ-SIA
collaborateurs: Michael Palffy, architecte; Elsa Desaire, designer HES; Emma Read, architecte HES
devis estimatif: Alain Dutheil, architecte

Ingénieur civil (structure et balcons)
bureau Pierre Moser; chef de projet: Igor Berger, ingénieur civil

Suivi cantonal
Office du patrimoine et des sites, Sabine Nemec-Piguet, Bernard Zumthor
Service des monuments et des sites, Yves Peçon

Consultants
Michel Richard, Fondation Le Corbusier
Arthur Rüegg, expert fédéral
Eric-James Favre-Bulle, Alain Besse (Atelier Saint-Dismas) pour l'étude des couleurs

Documentation photographique du chantier
Claudio Merlini, Genève

Permis de construire
DD 99'620, autorisation du 24 juin 2005
préavis de la Commission cantonale des monuments, de la nature et des sites du 2 février 2005

Subvention cantonale
1'556'200 CHF

Subvention fédérale
1'200'000 CHF

Coût des travaux
13'887'365 CHF

Etudes préparatoires/ Ingénieurs et bureaux d'études

Préavis thermique
BuRoTeC

Rapport sécurité
Securiconsult SA

Ingénieur CVCR
Balestra Galiotto TCC SA

Ingénieur sanitaire
A. Schneider SA

Ingénieur électricien
Coelec SA

Etude façade prototype
EDFM Sàrl

Prototype façade et balcon/ Ingénieurs et bureaux d'études

Installation provisoire électricité
Coelec SA

Sondages maçonnerie / Béton armé – Sablage
THR SA

Etanchéité provisoire
Cerutti Toitures SA

Echafaudage provisoire
Implenia SA

Fenêtres en acier et bois métal
AAV Contractors SA

Revêtement bois balcon
Dasta Charpentes SA

Chauffage
Balestra Galiotto TCC SA

Liste des entreprises principales

Echafaudages
Von Ro Echafaudages SA

Maçonnerie, béton armé, sablage
THR SA

Serrurerie, façades métalliques
Batimétal SA

Façades en pierre naturelle
Harry Baerlocher SA

Parois de briques de verre
Jean-Pierre Conti SA

Revêtement bois balcons
Dasta Charpentes SA

Volets roulants & stores en toile
Senn SA

Ferblanterie-étanchéité
Dentan Etanchéité SA

Plâtrerie & plafonds anti-feu
Matamoros SA

Peinture intérieure et extérieure
Matamoros SA

Peinture coupe-feu
Bâti-Rénov. SA

Installation de chauffage
Multi + Therme SA

Installations de ventilation
Ventil-Energies Sàrl

Installations sanitaires
A. Schneider SA

Installations électriques
Piazzolla Electricité Sàrl

Notices biographiques

Catherine Courtiau

Les protagonistes de la construction d'origine

Charles-Edouard Jeanneret, alias Le Corbusier (1887-1965)

Charles-Edouard Jeanneret naquit à La Chaux-de-Fonds où il suivit dès 1901 les cours de composition ornementale de Charles L'Eplattenier à l'Ecole d'art. Il y rencontra Léon Perrin et Georges Aubert avec lesquels il restera ami. Son père, Georges-Edouard, était un modeste émailleur, et sa mère, Marie-Charlotte-Amélie Perret, était pianiste. Son frère Albert, d'une année son aîné, devint violoniste. Après ses voyages d'études de 1907 à 1911 et ses stages chez les frères Perret à Paris et chez Peter Behrens à Berlin, il enseigna à la Nouvelle section de l'Ecole d'art de sa ville natale et ouvrit son bureau d'architecte.

En 1917, il s'installa à Paris où il rencontra le peintre Amédée Ozenfant. Dès 1920, époque de L'*Esprit nouveau*, il fut en constante recherche de solutions constructives, urbanistiques et d'une synthèse des arts majeurs : architecture, peinture, sculpture. Sous le pseudonyme de Le Corbusier, ses écrits assurèrent la diffusion de ses théories et la médiation de son œuvre. Il présenta celle-ci comme un « journal » dans la série de son *Œuvre complète* en huit volumes s'échelonnant dans le temps au gré de ses réalisations, le premier paraissant en 1929, le dernier en 1965, peu après son décès.
Il fut l'un des principaux instigateurs des CIAM (Congrès international d'architecture moderne), dont le premier eut lieu en 1928 au château de La Sarraz, chez son admiratrice, la mécène Hélène de Mandrot.

Pierre Jeanneret, son cousin au troisième degré, rejoignit son agence en 1922 jusqu'à leur rupture temporaire en 1940. Leur collaboration reprit en 1950 avec la construction de Chandigarh, la nouvelle capitale du Penjab.

Naturalisé français en 1930, il épousa Yvonne Gallis (1892-1957) avec laquelle il n'eut pas d'enfant. Le 27 août 1965, une baignade mortelle devant son cabanon de Roquebrune au Cap Martin interrompit brutalement l'activité d'un des plus grands architectes et théoriciens du XXe siècle.

Pierre (André) Jeanneret (1896-1967)

Pierre Jeanneret, natif de Genève où il vécut jusqu'en 1921, fit de brillantes études à l'Ecole des beaux-arts de Genève où il obtint en 1915 les premiers prix en architecture, en sculpture et en peinture. Après un séjour dans l'atelier des frères Perret à Paris, il s'associa, en 1922, avec son cousin au troisième degré Le Corbusier et devint chef d'atelier de l'agence jusqu'à leur rupture en 1940. Ils avaient en commun leur arrière-grand-père. La maison de ses parents à l'avenue Calas à Champel restait son pied-à-terre genevois. Après leur rupture – Le Corbusier se rendit à Vichy –, Pierre Jeanneret travailla d'abord avec Jean Prouvé, puis avec Georges Blanchon et enfin avec Dominique Escorsat. Il poursuivit ses recherches sur les maisons légères préfabriquées, transportables, et sur le logement social. Il conçut en outre du mobilier, notamment avec Charlotte Perriand, puis il réalisa avec Denise Varela-Cresswell des éléments d'habitat sous la raison sociale « Equipement de la maison ».

La collaboration entre Pierre Jeanneret et Le Corbusier reprit en 1950, grâce à Eugène Claudius-Petit, ministre français de la Reconstruction et de l'Urbanisme. L'année suivante, Jeanneret s'installa en Inde pour concrétiser le plan directeur de la nouvelle capitale du Penjab, Chandigarh, élaboré par Le Corbusier à la demande du premier ministre Nehru. Pierre Jeanneret y réalisa aussi ses propres bâtiments, dans des conditions rudimentaires, et conçut des meubles en ayant recours à une main-d'œuvre autochtone, avec des matériaux indigènes. Il fut nommé directeur de l'Ecole d'architecture de Chandigarh et architecte-urbaniste attitré de l'Etat du Penjab. Il quitta l'Inde en août 1965 et vécut à Genève où il décéda le 4 décembre 1967. Ses cendres furent transportées à Chandigarh en avril 1970.

Tous les projets de construction, avant et après leur rupture, furent le fruit d'une étroite collaboration entre Le Corbusier, qui était autoritaire et émotif, théoricien et analyste, préoccupé avant tout de la forme et de l'idée, et Pierre Jeanneret, qui était homme de terrain, d'un caractère sensible et réservé, qui se préoccupait de résoudre les problèmes d'ordre pratique, de trouver des solutions concrètes, simples et économiques. Par le dialogue et la complémentarité de leurs intérêts, leur collaboration constitua un enrichissement mutuel et fit de leur agence l'une des plus novatrices du XXe siècle.

Edmond Wanner (1898-1965)

L'entreprise de cette famille d'entrepreneurs genevois fut créée aux Eaux-Vives en 1853 par Jean Samuel Eugène Wanner (1826-1889) sous le nom de « Serrurerie du bâtiment et Ferronnerie d'art » [1]. Ses fils Louis (1859-1916) et Félix (1861-1936) reprirent les ateliers en 1889 et s'associèrent pour fonder « Wanner Frères Serrurerie d'art » qui comptait dès 1900 plus de cent employés. L'entreprise reçut des médailles d'or à l'Exposition nationale suisse à Genève en 1896 et à l'Exposition universelle à Paris en 1900 ainsi que le Grand Prix à l'Exposition nationale suisse à Berne en 1914.

A la mort de Louis, son fils (Max) Edmond – ferronnier d'art et entrepreneur disposant de propriétés foncières à Genève et en Algérie – remplaça son père à la direction aux côtés de son oncle Félix, directeur commercial, et de Jeanne, la sœur de ce dernier. La firme prit le nom de « Wanner & Cie – Ferronnerie d'art » et remporta le 1er prix du jury à l'Exposition internationale des Arts décoratifs et industriels modernes de 1925 à Paris. Dès 1945, à la suite du décès de sa tante Jeanne, Edmond dirigea seul cette entreprise moderne de production d'éléments préfabriqués (outre les ouvrages de ferronnerie, la fabrication de paille compressée Solomite, de portes basculantes «Eclair» pour garages), entreprise qui disparut à sa mort.

Edmond Wanner créa de nombreuses et importantes œuvres de ferronnerie, à Genève notamment au début des années 1930, au Palais des Nations, à la gare Cornavin et à l'immeuble Clarté, dont il fut le promoteur et maître de l'ouvrage. En 1928/29, soit trois ans avant le grand chantier de Clarté, il avait fait construire, par Francis Quétant, en collaboration avec Boris Nazarieff, la villa Ruf au chemin des Manons 12, au Grand-Saconnex, d'après des croquis de Le Corbusier et Pierre Jeanneret qui s'étaient rétractés pour des raisons financières. On y trouve déjà les fenêtres coulissantes, le toit plat, le Solomite, cette paille compressée, et l'escalier en colimaçon.

Edmond Wanner fonda une filiale à Madrid, puis en Algérie, où l'activité fut brutalement interrompue par la guerre d'indépendance. Après deux années de prison et l'assassinat en 1959 de deux de ses fils, Marcel et Jean-Jacques, Edmond Wanner revint à Genève, où il se concentra sur la construction de façades légères en aluminium. Sa relation avec Le Corbusier fut intense, fructueuse, mais aussi tumultueuse.

Robert Maillart (1872-1940)

Cet ingénieur d'origine belge, né à Berne, fit ses études à l'Ecole polytechnique fédérale de Zurich dans l'atelier de Karl Wilhelm Ritter entre 1890 et 1894[2]. Engagé à Berne (1894-1896) dans le bureau Pümpin & Herzog, il projeta des ponts pour la ligne de chemin de fer Bière-Apples-Morges. Il travailla pour le Service des ponts et chaussées (Tiefbauamt) de Zurich (1897-1899), où il fut chargé du projet du pont de Stauffach (Stauffacherbrücke) sur la Sihl, réalisé entre 1899 et 1901. Son dernier grand projet comme employé fut le pont sur l'Inn à Zuoz, pour l'entreprise en béton armé Froté & Westermann.

En 1902, Maillart s'installa à Zurich, où il créa sa propre entreprise «Maillart & Cie», spécialisée dans la construction de ponts et d'éléments en béton armé. Dès 1908, il développa la «dalle champignon», érigea des halles et des bâtiments industriels en Espagne, en France, en Italie et, de 1914 à 1918, en Russie.

Maillart s'établit à Genève en 1919, ouvrit son agence d'ingénieur-conseil et fonda des succursales à Berne (1924) et à Zurich (1929), le siège et son domicile familial restant à Genève. Il réalisa notamment le pont sur les gorges de la Salgina près de Schiers en 1930, le premier véritable pont en béton armé de Suisse qui lui valut une notoriété internationale. Sa qualité d'expert incita John Torcapel et Edmond Wanner à recourir à ses compétences pour résoudre les problèmes que posait le terrain meuble sur lequel devait être édifié le futur immeuble Clarté et pour lequel il conçut le radier en béton armé. En 1936, Maillart créa le pont sur l'Arve à Vessy. La même année, il fut élu membre d'honneur du Royal Institute of British Architects, premier ingénieur à recevoir cette haute distinction en même temps qu'Eugène Freyssinet. Puis, en 1940, il devint membre d'honneur du Groupe spécialisé des ponts et charpentes de la Société suisse des ingénieurs et architectes. A l'Exposition nationale de Zurich en 1939, il exécuta l'élégante et éphémère Zementhalle, une coque en ciment projeté.

John Torcapel (1881-1965)

Cet architecte né à Genève, mais d'origine française, passa deux années «aux Ecoles d'art de Genève», selon le formulaire de candidature adressé à la Fédération des architectes suisses (FAS). Il s'agit sans doute de l'Ecole des arts industriels qui devint en 1909 une section de l'Ecole des arts et métiers. Il collabora ensuite avec diverses agences d'architectes. Lors du concours lancé en 1912 pour la construction d'une cité-jardin dans le quartier du Mervelet, le projet du bureau Adolphe Guyonnet & John Torcapel fut primé. Puis il s'installa à son propre compte en 1925 à la rue du Stand 59 et réalisa nombre de villas et d'immeubles locatifs, notamment à l'angle de la rue Henri-Mussard et de l'avenue de Malagnou. En 1926, il devint membre de la FAS et de la Société des ingénieurs et architectes (SIA).

De 1930 à 1932, durant le chantier de Clarté, Torcapel fut le chef de bureau et le responsable du suivi des travaux. Il figurait en outre parmi les premiers habitants de cet immeuble.

En 1932, il collabora avec Guyonnet au plan d'aménagement de Saint-Gervais, donnant suite aux projets de Le Corbusier.

Dès la création en 1942 de l'Ecole d'architecture de Genève, il fut appelé à la direction d'un des ateliers et se distingua comme un professeur particulièrement apprécié pour ses connaissances et ses qualités pédagogiques.

Enfin, sa dernière œuvre d'architecte fut, en 1964/65, l'édification du temple d'Onex.

Torcapel s'adonnait également à la peinture, à la gravure et au dessin. A ce titre, il adhéra à la Société des peintres, sculpteurs et architectes suisses (SPSAS) ainsi qu'à la Fondation Gottfried Keller (FGK). Les Editions d'art et d'architecture, à Genève, publièrent, en 1908, ses dessins dans *Clochers Savoyards, 25 dessins de John Torcapel*, avec une préface d'Henry Baudin. Puis, en 1926, Payot édita d'autres dessins dans l'ouvrage *Vieilles Maisons, 30 dessins autour de Genève*. Ses multiples œuvres furent montrées dans de nombreuses expositions.

Maurice Sarkissoff (1882-1946), artiste géorgien et enseignant à l'Ecole des arts industriels, sculpta le portrait de Torcapel, une tête en bronze qui se trouve au Musée d'art et d'histoire de Genève.

Francis Quétant (1905-1953)
De 1920 à 1924, Francis Quétant étudia à l'Ecole des beaux-arts de Genève et fit, parallèlement, son apprentissage chez les architectes Amédée Henchoz et Henry Baudin. Ce dessinateur-architecte genevois, d'origine française, construisit en 1928/29, avec Edmond Wanner, dont il était l'employé, et en collaboration avec son beau-frère Boris Nazarieff, la villa Ruf au chemin des Manons 12, au Grand-Saconnex. Celle-ci fut conçue d'après des esquisses de Le Corbusier et Pierre Jeanneret qui avaient abandonné le projet pour des raisons pécuniaires.

En 1931, il devint membre fondateur du Groupe pour l'architecture nouvelle à Genève (GANG), dont le siège se trouvait dans son bureau à la rue du Prince 10, avant d'être transféré dans celui d'un autre architecte genevois, Marc-Joseph Saugey. Il fut également membre des Congrès internationaux d'architecture moderne (CIAM) et de la Fédération des architectes suisses (FAS).

Lors de la construction de Clarté, Quétant fut chargé par Edmond Wanner des études et devis. Il redessina la plupart des croquis dépourvus de cotes et établit les plans d'exécution. Il fut un des premiers locataires en louant le «wagon» de manière illégale, l'attique n'étant pas destiné à l'habitat, mais à des ateliers d'artistes (cf. ci-dessus «Chronologie»).

Pendant le chantier de Clarté, Quétant réalisa une villa résolument avant-gardiste près du chemin de Ruth. En 1936, il obtint le 2e prix des grands immeubles pour celui situé au chemin de Roches 1 et 3 qu'il venait d'achever. Deux ans plus tard, l'autorisation de construire un immeuble d'habitation à l'avenue Théodore-Weber 9-11 fut accordée à Adolphe Guyonnet, Boris Nazarieff et Francis Quétant. Ce dernier s'intéressa en outre à l'urbanisme puisqu'en 1945, il conçut avec Jean-Jacques Honegger les projets d'aménagement des quartiers de Malagnou et de Villereuse, présentés dans le *Rapport de la commission d'étude pour le développement de Genève*. En 1949, il érigea avec l'ingénieur Pierre Honegger le kiosque du tramway de la place des Nations. Enfin, en 1949/50, Quétant réalisa l'église néo-apostolique de la Servette, d'après les plans des architectes Moser, Haefeli et Steiger.

Boris Nazarieff (1908-1979)
Né à Pétersbourg en Russie (Pétrograd dès 1914, Léningrad dès 1924, actuellement Saint-Pétersbourg) et arrivé à Genève en 1918, Nazarieff étudia l'architecture au Technicum de Genève. Engagé dans le bureau d'Edmond Wanner, il participa en 1928/29 à la construction de la villa Ruf au chemin des Manons 12, au Grand-Saconnex, sous la direction de son beau-frère Francis Quétant et de Wanner. Lors de l'édification de l'immeuble Clarté, il fut engagé comme contremaître du chantier.

Après Clarté et après avoir quitté le bureau de Wanner, il ouvrit avec Quétant un bureau d'architectes à la rue du Prince 10. Dès 1938, Nazarieff réalisa avec Adolphe Guyonnet et Francis Quétant les immeubles d'habitation à l'avenue Théodore-Weber 9-11.

Il fut membre fondateur du Groupe pour l'architecture nouvelle à Genève (GANG), en 1931, et s'engagea pour la défense de l'architecture moderne par ses articles publiés dans le bulletin de l'Association des techniciens de Genève (ATG).

Les premiers habitants de Clarté

L'immeuble Clarté était destiné à une classe sociale aisée, aux professions libérales et à de hauts fonctionnaires. La plupart des protagonistes de sa construction et ceux de son aménagement intérieur y ont habité dans les premières années de son édification: Pierre Scheidegger et son conseiller en publicité René Chevalley, Gustave-Adolphe Hufschmid, Else Hamann, Robert Jeanneret (frère de Pierre et père de Jacqueline Jeanneret qui habite depuis la construction dans un 9 pièces duplex de la rue St-Laurent n° 2), Théo Divorne, peintre-décorateur (dessinateur dès avril 1900 chez les frères Louis et Félix Wanner), les architectes John Torcapel et Francis Quétant.

Jusqu'en 1939, Clarté hébergeait en outre plusieurs hauts fonctionnaires de la Société des Nations et du Bureau international du travail, dont Ernest Charrère, mais aussi des artistes peintres, des architectes, des médecins, des avocats, des fondés de pouvoir, des directeurs, des enseignants, des journalistes et jusqu'au directeur de Radio-Genève SA, Félix Pommier. On y trouvait également le laboratoire pharmaceutique Plastiform SA, un institut de beauté et un institut d'éducation physique.

Pascal Häusermann habita l'immeuble dès 1939 avec ses parents, dans un 9 pièces duplex du n° 2. Enfin, le jeune architecte Pierre Braillard, fils de Maurice, vint s'y installer en 1940, et finalement, Edmond Wanner s'y établit pour une vingtaine d'années.

Par la suite, de nombreuses personnalités, de professions diverses, habitèrent Clarté. Nous ne saurions toutes les énumérer et ne mentionnerons que deux architectes, étroitement liés à cet immeuble, Bruno Camoletti et Jean-Jacques Oberson, ainsi que l'éminent historien de l'art et exécuteur testamentaire de Le Corbusier, Maurice Besset, qui nous a hélas quittés en 2008.

L'exécuteur testamentaire de Le Corbusier

Maurice Besset (1921-2008)
Historien de l'art, conservateur de musées, professeur d'université, auteur d'études importantes, notamment sur Le Corbusier, Maurice Besset était originaire de Mouthe, dans le Jura français. Il fit ses études à l'Ecole normale supérieure de la rue d'Ulm à Paris, où il

obtint une agrégation d'allemand. Sa carrière débuta en Autriche, à l'Institut français d'Innsbruck (1947-1958), pour se poursuivre à la Maison de France à Berlin. Il fut ensuite nommé conservateur au Musée national d'art moderne à Paris (1960-1965) et devint directeur du Musée de Grenoble, fonction qu'il occupa entre 1969 et 1975, tout en enseignant l'histoire de l'art contemporain aux universités de Besançon, de Grenoble, puis de Genève (1972-1991), succédant à une autre grande personnalité, Jean Leymarie. Maurice Besset a marqué toute une génération d'étudiants par son enseignement pluridisciplinaire mêlant littérature, théâtre, philosophie, musique, peinture, photographie, sculpture, architecture et urbanisme. Il a su leur transmettre sa culture polymorphe, constamment attisée et nourrie par son esprit ouvert à tous les domaines de la création. Dès 1963, il participa, à la demande d'André Malraux, aux travaux d'inventorisation du patrimoine architectural français du XXe siècle et publia, en 1967, l'une des premières études synoptiques sur les réalisations contemporaines, *La nouvelle architecture française.*

Peu après la guerre, Maurice Besset rencontra Le Corbusier auquel il consacrera une magistrale synthèse de son œuvre, *Qui était Le Corbusier?*, parue en 1968 dans la collection de Skira dirigée par Jean Leymarie. Il contribua à la publication, en 1981, des *Carnets de Le Corbusier (Le Corbusier Sketchbooks)*, co-édités par MIT-Press de Cambridge et la Fondation Le Corbusier de Paris. Il s'était lié d'amitié avec Le Corbusier qui en fit son exécuteur testamentaire. Maurice Besset logea dans l'immeuble Clarté de 1978 jusqu'à son décès, dans un appartement traversant de cinq pièces, au n° 4 de la rue Saint-Laurent.

Les photographes de Clarté

Les photographes du premier chantier de Clarté

Le chantier et l'aménagement de l'immeuble Clarté ont été photographiés par de grands professionnels comme Paul Boissonnas, Frank-Henri Jullien, Hans Finsler[3] ou Sigfried Giedion. La plupart des prises de vues avaient été commandées par Edmond Wanner et par les ensembliers genevois, en particulier par Gustave-Adolphe Hufschmid ou par Pierre Scheidegger[4] qui était le représentant de Wohnbedarf de Zurich à Genève et qui était installé dans une arcade au rez-de-chaussée de Clarté. Ces ensembliers avaient meublé certains appartements entre 1932 et 1933, immortalisés par des photographies, précieux témoins qui permettent de préciser les diverses étapes de construction et d'aménagement, puisque les clichés de Boissonnas portent la date de la livraison et ceux de Jullien celle de la commande. Boissonnas, qui illustra le texte sur l'immeuble Clarté dans l'*Œuvre complète*[5], fut également sollicité pour la réalisation de prises de vue de la production de Wohnbedarf en juin 1933.

Quant à l'historien de l'art Sigfried Giedion[6], photographe amateur éclairé, ami de Finsler – copropriétaire de l'entreprise Wohnbedarf fondée en 1931 –, il fit quelques «instantanés». Il fixa notamment le survol de Genève par le Zeppelin pris entre les éléments du squelette métallique de l'immeuble Clarté.

L'attribution de certaines photographies à Lucien Hervé est erronée. Cet éminent photographe ne commença en effet à travailler pour Le Corbusier qu'en 1949.

Paul Boissonnas (1902-1983)

La dynastie de photographes Boissonnas[7] fut fondée en 1864 à Genève par Henri-Antoine (1833-1889). L'atelier fut repris à la mort de ce dernier par son fils aîné, Fred (1858-1946) jusqu'en 1920, puis pendant quatre ans par le fils aîné de Fred, Edmond-Edouard (1891-1924), auquel succéda le troisième fils de Fred, Henri-Paul (1894-1966), de 1924 à 1927. Paul Boissonnas (1902-1983), septième enfant de Fred, dirigea l'atelier de 1927 à 1969. Ces photographes jouissaient d'une notoriété internationale et avaient créé divers ateliers à l'étranger, notamment à Lyon en 1902, à Marseille, à Pétrograd (aujourd'hui Saint-Pétersbourg), ou à Paris en 1923.

Frank-Henri Jullien (1882-1938)

Issu d'une dynastie de photographes genevois, Frank-Henri Jullien avait collaboré avec «une des meilleures maisons de photographie de Genève»[8], avant de reprendre en 1912/13 l'entreprise Fueslin-Rigaud. Il réalisa de nombreux portraits, notamment de tous ceux qui gravitaient autour des organisations internationales, de la SdN[9], du BIT[10], dont plusieurs collaborateurs habitaient Clarté. Il fut photographe de sport, membre actif de la Société nautique de Genève comme son contemporain Félix Wanner, le frère d'Edmond, mais aussi photographe d'industrie et d'architecture. Il contribua à la fondation du Syndicat des reporters-photographes de l'Association de la presse genevoise.

Hans Finsler (1891-1972)

Suisse de Heilbronn[11], Hans Finsler fit ses études d'architecture à Stuttgart et à Munich, où il accomplit des études d'histoire de l'art, notamment chez Heinrich Wölfflin, et se lia d'amitié avec Sigfried Giedion. Il poursuivit ses études à Berlin et suivit les cours de Paul Frankl à la Kunstgewerbeschule de Halle. Il fut membre actif du Werkbund suisse dès 1932 et initiateur de la classe de photographie à la Kunstgewerbeschule de Zurich où il professait. Parmi ses nombreux étudiants, citons les photographes Werner Bischof et René Burri.

Sigfried Giedion (1888-1968)
Natif de Prague, Sigfried Giedion fit des études d'ingénieur à l'Université technique de Vienne (Autriche), puis d'histoire de l'art à Zurich et à Munich, où il soutint son doctorat en 1922 chez Heinrich Wölfflin, marqué par les idées de Jakob Burckhardt et d'Aloïs Riegl. A la première exposition du Bauhaus à Weimar en 1923, il fit la connaissance de Walter Gropius. Après sa rencontre la même année avec Le Corbusier à Paris, peu après la parution du l'ouvrage *Vers une architecture*, Giedion devint cofondateur et secrétaire général des Congrès internationaux d'architecture moderne (CIAM) de 1928 à 1956. Professeur à l'Ecole polytechnique fédérale de Zurich, puis à l'Université de Harvard, il publia ses cours en 1940 dans l'ouvrage *Espace, temps, architecture* qui n'a cessé de faire référence.

Le photographe du chantier de la restauration de Clarté (2007-2011)

Claudio Merlini
Diplômé de l'Ecole supérieure des beaux-arts de Genève en 1987, Claudio Merlini a enseigné comme assistant à l'atelier de photographie de cette même école, où il a également été membre du jury de photographie. Photographe indépendant depuis 1989, il concentre ses activités sur la photographie d'architecture et du patrimoine architectural. Il réalise des mandats publics ou privés tout en poursuivant un travail de recherche personnel sur la photographie des territoires: paysages urbains, périphéries et sites industriels. De 2007 à 2010 et depuis 2012, il est mandaté par l'Office du patrimoine et des sites pour la réalisation du suivi photographique du chantier de restauration et de l'état actuel de l'Immeuble Clarté et par la Société d'histoire de l'art en Suisse pour l'illustration de ce même édifice dans l'ouvrage *Le Corbusier. Formation, projets et constructions en Suisse*, publié en 2012.

L'architecte et l'ingénieur du chantier de restauration de Clarté (2007-2011)

Jacques-Louis de Chambrier (*1951)
Architecte diplômé de l'Ecole polytechnique fédérale de Zurich (EPFZ) en 1976, Jacques-Louis de Chambrier a effectué de nombreux voyages d'architecture. Il a participé au recensement architectural du Canton de Genève (Service des monuments et des sites) au sein du bureau de Monique Bory. Puis il a ouvert son propre bureau d'architecte en 1978. Jusqu'en 2006, son bureau a adopté plusieurs formes d'associations entre Neuchâtel et Genève. Ses activités multiples se partagent jusque-là entre l'architecture et la construction, les constructions immobilières, les promotions, les transformations et les restaurations. A la suite d'un concours, il a réalisé le centre d'entretien de l'autoroute N5 à Boudry avec Jean-Louis Rivier, en 1994. Il a été responsable de la restauration de l'immeuble Clarté de Le Corbusier et Pierre Jeanneret (1932); les études et le chantier ont duré de 2004 à 2011. Il a été membre du comité de la Société d'histoire de l'art en Suisse de 2000 à 2012 et a contribué à la redéfinition de la série des *Monuments d'art et d'histoire de la Suisse (MAH)*.

Igor Berger (*1969)
Ingénieur civil diplômé de l'Ecole polytechnique fédérale de Lausanne (EPFL) en 1994, Igor Berger collabore depuis au sein du bureau d'ingénieurs civils Pierre Moser, basé à Genève. Au cours de sa carrière, il s'est notamment spécialisé dans la construction en bois. Il a été responsable des travaux d'ingénierie lors de la restauration de l'immeuble Clarté de Le Corbusier et Pierre Jeanneret (1932); les études et le chantier ont duré de 2004 à 2011.

Les auteurs des textes
(par ordre alphabétique)

Igor Berger (*1969)
Voir plus haut.

Catherine Courtiau (*1950)
Historienne de l'art et de l'architecture indépendante, Catherine Courtiau est diplômée ès lettres (master) en histoire de l'art et en russe, de la Faculté des lettres de l'Université de Genève, en 1980. Elle a été employée à temps partiel par la Société d'histoire de l'art en Suisse, à Berne, de 1980 à 2014 pour son Antenne romande à Genève et rédactrice scientifique. Elle a réalisé des travaux d'édition et des traductions de l'allemand en français.

Elle est membre du comité d'ICOMOS suisse (Conseil international des monuments et des sites) depuis 2015. Elle est auteur de nombreuses publications et de mandats de recherches sur des édifices des XIXe et XXe siècles à la demande d'instances officielles, d'associations et de privés.

Auteur de la première monographie sur l'immeuble Clarté en 1982, parue dans la série des «Guides de monuments suisses», elle a également signé des contributions dans le catalogue de l'exposition *Le Corbusier à Genève 1922-1932*, qui a eu lieu dans l'immeuble Clarté en mai 1987, ainsi que dans celui de l'exposition *La construction de l'immeuble Clarté*, organisée par l'Accademia di architettura dell'Università della Svizzera italiana à Mendrisio en 1999. Elle a consacré un chapitre entier à cet édifice dans la même série des «Guides de monuments suisses», publiée en 2012 sous le titre *Le Corbusier. Formation, projets et constructions en Suisse.*

Jacques-Louis de Chambrier (*1951)
Voir plus haut.

Jean-Pierre Duport (*1942)
Jean-Pierre Duport, préfet honoraire, est diplômé de l'Institut d'études politiques de Paris et de l'Ecole nationale d'administration (promotion Marcel Proust). Il a occupé diverses fonctions dans la haute fonction publique: directeur de l'architecture au ministère de l'Urbanisme et du Logement (1981-1987), délégué à l'aménagement du territoire et à l'action régionale (1989-1993), préfet de la Seine-Saint-Denis (1993-1997), directeur de cabinet de Jean-Pierre Chevènement, ministre de l'Intérieur (1997-1998), préfet de Paris, préfet de la région Ile-de-France (1998-2002). Président de Réseau ferré de France (2002-2005), il a ensuite été nommé membre du Conseil d'Etat en service extraordinaire. Il est Grand officier de la Légion d'honneur. Jean-Pierre Duport a été président de la Fondation Le Corbusier de 2003 à 2012.

Sabine Nemec-Piguet (*1954)
Architecte diplômée de l'Ecole polytechnique fédérale de Lausanne en 1978, Sabine Nemec-Piguet est directrice de l'Office du patrimoine et des sites du canton de Genève et conservatrice cantonale des monuments. Au sein de l'administration, elle a mené de nombreux travaux et publications sur la protection des quartiers anciens et la sauvegarde du patrimoine bâti. De 1999 à 2010, elle a été membre de la Commission fédérale pour la protection de la nature et du paysage. Depuis 2012, elle est membre de la Commission fédérale des monuments historiques, dont elle est vice-présidente depuis 2016. Elle est également membre du conseil de fondation de la cathédrale St-Pierre de Genève et membre du comité scientifique du MAS «Protection du patrimoine et muséologie», à l'Université de Genève.

Arthur Rüegg (*1942)
Architecte indépendant et professeur émérite, Arthur Rüegg est diplômé d'architecture de l'Ecole polytechnique de Zurich (1967, Alfred Roth). Il a exercé son métier d'architecte à Zurich, Paris, Boston avant d'ouvrir son propre atelier d'architecture à Zurich en 1971 et de pratiquer jusqu'en 1988 au sein d'ARCOOP avec son associé Ueli Marbach. Ils ont réalisé des constructions publiques et résidentielles ainsi que des restaurations (Werkbundsiedlung Neubühl, Doldertal, Villa Bleuler, Kunstmuseum Winterthur). Arthur Rüegg est également sollicité en qualité d'expert pour la restauration de monuments historiques (Maison Jeanneret-Perret (1997, 2006, 2015); la «Maison blanche», La Chaux-de-Fonds; Villa La Roche, Paris; Immeuble Clarté, Genève; Villa Tugendhat, Brno).

Il a été professeur ordinaire à l'Ecole polytechnique fédérale de Zurich de 1991 à 2007. Il est l'auteur de nombreuses publications et l'instigateur d'expositions sur l'architecture suisse et sur la construction, la couleur et le design dans l'architecture moderne: *Le Corbusier – Polychromie architecturale*. *Le Corbusier – Photographies de René Burri/Magnum* (1999). *Le Corbusier before Le Corbusier* (éd., avec von Moos, 2002). *René Burri: Pour Le Corbusier* (2006). *Le Corbusier – Art in Architecture* (éd, avec von Moos et Kries, 2007). *Le Corbusier – Meubles et Intérieurs 1905-1965* (2012). *La cellule – L'unité d'habitation de Marseille* (éd., avec Bonillo, Drut, Tropeano, 2013).

Marielle Savoyat (*1977)
Architecte diplômée de l'Ecole polytechnique fédérale de Lausanne en 2004, Marielle Savoyat a travaillé depuis 2001 au sein de plusieurs bureaux d'architectes urbanistes en Suisse romande et à Paris. En tant qu'assistante scientifique, elle a collaboré avec le professeur Bruno Marchand de 2005 à 2013 au Laboratoire de théorie et d'histoire de l'architecture à l'EPFL (LTH2), puis avec le professeur Yves Weinand de 2013 à 2015 au Laboratoire de construction en bois (IBOIS). Elle a participé à la publication de plusieurs ouvrages d'architecture en Suisse romande.

En 2010, elle a fondé le bureau *marielle savoyat – communiquer l'architecture* à Lausanne, basé sur des activités de valorisation de l'architecture suisse romande.

Bernard Zumthor (*1943)
Licencié en histoire de l'art et de l'architecture de l'Université de Genève et docteur de l'Université de Londres (UCL) en histoire de l'urbanisme, Bernard Zumthor a rédigé une thèse en 1975: *Urban Theory in 19th Century Europe*. Puis, jusqu'en 1984, il a été professeur d'histoire de l'architecture et de l'urbanisme à l'Université de Londres (ELU). Ensuite, et ce jusqu'en 1993, il a occupé la fonction de conseiller en conservation du patrimoine à la Ville de Genève. En 1993, il a été nommé directeur de l'ancienne Ecole supérieure des beaux-arts de Genève, un poste qu'il a occupé jusqu'en 2002. De 2002 à 2008, il a été directeur de la Direction du patrimoine et des sites à l'Etat de Genève et, en 2007, conservateur cantonal des monuments. Depuis 1985, il est également expert fédéral pour la conservation du patrimoine bâti auprès de l'Office fédéral de la culture et a été à plusieurs reprises membre de la Commission fédérale des monuments historiques, dont il a assumé la vice-présidence de 2013 à 2016. Il reste aujourd'hui expert fédéral à l'OFC.

Bibliographie sélective et sources

Catherine Courtiau

(listes établies par ordre chronologique)

L'immeuble Clarté

— M.P., « Clarté, la maison de verre. Rue Adrien-Lachenal, Genève », in *Bâtir,* II/1, janvier 1932, pp. 1-4.

— Sigfried Giedion, « Ein Mietsblock Le Corbusier in Genf », in *Bauwelt,* Heft 37, 15 septembre 1932, pp. 1-8.

— Christian Zervos, « Immeuble ‹Clarté› à Genève, par Le Corbusier et Pierre Jeanneret », in *Cahiers d'art,* 6-7, Paris 1932, pp. 289-294.

— Sigfried Giedion, « Le Corbusiers Miethaus ‹Clarté› in Genf 1932/33 », in *Das ideale Heim,* VII/2, février 1933, pp. 45-59.

— Le Corbusier, Pierre Jeanneret, Pierre Scheidegger, « La Maison de verre, immeubles «Clarté» », in *L'Art en Suisse,* Genève, avril-mai 1933. (Edition en allemand, « Le Corbusier. Das Haus aus Glas. Wohnhaus ‹Clarté› », in *Die Kunst in der Schweiz.*)

— Ms [Herbert J. von Moos?], « ‹Clarté›, Le Corbusier et P. Jeanneret, architectes », in *Architecture – Art appliqué,* mai 1933, pp. 15-22.

— R[ené] Lhote, « Des maisons de verre », in *L'Architecture d'Aujourd'hui* (numéro consacré à Le Corbusier et à Pierre Jeanneret), 10, 1933, pp. 93-99.

— Peter Meyer, « Diskussion um Le Corbusier. ‹La Maison de Verre›, von Le Corbusier und Pierre Jeanneret, Paris », in *Das Werk,* septembre 1934, pp. 257-269.

— Le Corbusier et Pierre Jeanneret, « Immeuble ‹Clarté›, à Genève, 1930/32 », in *Œuvre complète de 1929-1934,* publié par Willy Boesiger, Editions Girsberger, Les Editions d'Architecture (Artemis), Zurich 1964 (1re édition 1935), pp. 66-71.

— *aujourd'hui, art et architecture* (numéro spécial consacré à l'œuvre de Le Corbusier et de Pierre Jeanneret publié par *L'Architecture d'Aujourd'hui),* 9/51, novembre 1965, pp. 22, 32.

— Maurice Besset, *Qui était Le Corbusier?,* Skira, Genève 1968, pp. 84, 154, 209.

— Jacques Gubler, « SOS. Le sort de l'immeuble ‹Clarté› de Le Corbusier & Pierre Jeanneret », in *Werk,* Winterthour, n° 5, mai 1969, pp. 293-295.

— André Corboz, Jacques Gubler, Jean-Marc Lamunière, *Guide d'architecture moderne de Genève,* Payot, Lausanne 1969, pp. 9, 11, 65.

— Jean Petit, *Le Corbusier lui-même,* Editions Rousseau, Genève 1970, pp. 71, 200, 204.

— Florian Adler, Hans Girsberger, Olinde Riege (éd.), *Guide d'architecture suisse,* Artemis, Zurich 1978 (2e éd.), n° 101, pp. 13, 17.

— Christian Sumi, « Il progetto Wanner », in *Rassegna (I clienti di Le Corbusier),* II, n° 3, juillet 1980, pp. 39-46.

— Catherine Courtiau, *L'Immeuble Clarté Genève. Le Corbusier – 1931/32,* Guides de Monuments suisses SHAS, série 32, n° 319, Berne 1982.

— Bruno Reichlin, « The Pros and Cons of the Horizontal Window. The Perret-Le Corbusier Controversy », in *Daidalos, Berlin Architectural Journal,* 13, 15 septembre 1984, pp. 65-78.

— Christian Sumi, « Clarté (immeuble) », in *Le Corbusier, une encyclopédie, monographie,* Centre Georges-Pompidou/CCI, Paris 1987, p. 100.

— Christian Sumi, « L'immeuble Clarté et la conception de la ‹maison à sec› », in *Le Corbusier à Genève, 1922-1932, projets et réalisations,* catalogue de l'exposition à l'immeuble Clarté, Payot, Lausanne 1987, p. 93-112.

— « La réception: Le Corbusier dans ‹Das Werk› », in *Werk. Bauen+Wohnen* (Le Corbusiers Erbe), n° 7/8, juillet/août 1987, pp. 50-60.

— Maurice Besset, « Im Glashaus leben », in *Bauwelt,* Heft 38/39, 9 octobre 1987, pp. 1456-1458.

— Catherine Courtiau, « L'immeuble Clarté, Genève, 1930-1932, de Le Corbusier et Pierre Jeanneret », in *Habitation,* 5, 1987, pp. 43-48.

— Christian Sumi, *Immeuble CLARTÉ Genf 1932, von Le Corbusier & Pierre Jeanneret,* gta/Ammann, Zurich 1989.

— Christian Sumi, « Treppenhaus als Lichtquelle. Das Treppenhaus des Immeuble Clarté in Genf, 1932, von Le Corbusier und Pierre Jeanneret », in *Werk, Bauen + Wohnen,* 6/1989, pp. 62-66, 69.

— Armand Brulhart et Erica Deuber-Pauli, *Ville et canton de Genève, Arts et monuments,* Société d'Histoire de l'Art en Suisse, Catherine Courtiau (dir.), Berne 1993 (2e éd.), pp. 161-162.

— Inès Lamunière et Patrick Devanthéry, « L'immeuble ‹Clarté› à Genève (1930-1932) »,

1 *Wanner & Cie Genève Vous présentent...,* s.d. [après 1932]. – Théo Divorne, *Centenaire Wanner et Cie, Genève 1853-1953,* Genève 1953; Théo Divorne était peintre-décorateur et dessinateur dès avril 1900 chez les frères Louis et Félix Wanner. – Armand Brulhart, Catherine Courtiau, *Le Corbusier – une encyclopédie,* Paris 1987, pp. 477-478.

2 David P. Billington, « Robert Maillart (1872-1940) », in *Schweizer Pioniere der Wirtschaft und Technik. Fünf Schweizer Brückenbauer,* Verein für wirtschaftshistorische Studien, Zurich 1985. – Peter Marti, Emil Honegger (dir.), *Robert Maillart. Beton-Virtuose,* catalogue d'exposition, Gesellschaft für Ingenieurbaukunst, Zurich 1996.

3 Listes de Boissonnas avec date de livraison et carnets de Finsler avec date de la commande, documents conservés à la Bibliothèque de Genève (CIG).

4 Le Corbusier et Pierre Jeanneret, Pierre Scheidegger, « La maison de verre. Immeubles ‹Clarté› », in *L'Art en Suisse,* Genève, avril-mai 1933. – *Allgemeines Lexikon der bildenden Künstler des XX. Jahrhunderts,* Leipzig, 1953-1962. – *Künstlerlexikon der Schweiz. XX. Jahrhundert,* Frauenfeld, 1958-1967.

5 Série d'ouvrages dans lesquels le crédit photographique fait furieusement défaut!

6 Coll., *Sigfried Giedion und die Fotografie. Bildinszenierungen der Moderne,* édité par Werner Oechslin et Gregor Harbusch, gta Verlag, Zurich, 2010.

7 Nicolas Bouvier, *Un siècle de photographie à Genève. Les Boissonnas,* cat. d'expo. Musée Rath, Genève, 8 octobre au 29 novembre 1981. – Nicolas Bouvier, *Boissonnas, une dynastie de photographes 1864-1983,* Payot, Lausanne, 1983.

8 Nécrologie de Frank-Henri Jullien in *Tribune de Genève* du 20 octobre 1938.

9 Société des Nations.

10 Bureau International du Travail.

11 Coll., *Hans Finsler. Neue Wege der Photographie,* Leipzig, 1991.

in *Le Moniteur, AMC Architecture,* 65, octobre 1995, pp. 68-72.

— Paul Marti Jr, « Immeuble résidentiel Clarté 1931-32 », in *Guide d'architecture suisse, 1920-1995,* Christa Zeller (réd.), Werk Verlag, Zurich 1996, vol. 3, n° 408, pp. 140, 159.

— Catherine Courtiau, Inès Lamunière, Arthur Rüegg; Luca Bellinelli (dir.), *La costruzione dell'Immeuble Clarté / La construction de l'immeuble Clarté,* Cataloghi dell'Accademia di architettura, Mendrisio 1999.

— Laurence Carducci, « La Clarté sur les traces de Le Corbusier », in *Tendance Déco,* 6, décembre 2001-février 2002, pp. 36-46.

— Inès Lamunière et Patrick Devanthéry, « La ‹Clarté›, le fer, le verre et l'immeuble d'habitation urbain », in *Massilia, Annuaire d'études corbuséennes,* 21, Barcelone 2003, pp. 110-117.

— Naïma Jornod et Jean-Pierre Jornod, *Le Corbusier (Charles Edouard Jeanneret), Catalogue raisonné de l'œuvre peint,* 2 tomes, Skira, Milan 2005, t. I, p. 132.

— Laurent Chenu, « Inventaire intérieur de l'Immeuble Clarté, 1207 Genève (GE) », in *Architecture suisse,* 161/2, 2006, pp. 15-18.

— Isabelle Claden, « Inkunabel », in *Tec21,* n° 7, février 2006, pp. 14-17.

— Jacques-Louis de Chambrier, « La restauration des fenêtres de l'immeuble Clarté à Genève », in *Patrimoine et architecture. Les fenêtres, vues sur un patrimoine,* Office du patrimoine et des sites, cahier n° 16, Genève, mai 2008, pp. 52-54.

— Catherine Courtiau (dir. et co-auteur), *XXe. Un siècle d'architectures à Genève, promenades,* Infolio, Patrimoine suisse Genève PsG, Gollion, Genève 2009, pp. 48-49.

— Catherine Courtiau, « L'immeuble Clarté », in *Patrimoine et architecture. Chantiers 2005-2010,* Office du patrimoine et des sites, cahier nos 19-20, Genève, janvier 2012, pp. 48-49.

— Catherine Courtiau, *Le Corbusier. Formation, projets et constructions en Suisse,* Guides d'art et d'histoire de la Suisse SHAS, série 91, n° 908, Berne 2012.

Archives, rapports, relevés, plans

— Fondation Le Corbusier FLC, Paris (créée en 1968 comme fondation d'utilité publique).

— Archives d'Etat de Genève AEG.

— Bibliothèque de Genève BGE/Centre d'iconographie genevoise CIG.

— Ecole polytechnique fédérale de Zurich EPFZ, Institut gta, Fonds John Torcapel: copies de plans originaux 1931/32.

— Dominique Gampert, Janez Hacin, Jean-Jacques Oberson, architectes: plans, relevés et transformations, Genève 1966-1970.

— Jean-Pierre Grand, Roger Praplan et associés SA, plans, relevés, transformations, Carouge 1971/72.

— Bruno Camoletti, Pascal Häusermann, architectes: plans, relevés et transformations, Genève 1975/76.

— Inès Lamunière et Patrick Devanthéry, architectes: coupes de façade, reconstitution état fin 1932 et transformations, éch. 1:20, mandat du Service des monuments et des sites, Genève 1992.

— Jacques-Louis de Chambrier, Alain Dutheil, Pietro Carlo Sartorio, *Descriptif sommaire de la construction et points remarquables,* Genève, 11 mars 2004.

— Laurent Chenu, « Immeuble Clarté, cahier d'inventaire », mandat de la Direction du patrimoine et des sites, Genève mars 2006.

— Atelier Saint-Dismas (Eric James Favre-Bulle, Alain Besse), « Rapport sur les couleurs d'origine (d'après sondages sur place) », mandat de la Direction du patrimoine et des sites (Genève), Lausanne 2006.

— Pierre Moser, bureau d'ingénieurs civils, « Rapport sur l'examen de l'enveloppe concernant l'immeuble La Clarté », Genève, février 2004. – « Immeuble La Clarté. Rapport sur l'examen des balcons après travaux de sablage », Genève, 12 décembre 2005. – « Immeuble La Clarté. Rapport sur l'examen des balcons et méthodes de réparation. Compléments et synthèse de nos rapports de février 2004 et du 12 décembre 2005 », Genève, 13 février 2006.

— Pierre Moser, bureau d'ingénieurs civils, « Immeuble La Clarté, rue Saint-Laurent 2-4,1207 Genève. Réfection des balcons et parapets. Descriptif des travaux de serrurerie pour les éléments porteurs des balcons, dossier photos en annexe à la soumission », Genève, 20 juillet 2006.

— Anne Rinuy, Martine Degli Agosti, « Examens stratigraphiques des prélèvements 001-012 », laboratoire des Musées d'art et d'histoire, dossier du laboratoire n° HI 2006-304, Genève, octobre 2006.

— Jacques-Louis de Chambrier, Alain Dutheil, « Immeuble Clarté, descriptif restauration façade métallique », Genève, 30 janvier 2007.

— Catherine Courtiau, « Structure de l'immeuble Clarté, Genève, Le Corbusier/Pierre Jeanneret, 1931/32. La structure des balcons. 1er rapport », juin 2006. – « Etat d'origine de certains éléments de l'enveloppe extérieure et des communs. Rapport de synthèse », 20 mars + complément du 24 avril 2007, mandats de la Direction du patrimoine et des sites, Genève 2006 et 2007.

— Claude Félix, « Rapport n° UCP/FX/2007/712. Plaques minces agrafées de travertin dans un revêtement extérieur de façades – état de conservation », Ecublens, 30 juillet 2007.

— République et canton de Genève, Communauté des copropriétaires de l'immeuble Clarté, « Restauration de l'immeuble Clarté de Le Corbusier », dossier de presse de la conférence de presse du 24 août 2007, Genève.

— Jacques-Louis de Chambrier, « Clarté, chantier de restauration », colloque ICOMOS, Genève, 2 novembre 2007.

— Dossier de candidature à l'inscription sur la Liste du patrimoine mondial de l'UNESCO, 2011. « L'Œuvre architecturale de Le Corbusier. Une contribution exceptionnelle au *Mouve-*

ment Moderne», Immeuble Clarté, Genève:
Volume I, chapitre I, pp. 20, 21, 24, 31, 48-49; chapitre II, pp. 80, 83, 85-89, 98, 99, 135-137; chapitre III, pp. 185, 227; chapitre IV, pp. 245, 253; chapitre V, pp. 286, 315; chapitre VI, p. 335; chapitre VII, pp. 344, 346, 353; chapitre VIII, pp. 362, 364.
Volume II, Immeuble Clarté, pp. 19-24.
Confédération suisse, Département fédéral de l'intérieur, Office de la culture, «Plan de gestion, de communication et de développement durable», Villa Jeanneret-Perret, Petite villa au bord du lac Léman, Immeuble Clarté, janvier 2011, pp. 1-14.
— Atelier Saint-Dismas (Eric James Favre-Bulle, Alain Besse), «Tableau synoptique des couleurs – investigations, sondages et examens – intérieur cage d'escalier – immeuble Clarté – rue Saint-Laurent n° 2, Genève», Genève, 13 octobre 2008.
— Jacques-Louis de Chambrier, Alain Dutheil, Procès-verbaux de chantier, du 17 avril 2007 au 6 juillet 2011.
— Atelier Saint-Dismas (Eric James Favre-Bulle, Alain Besse), «Rapport. Investigations, sondages et examens. Appartement ouest, 7e étage immeuble «Clarté», rue Saint-Laurent N° 4, Genève», rapport provisoire, mandat de la Direction du patrimoine et des sites, 28 novembre 2011.

Bibliographie sélective sur Le Corbusier

— Alfred Roth, *Zwei Wohnhäuser von Le Corbusier und Pierre Jeanneret. Fünf Punkte zu einer neuen Architektur,* Akadem. Verlag Dr. Fr. Wedekind & Co., Stuttgart 1927.
— *L'Architecture d'Aujourd'hui* (numéro spécial hors série consacré à Le Corbusier), avril 1948.
— *aujourd'hui, art et architecture* (numéro spécial consacré à l'œuvre de Le Corbusier et de Pierre Jeanneret publié par *L'Architecture d'Aujourd'hui),* 9/51, novembre 1965, pp. 22, 32.
— Maurice Besset, *Qui était Le Corbusier?,* Skira, Genève 1968.
— Jean Petit, *Le Corbusier lui-même,* Editions Rousseau, Genève 1970.
— Giuliano Gresleri, *Le Corbusier, Viaggio in Oriente,* Marsilio Editori, Venise, et Fondation Le Corbusier, Paris 1984.
— H. Allen Brooks (dir.), *The Le Corbusier Archive,* édité par Garland Architectural Archives, New York 1982-1984, 32 volumes.
— Gérard Monnier, *Le Corbusier. Qui suis-je?,* La Manufacture, Lyon 1986.
— Jean-Louis Cohen, Bruno Reichlin (conseillers scientifiques), Jacques Lucan (dir.), *Le Corbusier, une encyclopédie,* Centre Georges Pompidou/CCI, Paris 1987.
— Divers auteurs; Isabelle Charollais, André Ducret (coord. de l'ouvrage), Patrick Devanthéry, Inès Lamunière (commissaires d'exposition), *Le Corbusier à Genève 1922-1932, projets et réalisations,* catalogue d'exposition à l'immeuble Clarté, Payot, Lausanne 1987.
— «Du 5 au 30 mai. Le Corbusier à Genève dans l'immeuble Clarté», in *Habitat & Architecture,* tiré à part du *Journal de Genève,* 7 mai 1987.
— Arthur Rüegg (éd. et auteur), *Polychromie architecturale. Les claviers de couleurs de Le Corbusier de 1931 et de 1959* (3 vol. dont 2 claviers de couleurs Salubra), Birkhäuser, Bâle, Boston, Berlin 1997; 2e édition révisée, 2006; 3e édition, avec une nouvelle postface d'Arthur Rüegg, 2015.
— H. Allen Brooks, *Le Corbusier's Formative Years,* The University of Chicago Press, Chicago, Londres 1997.
— Kenneth Frampton, *Le Corbusier (World of Art),* Thames & Hudson, Londres 2001.
— Stanislaus von Moos, Arthur Rüegg (éd. et auteurs), *Le Corbusier before Le Corbusier,* The Bard Graduate Center for Studies in the Decorative Arts, Design, and Culture, New York; Langmatt Museum, Baden; Yale University Press, New Haven, Londres 2002.
— Divers auteurs, *Le Corbusier. La Suisse, les Suisses,* XIIIe Rencontre de la Fondation Le Corbusier, Editions de la Villette, Paris 2006.

Choix de publications de Le Corbusier

— Charles-Edouard Jeanneret, *Etude sur le mouvement d'art décoratif en Allemagne,* Haefeli & Cie, La Chaux-de-Fonds 1912.
— Amédée Ozenfant, Charles-Edouard Jeanneret, *Après le cubisme,* Editions des Commentaires, Paris 1918.
— Le Corbusier, *Vers une architecture,* Editions G. Crès et Cie, Collection de l'Esprit Nouveau, Paris 1923.
— Le Corbusier, *Almanach d'architecture moderne,* Editions G. Crès et Cie, Collection de l'Esprit Nouveau, Paris 1925.
— Le Corbusier, *L'art décoratif d'aujourd'hui,* Editions G. Crès et Cie, Paris 1925.
— Le Corbusier, Pierre Jeanneret, *Une maison – un palais. A la recherche d'une unité architecturale,* Editions G. Crès et Cie, Collection de l'Esprit Nouveau, Paris 1928.
— Paul Otlet, Le Corbusier, Pierre Jeanneret, *Mundaneum,* publication n° 28 de l'UIA, Bruxelles, août 1928.
— Paul Otlet, Le Corbusier, Pierre Jeanneret, *Cité mondiale. Geneva: World Civic Center: Mundaneum,* publication n° 133 de l'UIA, Bruxelles, février 1929.
— *L'Œuvre complète,* 8 volumes, par Le Corbusier, les trois premiers par Le Corbusier et Pierre Jeanneret, le sixième par Le Corbusier et son atelier rue de Sèvres 35, parus aux Editions d'Architecture Zurich (Artemis), Hans Girsberger:

1) *1910-1929,* publié par Willy Boesiger et Oscar Stonorov, Erlenbach 1929
2) *1929-1934,* publié par Willy Boesiger, Erlenbach 1935
3) *1934-1938,* publié par Max Bill, Erlenbach 1935 (+projets de 1935 à 1938)
4) *1938-1946* (1re partie, 1938-1940, avec Pierre Jeanneret), publié par Willy Boesiger, Erlenbach 1946
5) *1946-1952,* publié par Willy Boesiger, Zurich 1953
6) *1952-1957,* publié par Willy Boesiger, Zurich 1958
7) *1957-1965,* publié par Willy Boesiger, Zurich 1965
8) publication posthume, *Les dernières Œuvres,* par Willy Boesiger, Zurich 1970

— Le Corbusier, *Précisions sur un état présent de l'architecture et de l'urbanisme,* Editions G. Crès et Cie, Collection de l'Esprit Nouveau, Paris 1930.

— Le Corbusier, *Quand les cathédrales étaient blanches,* Librairie Plon, Paris 1937.

— Le Corbusier, *Sur les 4 routes,* nrf Gallimard, Paris 1941.

— Le groupe CIAM-France [Le Corbusier], avec un discours liminaire de Jean Giraudoux, *La charte d'Athènes,* Plon, Paris, avril 1943.

— Le Corbusier, *Manière de penser l'urbanisme,* Editions de L'Architecture d'Aujourd'hui, Paris 1946.

— Le Corbusier, *Le Modulor,* Editions de L'Architecture d'Aujourd'hui, Paris 1950.

— Le Corbusier, *Une petite maison, Les carnets de la recherche patiente,* Editions Girsberger, carnet n° 1, Zurich, août 1954.

— Le Corbusier, *Le Modulor 2,* Editions de L'Architecture d'Aujourd'hui, Paris 1955.

Carnets et correspondances publiées
(avec transcriptions)

— Françoise de Franclieu (commentaires), *Le Corbusier – Carnets:* publication intégrale des 73 carnets en 4 volumes, Fondation Le Corbusier, Paris; The Architectural History Foundation, New York; Editions Herscher / Dessain et Tolra, Paris:
Volume 1, 1914-1948, André Wogensky (préface), Maurice Besset (introduction), Paris 1981
Volume 2, 1950-1954, Paris 1981
Volume 3, 1954-1957, Paris 1982
Volume 4, 1957-1964, publié avec le concours du Centre national des Lettres, Paris 1982.

— Le Corbusier (Charles-Edouard Jeanneret), *Voyage d'Orient. Carnets,* Electa, Fondation L.C., Milan et Paris 1987.

— Le Corbusier (Charles-Edouard Jeanneret), *Voyage d'Allemagne. Carnets,* Electa, Fondation L.C., Milan et Paris 1994.

— Jean Jenger (sélection, introduction et notes), *Le Corbusier. Choix de lettres,* Birkhäuser, Bâle, Boston, Berlin 2002.

— Marie-Jeanne Dumont (présentation et annotations), *Le Corbusier. Lettres à ses maîtres. Lettres à Auguste Perret,* tome I, Editions du Linteau, Paris 2002.

— Marie-Jeanne Dumont (présentation et annotations), *Le Corbusier. Lettres à ses maîtres. Lettres à L'Eplattenier,* tome II, Editions du Linteau, Paris 2006.

— Mathilde Tieleman (présentation et annotations), *Le Corbusier – José Luis Sert. Correspondance,* Editions du Linteau, Paris, 2009.

— Rémi Baudouï et Arnaud Dercelles, *Le Corbusier. Correspondance. Lettres à la famille 1900-1925,* tome I, FLC, Infolio, Paris, Gollion 2011.

— Rémi Baudouï et Arnaud Dercelles, *Le Corbusier. Correspondance. Lettres à la famille 1926-1946,* tome II, FLC, Infolio, Paris, Gollion 2013.

— Marie-Jeanne Dumont (présentation et annotations), *Le Corbusier – William Ritter, correspondance croisée 1910-1955,* tome III, Editions du Linteau, Paris 2015.

— Rémi Baudouï et Arnaud Dercelles, *Le Corbusier. Correspondance. Lettres à la famille 1947-1965,* tome III, FLC, Infolio, Paris, Gollion 2016.

Remerciements

Cet ouvrage n'aurait pas vu le jour sans l'initiative de Bernard Zumthor, ancien conservateur cantonal, et de Sabine Nemec-Piguet, conservatrice actuelle. Nous exprimons notre gratitude au secrétariat de l'Office du patrimoine et des sites, Elisabeth Alberici et Sonia Augusto Benavente, ainsi qu'à la documentaliste Anaïs Lemoussu.

Toute notre gratitude va à tous ceux qui ont participé à la réalisation de cet ouvrage, les auteurs Catherine Courtiau, Arthur Rüegg, Bernard Zumthor, Sabine Nemec-Piguet et Marielle Savoyat, le bureau Jacques-Louis de Chambrier pour les plans du chantier de 2007-2011, le photographe Claudio Merlini, l'architecte Michael Palffy pour sa relecture du chapitre «La restauration 2007-2011 : Au cœur du chantier», pour ses compléments techniques et ses corrections des plans, sans oublier les divers relecteurs de l'ensemble des textes.
Nous remercions les institutions qui ont apporté leur soutien et qui nous ont mis à disposition leurs fonds iconographiques :
— La Fondation Le Corbusier, Paris : Jean-Pierre Duport, président de janvier 2003 à décembre 2012 ; Antoine Picon, président ; Michel Richard, directeur ; Delphine Studer, documentaliste.
— Le Centre d'iconographie genevoise de la Bibliothèque de Genève : Nicolas Schätti, conservateur ; Cécile Dobler, collaboratrice scientifique.
— Le Musée d'art et d'histoire de Genève : Martine Degli Agosti, collaboratrice technique ; Angelo Lui, gestionnaire de la photothèque.
— Les archives du gta à l'EPF de Zurich : Daniel Weiss, directeur, Muriel Pérez et Filine Wagner, collaboratrices.

La copropriété s'est montrée très intéressée au projet de publication et nous lui en sommes très reconnaissants. Elle a bénéficié d'un don de la Loterie romande destiné à soutenir le présent ouvrage.

Les éditions Birkhäuser de Bâle, qui avaient repris la maison Girsberger, se sont inspirées de la publication des volumes de l'Œuvre complète de Le Corbusier qu'elles avaient rééditée en 1995. Alexander Felix et Katharina Kulke de Birkhäuser se sont investis avec grand enthousiasme dans la production du présent ouvrage et ont mandaté des graphistes genevoises, Séverine Mailler et Marion Wyss, pour assurer et faciliter, par la proximité, la production de ce livre.

Enfin, nous tenons à souligner que cette publication a bénéficié du généreux soutien de la Confédération.

Office du patrimoine et des sites
Etat de Genève
Editions Birkhäuser, Bâle

Crédit des illustrations

Photographies, plans et croquis

Archives Catherine Courtiau: pp. 25 (3), 30, 33 (2), 54-55, 56-57.
Archives d'Etat de Genève: pp. 22/23.
Archives gta/EPFZurich, fonds John Torcapel: pp. 42-43, 52-53, 58 à 63, 74-75, 150-151.
Archives Arthur Rüegg: pp. 38 (9), 39, 40 (12), 128 (1), 137 (10, 11), 139.
Bibliothèque de Genève/Centre d'iconographie genevoise: pp. 5, 6, 7, 24, 25 (2, 4), 28 (7), 29, 40 (13).
Bureau d'architectes Jacques-Louis de Chambrier: pp. 64-73, 87 (6).
Fondation Le Corbusier, Paris: pp. 26, 28 (6), 33 (3).
Hans-Finsler-Nachlass, Moritzburg, Halle (Allemagne): p. 34
Igor Berger, ingénieur civil: pp. 87 (4, 5), 92, 93 (9), 95 (14, 15, 16), 116, 117 (4).
Laurent Chenu, architecte: p. 159.
Serge Fruehauf, photographe: pp. 82 (1), 88 (1).
Claudio Merlini, photographe: pp. 1, 2, 3, 4, 8, 9, 10-11, 79, 81 (4, 5), 82 (2), 83, 84, 85, 86, 87 (6, 7, 8), 88 (2, 3), 89, 90 (2), 91, 93 (7, 8), 94, 95 (13), 96, 97, 98, 99, 100, 101, 102, 103, 106, 107, 110, 115, 117 (5, 6), 118, 119, 122, 123 (8, 9), 128 (2), 129, 130 (5), 131, 132, 133, 134, 136, 137 (12 à 15), 138, 140, 141, 142, 143, 149.

Tous les plans du chapitre «Au cœur du chantier» (pp. 76-143) ainsi que le plan de la couverture proviennent du bureau Jacques-Louis de Chambrier et de Bâtimétal. La préparation des fichiers pour la publication a été effectuée par Michael Palffy.

Tableaux

Atelier Saint-Dismas (Eric-James Favre-Bulle): pp. 144-145.
Laboratoire des Musées d'art et d'histoire, Genève (Anne Rinuy, Martine Degli Agosti): pp. 146-148.

Reproductions tirées d'ouvrages

— Max Bill (éd.), *Le Corbusier & Pierre Jeanneret, Œuvre complète 1934-1938,* Girsberger, Zurich 1939: p. 32.
— Le Corbusier et Pierre Jeanneret, *Almanach d'architecture moderne,* Crès, Paris 1926: p. 33 (3).
— Arthur Rüegg, *Charlotte Perriand. Livre de bord 1928-1933,* Infolio, Gollion 2004: p. 33 (4).
— Brian Brace Taylor, *Le Corbusier et Pessac, 1914-1928,* Fondation Le Corbusier/Harvard University, 1972: pp. 36, 37.
— *Schweizerische Bauzeitung,* 1931: p. 38 (10).

Sous la direction de
Sabine Nemec-Piguet
Coordination éditoriale
Marielle Savoyat, Catherine Courtiau
Relectures et recherches iconographiques
Aurélie Buisson, Catherine Courtiau
Relecture du chapitre «La restauration 2007-2011 – Au cœur du chantier»
Igor Berger (la structure), Eric-James Favre-Bulle (les couleurs), Catherine Courtiau, Michael Palffy (et pour le retraitement des plans)
Traduction du texte d'Arthur Rüegg
Jean-Pierre Lewerer et Catherine Courtiau
Prises de vues actuelles
Claudio Merlini, photographe
Conception graphique et mise en page
Séverine Mailler, Marion Wyss
Papier
Hello Fat matt 150 g/m^2
Impression et reliure
DZA Druckerei zu Altenburg GmbH

REPUBLIQUE ET CANTON DE GENEVE
POST TENEBRAS LUX

Schweizerische Eidgenossenschaft
Confédération suisse
Confederazione Svizzera
Confederaziun svizra
Département fédéral de l'intérieur DFI
Office fédéral de la culture OFC

Imprimé en Allemagne
ISBN: 978-3-0356-0960-8

Case postale 44, 4009 Bâle, Suisse
Membre de Walter de Gruyter GmbH, Berlin/Boston

987654321

Ce livre est aussi paru en e-book (ISBN PDF 978-3-0356-0751-2; ISBN EPUB 978-3-0356-0757-4) et en version anglaise 978-3-0356-0961-5

Library of Congress Cataloging-in-Publication data: A CIP catalog record for this book has been applied for at the Library of Congress.

Information bibliographique de la Deutsche Nationalbibliothek: La Deutsche Nationalbibliothek a répertorié cette publication dans la Deutsche Nationalbibliografie; les données bibliographiques détaillées peuvent être consultées sur Internet à l'adresse http://dnb.dnb.de.

Imprimé sur papier sans acide, composé de tissus cellulaires blanchis sans chlore. TCF ∞

Organisation des Nations Unies pour l'éducation, la science et la culture
L'œuvre architecturale de Le Corbusier, une contribution exceptionnelle au Mouvement Moderne
inscrite sur la Liste du patrimoine mondial en 2016

www.birkhauser.com